Kulturlandschaft

OBERRHEIN

Wolfgang Müller/Gustav Faber

FLECHSIG

Genehmigte Lizenzausgabe für Flechsig-Buchvertrieb
im Verlagshaus Würzburg GmbH & Co. KG, Würzburg
© Verlag Herder GmbH & Co. KG, Freiburg
Einbandgestaltung: Förster Illustration & Grafik, Würzburg
Reproduktion: Artilitho, Trento
Gesamtherstellung: AGORA United Graphic Services b.v, Netherlands

ISBN 3-88189-502-7

Inhalt

Einleitung: Dreiklang am Oberrhein 7

Rechts des Rheins

Freiburg – Stadt an der Schwarzwaldpforte 12
Marie-Antoinette in Freiburg – Münster und Münsterplatz – Akzente der Altstadt – Die Albertina-Ludoviciana

Breisgau, Markgräflerland und Kaiserstuhl 17
Die Gaben des Bacchus – Oasen der Gastlichkeit – Kaiserstuhl und Tuniberg – Kaiserstühler Weinorte – Breisach: Des „Reiches Ruhekissen" – Das Bäderdreieck – Wehrhafte Herrensitze – Ein Hauch von Weltgeschichte

Die Ortenau – reich an Geschichte 28
Trauben und Zwetschgen – Goethe in Emmendingen – Entführung in Ettenheim – Erzberger in Griesbach – Simplizianische Landschaft

Baden-Baden – Bäderstadt mit internationalem Flair 32
Eine Prise Paris – Brahms und Clara Schumann – Zwei berühmte Bauten

Die Schwarzwald-Hochstraße 34
Hotel der Prominenzen – Größtes Waldgebiet – An den Ufern der Kinzig – Die Hansjakob-Stadt – Der Vogtsbauernhof

Zum Hochschwarzwald 40
Die Schwarzwaldbahn – Vom Himmelreich zum Höllensteig – Das Feldbergmassiv – Dunkler Tann und lichtes Tal – Schwarzwälder Uhren – Trachten und Masken – Klöster im Schwarzwald – St. Blasien und seine Propstei – Im Hotzenwald

Städte am Hochrhein 53
Romantisches Laufenburg – Waldshut-Tiengen – Die Trompeterstadt

FARBBILDTEIL 57-136

Links des Rheins

Geschichtsträchtiges Colmar 138
Blick in die Altstadt – Drei Großkirchen – Museum Unterlinden

Südliche Weinstraße 143
St. Urban und seine Weine – Stadt der Pfeiferbrüder – Die Perle des Reblandes

Oberelsässische Baudenkmäler 148
Das Grab der staufischen Stammutter – Kaysersberg und Turckheim – Notre Dame in Rouffach –
Die Stadt im „Blumental"

Burgen und Schlösser 154
Denkmal der Kaiserherrlichkeit – Burgen nördlich von Colmar – Burg Kaysersberg – Burgen
südlich von Colmar

Die Hochvogesen 157
Route des Crêtes – Vom Markstein zum Col du Bonhomme – Vogesen-Klöster – Mutter des Elsaß

Zwischen Vogesen und Jura 161
Thann und sein Münster – Mülhausen – Vom Sundgau zum Ried – Der Meteor von Ensisheim

Europastadt Straßburg 166
Marseillaise und Münster – Rohan-Schloß und Altstadt

Südlich des Rheins

Basel – weltoffene Metropole 170
Bewegte Geschichte – Gang durch die Innenstadt – Blick in den Jura – Der Doubs und seine
Reize – Basel-Land und Aargau – Kaiseraugst und sein Schatz – Burgen und Doppelstädte –
Schaffhausen und sein Rheinfall

Orts- und Personenregister 179

Einleitung: Dreiklang am Oberrhein

Die nachfolgenden Seiten wollen in Wort und Bild ein Stück Europa wiedergeben, in dem Zonen dreier verschiedener Staaten mit eigenen Hoheitsrechten harmonisch zusammenklingen, d.h. von Struktur, Atmosphäre und Lebensgefühl her eine Einheit bilden. Diese Einheit betrifft mit allenfalls regionalen Schattierungen Landschaft, Menschen und Kultur. Der Historiker Friedrich Meinecke, erster Rektor der Universität Berlin, hat über das Dreiländereck diesseits und jenseits des Rheinknies das Wort von einer „oberrheinischen Kulturprovinz" geprägt. Obwohl aus dem Norden stammend, war er mit dem Raum der Regio vertraut, da er lange vor den europäischen Bruderkriegen Professuren in Straßburg und Freiburg innehatte.

Der Begriff „Regio" ist inzwischen zu einem Programm geworden, zu dem sich die drei Anrainer der Rheinkurve gerne bekennen. An den Autoschildern kann man die fluktuierenden Überquerungen der fast nur noch „imaginären" Grenzen ablesen. Die größte und zugleich bekannteste Stadt der Region, Basel, hat inzwischen die berühmte Rolle eines „Ersten unter Gleichen" gewonnen, indem man von einer „Regio Basiliensis" spricht. Innerhalb dieser Regio ist der Begriff längst vertraut und oft gebraucht. Außerhalb des Gebiets weiß man noch nicht allzuviel davon.

Die Regio um das Rheinknie hat ein gutgewähltes Symbol gefunden: am Berührungspunkt der drei Länder, dicht am Rhein, steigt dynamisch ein Metallpfeiler empor, der die Embleme der Schweiz, Frankreichs und der Bundesrepublik zeigt. Genaugenommen müßte der Pfeiler mitten im Rheinbett stehen.

Man kann von einer Regio im engeren und im weiteren Sinne sprechen, von der unmittelbaren Anrainerschaft, aber auch von den in sich geschlossenen Landschaften, die man insgesamt als zugehörig bezeichnen kann: Oberrheinebene diesseits und jenseits des Stromes, die in Ost und West liegenden Gebirge Schwarzwald und Vogesen, Basel und Umfeld einschließlich des Schweizer Jura im Süden. Dieser Dreiklang gehört zu den schönsten Landschaftserlebnissen des Kontinents, bereichert durch eine eindrucksvolle Kunst- und Kulturträchtigkeit, die zahllose Menschen von außerhalb fasziniert und zum Verbleiben bewegt.

Der homogene Raum mit seinem alemannischen Untergrund, sei es in elsässischer, helvetischer oder badischer Prägung, liegt gewissermaßen im Herzen Europas, so daß ihm in geographischer Hinsicht ein Status der „Mitte" zukommt. Nicht durch Zufall hat man am Nordsaum des Dreiländer-Zusammenklangs am Oberrhein den Standort für eine europäische Hauptstadt gewählt: Straßburg. Der strategisch wichtige Punkt war schon von den Römern erkannt, als sie Argentoratum, das spätere Stratisburgo und heutige Straßburg/Straßbourg, gründeten. Der Ort für die Urzelle eines sich konstituierenden vereinigten Europa war gut ausgesucht.

Zu deutschsprachigen Literaten von überregionalem Bekanntheitsgrad gehörten im 20. Jahrhundert René Schickele und Annette Kolb. Beide waren sowohl deutscher als auch französischer Abkunft, beide haben diesseits und jenseits der Rheingrenze gelebt. Annette Kolb formulierte, man „luge" (= blicke) vom Rebhügelland im Westen des Schwarzwalds „wie aus Gottes Mantelfalte" auf die Vogesenwand, die sich in der Ferne mit großem Schwunge hinziehe, als wäre sie viel höher und gewaltiger. Schickele, gebürtig aus dem elsässischen Oberehnheim (Obernay), hat die Topographie der von Urkräften geformten Landschaft zwischen Vogesen und Schwarzwald bildhaft mit zwei aufgeschlagenen Buchseiten verglichen, die der Rhein als fester Falz zusammenhält.

Dieses eindringliche und unverwechselbare Landschaftsbild geht auf gewaltige erdgeschichtliche Umwälzungen im Tertiär zurück. Wo heute Vogesen und Schwarzwald die 300 Kilometer lange oberrheinische Tiefebene begrenzen, erhob sich vor Jahrmillionen ein einziges breites Gebirgsmassiv, dessen Mitte allmählich einsank und eine

Senke entstehen ließ, die man „Rheingraben" nennt. Der Rhein, der sich in Urzeiten mit der Rhône verbunden hatte und mit dieser gemeinsam dem Mittelmeer zuströmte, suchte sich nun durch das bequeme Bett der Senke einen neuen Weg in Richtung Nordsee. Die verbliebenen Randpartien des einstigen Gebirgsmassivs haben die Zeiten überdauert – als Vogesen und Schwarzwald.

Der westliche Teil der zwischen den Höhenzügen gelegenen Ebene gehört zum Gebiet des heutigen Elsaß. Er wird von zahlreichen Wasserläufen durchfurcht. Der längste Fluß, die Ill, nimmt seinen Lauf parallel zum Rhein durch die Ebene, gespeist von mehreren aus den Vogesen herabkommenden Gewässern. Daß die Elsässer ihren Namen von den Ill-Sassen, den „an der Ill Sitzenden", erhalten hätten, ist eine von mehreren Hypothesen für die Benennung des Landes.

Auf der östlichen Seite des Rheins wiederholt sich das geographische Bild. Auch hier stürzen die Wasserläufe von der Höhe des Gebirges in die Rheinsenke. Bei beiden Höhenzügen, Vogesen und Schwarzwald, haben wir eine steilere Neigung zum Rhein hin, während die abgewandte Seite sanfter abfällt. Beide Gebirge weisen ein Rebvorland auf, mit gleichen oder verwandten Weinsorten. Die Tanne früherer Jahrhunderte wurde durch die Fichte verdrängt. Noch immer ist die dichte Walddecke von Nadelhölzern auf weite Strecken ein Charakteristikum beider Höhenzüge.

Die ersten geschichtlich faßbaren Bewohner der rechten wie der linken Rheinseite waren Kelten, wahrscheinlich den Germanen ähnlich, denn Cäsar hat Angehörige beider Völkergruppen öfter verwechselt. Seit der Jungsteinzeit nachgewiesen, lebten sie hauptsächlich in der Ebene oder in den Talmündungen. Die urwaldbedeckten Gebirge waren kaum zugänglich, galten als unheimlich und wurden gemieden, ein Zustand, der noch bis weit in geschichtliche Zeit nachzuweisen ist. Während die Kelten westlich und südlich des Rheins schon vor der Zeitenwende sich als Stämme profilierten, ob Sequaner oder Äduler im Elsaß, Rauriker in der Schweiz, sind östlich des Stromes keine größeren Verbände erkennbar. Doch ähneln sich die Funde der Archäologen auf beiden Rheinseiten, Waffen, Gefäße, Schmuck. Man hat beiderseits des Rheins Spuren primitiver Behausung gefunden, daneben aber auch Fluchtburgen mit erstaunlichem Fassungsvermögen.

Torso einer keltischen Fluchtburg ist die größte Hinterlassenschaft der Frühgeschichte im Elsaß: das zyklopische Gemäuer bei St. Odilienberg, das unter dem Namen „Heidenmauer" in einer Länge von 10,5 Kilometern ein ganzes Bergplateau umzieht. Die Höhe beträgt 3 Meter, die Breite 1,7 Meter, die Fläche der Fluchtburg, die von zwei Quermauern durchschnitten wird, mißt mehr als 100 Hektar. – Auch rechts des Rheins, im Breisgau, ist eine Befestigungsanlage nachgewiesen, die ebenfalls wohl in Notzeiten als Fluchtburg diente: Tarodunum bei Kirchzarten im Taltrichter der Dreisam.

Zu Beginn des 1. Jahrhunderts v. Chr. betraten die Germanen die oberrheinische Szene. Sie hießen Sueben (= Schwaben) und gelten stammesgeschichtlich als „Alemannen im weiteren Sinne". Mit ihnen beginnt das früheste Geschichtskapitel des Raumes, indem der suebische Heerkönig Ariovist im Jahre 58 v. Chr. vom rechten Rheinufer aus auf das linke strebte. Dort waren aber bereits die Römer unter Cäsar zur Stelle, um im „Bellum Gallicum" die keltischen Gallier für Rom zu unterwerfen. Auf dem Ochsenfeld bei Cernay (Sennheim) kam es zur Schlacht, in der Ariovist unterlag. Das Elsaß wurde ein Teil der römischen Provinz Gallia. In friedlichem Prozeß drang die Mittelmeerkultur in das bis dahin halbbarbarische Land ein.

Rechts des Rheins machte sich Rom erst ein Jahrhundert später breit, nachdem es sich durch das damals keltisch besiedelte Gebiet der heutigen Schweiz – Helvetier, Rauriker, Räter – kampflos in der rechtsrheinischen Ebene und der Randzone des Schwarzwaldes festgesetzt hatte. Das okkupierte Land war weniger eine Provinz als eine Kolonie und trug den Namen Decumats- oder Zehntland. Wichtige Stützpunkte der Römer waren Augst (Augusta Raurica), Basel (Basilia), Breisach (Brisiacum). Fast alle Plätze von Rang lagen linksrheinisch. Im Dekumatsland, auf heute südbadischem Boden, fand man nur Reste ländlicher Herrenhäuser und als einzige größere Ausgrabungsstätte Aquae Villae (Badenweiler), das seine Existenz der Therme verdankte, die man wohl hauptsächlich von Augst aus frequentierte.

War die kriegerische Begegnung zwischen Rom und den Germanen mit der Niederwerfung der Sueben bei Cernay nur ein Vorspiel, so eröffnete der vehemente Einbruch der westgermani-

8

schen Alemannen ein neues geschichtliches Kapitel auf dem Boden der Regio. Diese hatten 260 n. Chr. die römische Grenzlinie des Limes durchbrochen und dem Römischen Reich das Dekumatsland entrissen. Ihre vitale Volkskraft dominierte so stark, daß die Länder im Umkreis des Rheinknies in ihrer Gesamtheit ein alemannisches Gepräge erhielten, das durch Jahrhunderte und über territoriale Grenzen hinweg bis in die Gegenwart erhalten geblieben ist. Ein Bindemittel war vor allem die Sprache, die mit Dialektunterschieden heute noch in allen drei Regiogebieten gesprochen wird.

Nachdem der fränkisch-merowingische König Chlodwig 496 in der Schlacht von Zülpich die Alemannen besiegt und seinem Frankenreich einverleibt hatte, blieb unter neuer Herrschaft die Einheit des Regiogebiets weiterhin gewahrt. Der Frankenkönig und spätere römische Kaiser Carolus Magnus hielt sich mit Vorliebe im Elsaß auf. Nach der Teilung des Reichs unter seinen Nachfolgern kam das Regiogebiet an Ostfranken, aus dem sich das deutsche Königtum entwickelte. Alle drei Territorien an Hoch- und Oberrhein wurden Teil des deutschen Herzogtums Schwaben, das im Mittelalter unter der Dynastie der Staufer eine kulturelle Blütezeit erlebte, mit manigfachem Austausch über den Rhein hinweg. In der darauffolgenden bewegten Geschichte unter den Häusern Habsburg und Bourbon hielt sich, ungeachtet österreichischen und dann französischen Einflusses, der alemannische Grundakkord.

Die kulturelle Gemeinsamkeit trotz politischer Wirren läßt sich an großartigen Beispielen der Architektur und Kunst, einschließlich der Volkskunst und der Volksbräuche, erkennen. Beziehungen der Bauhütten und Malerschulen untereinander ergaben eine Übereinstimmung, die man als oberrheinischen Stil bezeichnen kann. Wegmarken dieses Stils sind die aus der Regio erwachsenen weltberühmten Domkirchen in Straßburg, Freiburg und Basel.

Ein enges Geflecht der geistigen und künstlerischen Wechselbeziehungen stellen auch die über die ganze Regio verteilten Klöster dar, deren „Stammbaum" großenteils auf irische Mönche zurückreicht, ein regionaler Gleich- und Zusammenklang auf monastischer Ebene.

Die politischen Ereignisse vom 30jährigen Krieg an, fortgesetzt durch die Raubkriege des Sonnenkönigs, brachten in das Bild der linksrheinischen Städtelandschaft einen neuen Akzent: den Beitrag Frankreichs, dessen klassizistische, vorwiegend steinerne Bauten sich in die überlieferte, vom Fachwerk geprägte Kulisse des Elsaß bereichernd einfügten.

Der Wechsel vom Doppeladler zum Lilienbanner hatte links des Rheins zunächst keine große Umstellung zur Folge. Goethe fühlte sich als Straßburger Student quasi im eigenen Land. Erst die Große Revolution 1789 gewann die Elsässer; im Süden hieß ihre Heimat nun Haut-Rhin. Auch hielten sie es in ihrer Mehrheit mit Bonaparte und stellten ihm beste Truppen sowie drei fähige Heerführer: Kleber, Rapp und Lefèbre.

Es ist keine Übertreibung, von den Gebieten der Regio Basiliensis als von einer der reizvollsten Landschaften Europas zu sprechen, trotz der Einheitlichkeit im Grundcharakter vielfältig, mit reichen Ebenen und imponierenden Gebirgen, deren idyllische Bergseen von Gletschern ausgeschürft sind, mit sanften Matten und urwüchsigen Einschnitten gleich dem Schwarzwälder Bärental. Man kehrt in pittoresken Kleinstädten ein, die ihren Charme bewahren konnten, sei es Colmar links und Staufen rechts des Rheins oder einer der hübschen Marktflecken auf schweizerischem Boden wie Sissach, Liestal oder Itingen. Gasthäuser mit verzierten Schildern laden zur alemannischen Küche ein. Man sitzt oft nicht allein am Tisch, sondern „hockt" gesellig beisammen. Man trägt mehr noch als anderswo bei Festen und an Feiertagen die in vielen Varianten überlieferte Tracht, gibt sich – sogar im protestantischen Basel – der Fasnet hin, wobei man die traditionellen Wurzeln spürt, pflegt alte Bräuche wie das Scheibenschlagen, und dies beiderseits des Oberrheins.

Das Schwarzwaldhaus mit seinem fast bis zum Boden gezogenen Walmdach ist ebenso eine zum Schwarzwaldbild passende Originalität wie das typisch alemannische Fachwerk in der badischen wie der elsässischen Regio. Sehenswert die als Freilichtmuseum aufgestellten Ensembles im Schwarzwälder Haslach und im elsässischen Eco-Musée. Was die Zone bietet, ist mit der Landschaft verwachsen, kennzeichnet aber auch den Menschen vom alemannischen Schlag. Er ist verläßlicher als anderswo, bedächtig und konservativ, erdverbunden, um einen etwas abgegriffenen Ausdruck zu gebrauchen. Auch ist er gelegentlich etwas „knitz". Man kann sich nicht vorstellen, daß Markgräfler und Elsässer anders „schwätzen" als Alemannisch, ein Dialekt, der kraftvoller, knorriger klingt als das Fränkische nördlich der Regio.

Will man sich alemannische Leitfiguren ins Gedächtnis rufen, so fällt einem im Markgräflerland Johann Peter Hebel ein, der von Goethe hochgeschätzte Kalendermann, im Oberelsaß Albert Schweitzer, der alemannischen Humanismus in die Welt getragen hat. Um den helvetischen Regioteil nicht auszulassen, sei der Name des Baselers Jacob Burckhardt genannt, weltgültig auch er, Deuter der abendländischen Wurzeln. Wenn der Deutsche in der Sprache Frankreichs „L'Allemand" heißt, so kann man daraus ersehen, daß der Franzose das Nachbarvolk in seiner Gesamtheit nach dem alemannischen Stamm in der Regio benennt.

Die Lebensfreude und das Savoir-vivre des Alemannen beiderseits des Stromes hängt damit zusammen, daß der Wein ein Hauptmotiv ihres Lebens und ihrer Arbeit darstellt. Beide sind Weinerzeuger und zugleich Weingenießer. Beide haben eine berühmte Weinstraße am Gebirgsrand mit klangvollen Namen ihrer Sorten, mit günstigen Boden- und Witterungsbedingungen. Der Freiburger Schriftsteller Franz Schneller, ein häufiger Besucher des Elsaß und seiner „Wistuben" (Weinstuben), argumentierte: „Blut und Wein fließen in der Krypta der Seele ineinander. Im Lichte des Geistes bedeutet Korn pflanzen seßhaft werden, die Lanze zum Winzermesser umschmieden, sich zum Kulturvolk erheben."

„Der Rhein ist die nobelste Straße, die ein Strom in die Erde Europas gegraben hat." Kasimir Edschmid hat diesen Satz gesprochen, und speziell über den Oberrhein sagte er: „Wir sahen den Rhein immer in der Mitte zwischen den beiden Gebirgen glänzen, und wir begannen zu begreifen, daß sich uns eine Schicksalslandschaft offenbarte." Wie alte Veduten zeigen, muß der kurvenreiche breite Strom mit einem Schwarm von Inseln romantisch ausgesehen haben. Die Kehrseite waren die Myriaden von Rheinschnaken, über die der Student Goethe klagte, als er deswegen ein Picknick auf einem der „Werder" vorzeitig abbrechen mußte, das er von Sesenheim aus unternommen hatte.

Es war der 1770 geborene badische Hauptmann und Oberingenieur Tulla, der 1804 das Jahrhundertwerk der Rheinregulierung in Angriff nahm und den Strom ohne die Hilfe moderner technischer Mittel um die Hälfte kürzte. Er hatte Hilfe von beiden Seiten des Rheins. Französische Fachleute standen ihm bei, auch kooperierte eine französisch-badische Rheingrenzberichtigungskommission.

Was die Fernstraßen betrifft, so verlaufen sie der geographischen Struktur gemäß von Nord nach Süd und dienen damit weniger den badisch-elsässischen Kontakten. Dies bewältigt dafür die über den Rhein führende Querverbindung der „Grünen Straße" (La Route Verte), die von Ost nach West über das Hochplateau des Schwarzwaldes durch das Höllental nach Freiburg führt, dann über die Breisach-Brücke und das obere Elsaß Colmar erreicht und von hier aus die Vogesen in Richtung Gérardmer erklimmt. Der langjährige Colmarer Bürgermeister Joseph Rey begrüßte den letzten Ausbau der Trasse: „Sie wird ein eminenter Beitrag zum Kennen- und Schätzenlernen beider Völker sein."

Die Entwicklung der jüngsten Jahrzehnte hat es zuwege gebracht, daß das Dreiländereck kein versteckter Winkel mehr ist. Die Grenzen der Regio, Mitte und Herz Europas, sind weit geöffnet. Das einstige Nebeneinander und gelegentliche Gegeneinander ist gastfreundlicher Weltoffenheit gewichen. Sie kommt allen drei alemannisch geprägten Regiogebieten zugute.

Eine der Hauptstädte des naturbegnadeten, durch Einsicht zusammengeführten Ländergefüges der Regio ist die Münsterstadt Freiburg am Fuße des Schwarzwaldes. Unter dem Kreuz des Münsterturms beginnt unsere Reise im Zeichen des Gleichklangs am Oberrhein.

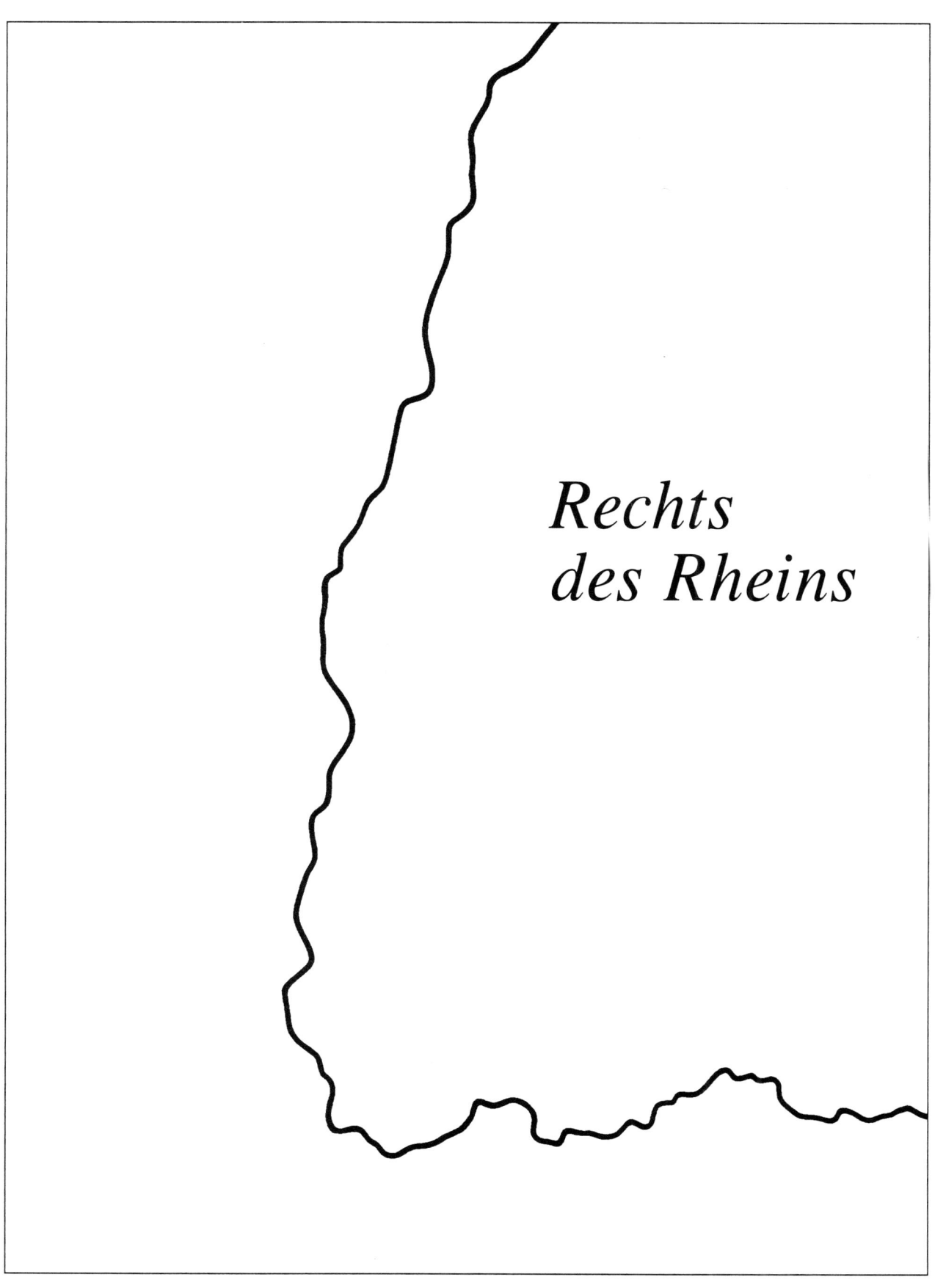

Rechts
des Rheins

Freiburg – Stadt an der Schwarzwaldpforte

Als Freiburg in der Schreckensnacht vom 27. November 1944 an allen Ecken brannte und schönster Zeugnisse seiner Vergangenheit verlustig ging, rettete ein Gastwirt die großartig geschlossene Südfront des Münsterplatzes, indem er von sich aus, ohne lange nachzudenken, den guten badischen Wein aus seinen Fässern über die Flammen schüttete. Diese selbstlose Tat mag sinnbildlich sein für die Heimatliebe der Freiburger und ihren unverwüstlichen Lebenswillen, der bald nach Kriegsende den Phönix aus der Asche steigen ließ.

Trotz Einzugs der Moderne hat Freiburg sich viele Merkmale seiner reichen Vergangenheit erhalten können. Noch heute gilt der Satz einer Haushaltsrede aus der Mitte des vorigen Jahrhunderts: „Die Gemeine umfaßt die Reihenfolge der vergangenen, gegenwärtigen und zukünftigen Geschlechter. Sie ist als solche unsterblich." Diese Kontinuität läßt sich kaum irgenwo so deutlich ablesen wie an dieser Stadt mit ihren „Bächle" und den alten Giebelhäusern, die um den Marktplatz herum das gotische Münster einrahmen. Aber auch die Brezeln und der würzige Duft der Schwarzwaldtannen, der bei klarem Wetter bis in die Gassen Freiburgs hereinreicht, bestimmen das Wesen der Breisgau-Hauptstadt. Die Freiburger bleiben, obwohl bei ihnen angeblich das Pulver erfunden wurde und sie an ihrer Universität täglich Kathederweisheit konsumieren können, unerschütterlich Land, Wald und Berg verbunden.

In der Mitte der Altstadt, am Bertoldsbrunnen, kreuzen sich zwei wichtige Straßenzüge, die Kaiser-Joseph-Straße und die durch die Salzstraße fortgesetzte Bertoldstraße. Dieser Grundriß gibt der Stadt eine übersichtliche Topographie, wie wir sie auch bei anderen altüberkommenen Oberrheinstädten kennen. Am Straßenende befindet sich jeweils ein Wachtturm. Die Kreuzung im Stadtzentrum mag sinnbildlich sein für die sich hier treffenden europäischen Verkehrssträngen, denen die Münsterstadt an der Pforte des Schwarzwaldes nicht unwesentlich ihr Entstehen verdankt: der

großen Verbindungslinie Wien-Paris, die immer schon durchs Höllental geführt hat, und der Verkehrsachse Frankfurt-Basel, der mittelalterlichen Hauptroute nach Italien.

Freiburg im Jahre 1504. Holzschnitt, älteste bekannte Darstellung

Herzog Konrad von Zähringen, als „Städtegründer" in die Geschichte eingegangen, gründete als Zeitgenosse Kaiser Barbarossas und Parteigänger der Staufer auch Freiburg. Dem Namen der Stadt gemäß genossen die Bürger Freizügigkeit. Sie durften Pfarrer und Vogt vorschlagen. Später bauten die Zähringer auf dem Schloßberg eine mächtige Burg, ein Zeichen, daß sie doch auch Zwingherren waren. 1368 begab sich die „Stadt am Zähringer Kreuz" freiwillig unter die Fittiche des Erzhauses Österreich, und im Schutz Habsburgs ist sie auch als Teil des sogenannten Vorderösterreich bis zur Geburt des Großherzogtums Baden verblieben, so daß der Geist der Donau in gewisser Weise noch heute an der Dreisam lebendig ist. Selbst alemannische Dickschädel haben hier etwas Wiener Charme. Doch freilich: der Standort Freiburgs an der Peripherie der Habsburger Hausmacht und seine politisch insulare Lage in den österreichischen Erblanden führten auch zu

Kaiser Maximilian I. Stich von Lucas van Leyden

einer gewissen provinziellen Enge. Die Strahlkraft Wiens reichte nur mit den äußersten, verdämmernden Enden an die Schwarzwaldpforte. So ist in Freiburg der zwar liebenswerte, aber doch provinzielle Typ des „Bobbele" entstanden.

Immerhin machte sich gelegentlich auch etwas vom Glanz des Hauses Habsburg bemerkbar. Maximilian, der „letzte Ritter", hatte bei seinem Sinn für Maß eine besondere Vorliebe für die Dreisamstadt. Als kaiserlicher Pensionär schuf er sich hier sogar einen spätgotischen Alterssitz. Aber das Schicksal versagte Freiburg dann doch die Gunst eines so prominenten Ruheständlers.

Marie-Antoinette in Freiburg

1770 erlebte die Stadt ein säkulares Ereignis im Zeichen des Doppeladlers: Die Erzherzogin und französische Dauphine Marie-Antoinette, Tochter Maria Theresias, zeichnete die voderösterreichische Stadt auf ihrem Brautzug von Wien nach Paris durch einen mehrtägigen Aufenthalt aus. Am 21. April hatte sie die Reise an die Seine angetreten. Ein Gefolge von 257 Personen, 57 Wagen und 450 Pferden geleiteten die hohe Braut durch Süddeutschland bis zur Grenze Frankreichs. Der Brautzug, glanzvolles Schauspiel des Rokoko,

wurde am 4. Mai in der Dreisamstadt erwartet. Schon seit Monaten war man dort am Werk, den hohen Besuch würdig aufzunehmen. Man scheute keine Kosten. Obwohl Kaiserin Maria Theresia mitteilen ließ, daß lediglich eine Ehrenpforte errichtet, eine Opera eingeführt und die zu passierenden Gassen illuminiert werden sollten, beschlossen die Stadtoberen, den Münsterturm zusätzlich zu beleuchten.

Nach ihrer Ankunft empfing Marie-Antoinette auf einem Podium unter prächtigem Baldachin den Magistrat und die eingeladenen Standespersonen zur Audienz. Huldvoll hörte sie sich die Begrüßungsansprache des Städtischen Kanzleiverwalters an. Darauf wurden er und der Magistrat zum Handkuß zugelassen. Zum Festmahl spielten Mitglieder der musikalischen Akademie. An die Komödie, die nun samt Schäfer-Ballett dargeboten wurde, schloß sich die Pantomime „Das Urteil des Paris" an. Auf der Bühne stand ein „Tempel der Ehre" mit riesigem aufmontiertem Bildnis der Dauphine, umgeben von den Schutzgöttern des Ruhms der beiden „großmächtigen" Häuser Österreich und Frankreich. Bildsäulen im Innern des Kulissen-Tempels verkörperten die Tugenden Marie-Antoinettes. Die Pointe der Pantomime war, daß Venus den goldenen Apfel, Preis für die schönste aller Frauen, der Dauphine weiterreichte,

Marie Antoinette. Gemälde von E. L. Vigée-Lebrun

13

wobei die Götter des Olymp in homerisches Frohlocken ausbrachen.

Am Tag der Weiterfahrt der Tochter Maria Theresias versammelten sich Magistrat und Honoratioren am Straßenrad, während die Geschütze donnerten und die Glocken läuteten. Sensationelle Tage waren für die Münsterstadt zu Ende gegangen; man hatte dem kaiserlichen Regiment seine loyale Gesinnung bewiesen und außerdem in den Mauern der vorderösterreichischen Kapitale den Glanz der großen Wiener Welt gespürt. Weniger erhebend: ein Stoß von Rechnungen folgte.

Die meisten Freiburger, die damals jene tumultreichen Festtage zu Ehren der glücklichen Braut erlebten, waren zwei Jahrzehnte später Zeugen der Französischen Revolution, in deren Verlauf die gleiche Marie-Antoinette nach einem Schein- und Schauprozeß das Schafott bestieg.

Münster und Münsterplatz

„Ein Kirchturm ohne Dach / in jeder Gaß ein Bach / an jedem Tor eine Uhr / und ein Pacem an jeder Schnur." So haben die Freiburger das Heiter-Pittoreske und zugleich Glaubensfrohe ihrer Stadt in vier Verszeilen festgehalten, wobei unter der Schnur die Gebetskette zu verstehen ist. Doch nicht nur Jenseitsglaube – auch Diesseitsfreude ist in der Stadt an der Schwarzwaldpforte anzutreffen. In den Gasthäusern am Münsterplatz sitzt man an buntgedeckten Tischen, ißt Spätzle, Leberklöße, Maultaschen, saure Nierle und schöppelt – man sagt auch „pfetzt" oder „schmettert" – ein „Viertele" Kaiserstühler dazu.

An Sommertagen trägt man schwarzroten Schwarzwälder Schinken mit Kirschwasser – „Chriesewässerle" – auch zu den Tischen, die draußen auf dem Pflaster stehen. Gäste aus aller Welt schauen in euphorischer Stimmung zum bunten Markttreiben, der Blumenpracht, die nun die Säulen mit der Jungfrau und den Stadtheiligen Alexander und Lambertus umgibt, und zu den Giebelhäusern, die das Münster umrahmen – nach Jacob Burckhardt, dem Baseler Kulturhistoriker, das Gotteshaus mit „dem schönsten gotischen Turm der Christenheit".

Beachtenswert, daß die Bürgerschaft diesen einzigen in der Gotik vollendeten deutschen Münsterbau aus eigener Kraft ermöglichte. Kein weltlicher oder kirchlicher Fürst zeichnete mitverantwortlich. Erzbischöflich ist die Breisgaustadt erst seit 1821. Als Bernhard von Clairvaux in der Freiburger „Pfarrkirche" für den zweiten Kreuzzug warb, stand nur der romanische Unterbau. Die himmelstürmende Gotik mit dem Dualismus derber Wasserspeier und hehrer Engel (darunter der berühmte Posaunenengel) wuchs in den darauffolgenden Jahrhunderten aus Geist und Hand anonymer Steinhauer, Steinmetzen, Laubwerkmacher und Bildner; lediglich für den oktogonalen Turm ist der Name des Meisters Müller überliefert. Die acht Steinpfeiler des Turms werden von den Rippen des 114 Meter hohen Helms fortgesetzt.

Ausgewogenheit, Sinn für Maß und eine reiche Allegorik vermitteln das Münsterportal und seine Vorhalle. Im Rankenwerk der Leibung und der Giebelbögen entdeckt man meisterlich skulpturierte Figuren: Engel, Propheten, Könige, Patriarchen, das erste Menschenpaar, angeordnet wie Kettenglieder. Die Felder des Tympanons halten die Passion Christi und das Weltgericht in bewegten Bildern fest. Auf dem Gerichtsrelief ist ein Teufel dargestellt, der für jene, die ihm durch Gottes Richterspruch verfallen sind, – betet. Am Mittelpfeiler des Doppeltors steht die Muttergottes mit dem Jesuskind: ihr ist das Münster geweiht.

Im feierlichen Innenraum erkennt man Bauetappen von der Romanik bis zur Renaissance. Die Linien streben aufwärts und zum Chor hin. Die großenteils originalen Fenster gehören zum Prächtigsten, was gotische Farbglaskunst geschaffen hat. Wertvollstes Stück des Inventars: der von Hans Baldung Grien gefertigte Hochaltar aus der Dürerzeit mit einem Tafelbild der Krönung Mariens, wie man sie auch im Breisacher Münster zu sehen bekommt, doch dort als plastische Figurengruppe. Das von dem Konservator Hübner nach dem Krieg restaurierte Freiburger Altarbild ist oberrheinisch herb und von hoher Leuchtkraft.

Späte Gotik weist auch ein repräsentativer Bau auf der Südseite des Münsterplatzes auf, geradezu ein baulicher Kontrapunkt zum Münster: das Kaufhaus. Ursprünglich diente das auf Bogenarkaden ruhende Gebäude als Lagerhaus, Verkaufshalle, Zollamt, Polizeibüro und Verwaltungszentrum in einem. An der sandsteinernen Front des Kaufhauses sind lebensgroße habsburgische Kaiserfiguren aus der Werkstadt des Sixt von Staufen angebracht: Maximilian und seine Enkel Karl V.

und Ferdinand I., dazu Philipp der Schöne, der zwar kein Kaiser, doch durch seine Ehe mit Johanna der Wahnsinnigen König von Kastilien war. Als Vater von Karl und Ferdinand fand er am Freiburger Kaufhaus Berücksichtigung. – Nach dem letzten Krieg rang im patrizischen Festsaal der südbadische Landtag um Landreform, Zollausschluß und Zentralabitur.

Neben dem Kaufhaus und der erzbischöflichen Residenz, zuvor Sitz der Breisgauer Landstände und Ritterschaft, sei im Dreiklang bedeutender Bauten des Münsterplatzes das Wenzingerhaus genannt, einst Wohnsitz des Breisgauer Barockbildhauers Christian Wenzinger. Das Gebäude, das den Namen „Haus am schönen Eck" trägt, diente eine Zeitlang als Quartier der Musikhochschule („Bauhaus der Musik") und danach als Stadtmuseum.

Akzente der Altstadt

Trotz einer gewissen Urbanität, die nicht nur durch Baden-Württembergs meistfrequentierte Universität verkörpert wird, gilt in der Stadt an der Schwarzwaldpforte ländliche Gemütlichkeit, Bedächtigkeit vor städtischer Hast. Daß Freiburg von einem gesegneten Land umgeben ist, wird bis in die Bezirke der Stadtmitte und ungeachtet neuzeitlichen Städtebaus spürbar; ja das Land dringt symbolhaft in die Stadt hinein, indem Hügel im Innenbereich mit Rebstöcken bepflanzt sind, sei es auf dem Lorettoberg oder am Hang, der das Colombischlößchen trägt, zeitweise badischer Regierungssitz. Das Gebäude, mehr Herrenhaus als Schloß, ist im Stadtbild Freiburgs kein auffallend fremder Akzent, höchstens ein exquisiter Außenseiter. Um die Mitte des vorigen Jahrhunderts wurde es in englischer Neugotik für die Gräfin Maria Antonia Gertrudis de Colombi errichtet. Heute ist es vom Museum für Ur- und Frühgeschichte besetzt.

Durch die schmale Rathausgasse mit ihrem altstädtischen Flair, wegen der beidseitigen Ladenfronten zugleich äußerst belebt, gelangt man zum traditionsreichen Rathausplatz, von Kastanien beschattet. Vor sich sieht man die im strengen Bettelordenstil wiederaufgebaute Kirche St. Martin mit ihrem schönen geschwungenen Barockportal. Daneben ist ein Teil des gotischen Kreuzgangs

sichtbar, der zu jenem Franziskanerkloster gehörte, in dem Bertold Schwarz, der angebliche Pulvererfinder, 1350 Mönch gewesen ist. Sein Denkmal steht in der Platzmitte.

Das Neue Rathaus gegenüber ist die Synthese zweier Bürgerhäuser, zu der man sich um die Jahrhundertwende entschlossen hatte. Bis 1892 hatte das Gebäude Universitätszwecken gedient. Im stimmungsvollen Hof finden im Sommer Konzerte statt. Das Einhornrelief am Rathauserker ist echte Renaissance. Dem gleichen Stil ist das Alte Rathaus zuzuordnen, das sich an das gegenwärtige anschließt. Der Giebel zeigt das habsburgische Doppeladler-Wappen. Rasch hat man von hier die Hauptstraße und Nordsüdachse erreicht, die Kaiser-Joseph-Straße, die durch einen der erhaltenen Wachttürme, das Martinstor, hindurchführt. Ursprünglich hatte der Turm einen schlichten Helm, bis man um die Jahrhundertwende das Stadttor „hochzopfen" ließ, mit auffälligem, grünpatiniertem Aufbau und vier Ecktürmen.

Einen beachtenswerten Akzent der Hauptstraße stellt der Bau des Regierungspräsidiums dar. Das restaurierte Gebäude war ursprünglich der „Basler Hof", den Kaiser Maximilians Kanzler Konrad Stürtzel aus sieben Bürgerhäusern zusammenfassen ließ, um sich, wie sein kaiserlicher Herr, im Vorderösterreichischen einen Ruhesitz zu schaffen. 1590 fand hier das durch die Reformation vertriebene Basler Domkapitel Aufnahme. Bei der Zerbombung blieb die Fassade mit ihrem plastischen Figurenschmuck erhalten: die Madonna mit den Basler Stadtheiligen, dem heiliggesprochenen Sachsenkaiser Heinrich II. und Bischof Pantalus. Das Gebäude hatte einmal den Sonnenkönig beherbergt, als er während der kurzen französischen Episode Freiburgs die von seinem Festungsbaumeister Vauban entworfenen Freiburger Bastionen besichtigte.

Zu den ehrwürdigen Stätten aus Freiburgs Vergangenheit zählt der alte Friedhof. Er ist heute nur noch Gedenkstätte. Kein Grab wird mehr geschaufelt, kein Requiescat gesprochen. Über die Steine wuchert Efeu, und mancher Name ist nur mit Mühe oder überhaupt nicht auf den moosüberwachsenen oder grünpatinierten Steinen zu entziffern. Viele dieser Grabsteine aus mehreren Jahrhunderten decken unbekannts Schicksal zu. Keiner ist mehr, der ihrer gedenkt. Andere wieder künden von ehemals oder noch heute berühmten Namen.

15

Das „sensationellste" Grab war das des badisch-großherzoglichen Majors Henndörfer, dem die Volksmeinung den Mord an Kaspar Hauser zuschob. Dieses sogenannte „Kind Europas", von hochgestellten Personen des In- und Auslands protegiert, wurde mysteriös im Ansbacher Schloßpark erdolcht. Es hieß, Hauser sei der badische Kronprinz, Sohn des Großherzogs Carl, entführt und umgebracht, um das Erbrecht einem Sproß des Großherzogs Carl Friedrich aus zweiter Ehe zu sichern. Das Gerücht hielt sich bis heute, und jeder auf dem Freiburger Alten Friedhof beigesetzte Major wurde für den Täter angesehen. Immer wieder wurde mit Ölfarbe das Wort „Mörder" auf die Grabplatte geschrieben. Der Stein ist inzwischen entfernt. Eine klassische Grabstelle ist dem Freiburger Archäologieprofessor Feuerbach gewidmet, dem Vater des Malers und Bruder des Philosophen, der unter anderem durch sein Pamphlet über Caspar Hauser bekannt geworden ist. Auch der 1797 gestorbene Christian Wenzinger, Erbauer und Bewohner des erwähnten Wenzingerhauses am Münsterplatz, liegt auf dem Alten Friedhof.

Aus Zuckmayers Volksstück „Katharina Knie" kennt man den Seiltänzer Knie, eine aus dem Leben gegriffene Figur. Während eines Freiburger Gastspiels war er vom Seil gefallen und hatte sich das Genick gebrochen. Auch er ruht auf dem historischen Gräberfeld. Zum Nachdenken veranlaßt das Biedermeier-Grab einer Frau, von der die Aufschrift lautet: „Sie war Mutter, aber nicht zu sehr Mutter."

Die Albertina-Ludoviciana

Daß die Münsterstadt von jeher erlauchte Geister angezogen hat, lag an Ruf und Ausstrahlung der Universität, die den Namen Albertina-Ludoviciana trägt. Einen fürstlichen Stifter Albert-Ludwig hat es nie gegeben. Zur Habsburger Zeit hieß die Hochschule Albertina, nach Erzherzog Albrecht, der den vorderösterreichischen Landen die Gunst einer gehobenen Bildungsstätte gewähren wollte. Als Freiburg zu Baden kam, fügte man den Namen des Großherzogs Ludwig hinzu. Auf die Universitätsunterkunft im Gebäude des heutigen Neuen Rathauses folgte 1620 im Geist der Gegenreformation der Umzug in die Bertoldstraße; im Jahre 1700 baute man an das Kollegiengebäude

die barocke Jesuitenkirche an, die hinter der erhaltenen Sandsteinfassade nach der Zerbombung wiedererstand und der Straße einen historischen Akzent verleiht. Nahebei errichtete man um die Jahrhundertwende einen größeren Bau im Jugendstil und nach dem letzten Krieg zur Erweiterung der Hörsäle einen Glasbau mit Sandsteinpfeilern als volltragende Glieder und Lamellen aus Leichtmetall als Sonnenschutz, elegante Leichtigkeit neben der Pfeilerschwere. Zur Neuen Universität paßt die davor aufgestellte Skulptur „Die Ruhende" von Henri Moore, an die sich die konservativen Freiburger inzwischen gewöhnt haben. Im Sommer bevölkert studierende Jugend die Anlage vor der Alma Mater, über Bücher gebeugt oder in der Sonne dösend.

Die Albertina-Ludoviciana ist der Zukunft zugewandt. Neben geistes- nehmen naturwissenschaftliche Fächer einen breiten Raum ein und füllen Hörsäle und Institute. Nobelpreisträger gehörten oder gehören dem Lehrkörper an: der Zoologe Hans Spemann, Entdecker der biologischen Wirkstoffe, der Chemiker Hermann Staudinger, Wegbereiter auf dem Gebiet makromolekularer Substanzen und damit „Vater der Kunststoffe", der Chemiker Georg Karl von Hevesy, der biologische Untersuchungen mit Hilfe radioaktiver Indikatoren einführte.

Schon die Zeit des Humanismus wies Lehrkräfte mit klingenden Namen auf, Ulrich Zasius etwa, der seit 1503 Zivilrecht las, ein Freund des Erasmus von Rotterdam, der sich 1529-1533 in der Münsterstadt aufhielt, jedoch nicht der Universität angehörte. Er zog nach Basel weiter, indem er sich über Flöhe und Wanzen an der Dreisam beklagte – doch die gab es damals wohl überall. Unter der Zahl der Studiosi, die sich früher an der Alma Mater immatrikuliert hatten, sei der Geograph Konrad Waldseemüller genannt, der für die gerade entdeckte Neue Welt den Namen „Amerika" vorgeschlagen hatte, was sich durchsetzte. Das Geburtshaus des aus Freiburg stammenden Hylacomylus – dies sein latinisierter Name – stand dort, wo die Universitätsstraße in die Löwenstraße einmündet. Es war das Anwesen „Zum Hechtkopf", das der Bombennacht 1944 zum Opfer gefallen ist. – Ein bedeutender Lehrer an Freiburgs Alma Mater war 1798 bis 1832 der am Ort geborene Historiker und Politiker Karl von Rotteck. Der Professor, den man mit einem Kopfmedaillon in der Innenstadt ehrte, war als Landtags-abgeordneter einer der Führer der radikalen Liberalen und suchte die Ideen der Französischen Revolution auf den Konstitutionalismus Badens und Deutschlands zu übertragen. Als Publizist trat er u.a. mit einem Staatslexikon hervor.

Als nach dem letzten Krieg Freiburg über weite Strecken in Trümmern lag und die Parteien im Kaufhaus den Wiederaufbau planten, amtierte der Bibliotheksdirektor Franz Schneller in einem Provisorium. Der exzellente Literat und Satiriker („Ich habe mehr Haare auf den Zähnen als auf dem Kopf") saß hinter seinem Schreibtisch in einem Behelfsraum im ehemaligen Augustinerklo-

ster. Das Haus war zerbombt, das Dach noch nicht repariert. Da es goß und in den Amtsraum hineinregnete, empfing der ehrwürdige Direktor und Dichtermann sein Publikum – unter einem mächtigen Regenschirm, den er über seinem Schreibtischstuhl aufgespannt hatte.

Die spitzwegische Idylle paßt ebenso zu Freiburg wie die Gloria des Münsters. Die Notjahre der Stadt an der Schwarzwaldpforte waren nach mühsamem Wiederaufbau überwunden, und der Breisgauer kann wieder auf alemannisch seine Heimat preisen: „Golden ob allem stoht / Z'öberst am Turm dy Chrüz, / Trost, daß es dich, wie's auch goht, / Liebi Stadt – segne un schütz!"

Breisgau, Markgräflerland und Kaiserstuhl

Freiburg ist Mittelpunkt eines weitgefächerten Gebiets mit einer Vielfalt landschaftlicher Impressionen. Im Osten reicht die Region bis zum Gipfelmassiv des Feldbergs, im Westen umfaßt sie die fruchtbare Ebene bis zum Rhein. Dieser Raum von ungleicher Bodenstruktur entspricht ungefähr der politisch-regionalen Umgrenzung des Kreises Breisgau-Hochschwarzwald. Die ehemaligen Herrschaftsgebiete der Habsburger im nördlichen, der Zähringer im südlichen Teil wurden von einer Unzahl territorialer Zwerggebilde durchsetzt, Grafschaften, Reichsstädten, Hochstiften, Prälaturen. Viele dieser Duodez-Gebilde waren Enklaven auswärtiger Herrschaften, durch Heiraten und Erbschaften, durch Kauf, Tausch und Teilung zusammengefügt und wieder getrennt. Manche Herrschaften griffen ins Elsaß hinüber und elsässische ins Badische. So war der Straßburger Bischof zugleich Herr des rechtsrheinischen Ettenheim.

Und doch konnte die staatliche Wirrnis die innere Einheit der Gebiete links und rechts des Rheins nicht zerstören. Der Genius loci war stärker.

Die beiden größten Staatsgebilde am östlichen Oberrhein unterschieden sich durch die Konfessionszugehörigkeit der Bevölkerung: Cuius regio, eius religio: im Breisgau der Habsburger war man katholisch, in der Markgrafschaft der Zähringer evangelisch. Diese Zweiteilung hat sich in gewissem Umfang bis heute erhalten und wurde nur durch Zwang, etwa durch die Flüchtlinge nach dem Zweiten Weltkrieg, etwas verwischt.

Für den Alemannen – obwohl gelegentlich dickschädelig, doch im ganzen tolerant und liberal – stellten die Breisgauer Katholizität und der Markgräfler Protestantismus kein Problem dar. Als Markgraf Karl II. in der badischen Markgrafschaft, dem heutigen „Markgräflerland", 1556 den Lutherglauben für seine Untertanen zur Pflicht machte, folgten diese dem Fürstengeheiß nahezu widerstandslos. Nur in den Grenzgebieten besuchten Markgräfler anfangs weiterhin die katholischen Gottesdienste, indem sie sich heimlich in das benachbarte Voderösterreich begaben. Konfessionelle „Grenzgänger" schlugen sich vom markgräflichen Niedereggenen ins reichsritterliche Liel durch, das katholisch geblieben war. Die Lieler ihrerseits holten in Obereggenen das dort gebackene vorzügliche Brot. Auf dem Rückweg machten sie bei einer Quelle unter einer Linde halt, um die Laibe von ketzerischen Spuren reinzuwaschen.

Die Gaben des Bacchus

Die gesegnete Landschaft des Breisgaus ist vor allem geprägt durch die Kultur des Weines. Die Gaben des Weingottes Bacchus, darunter ausgesprochene Spitzenweine, genießen internationalen Ruf, bei vielfältiger Abstufung in Bukett, Geschmack und Körper. Während die Pfalz, die quantitativ den Rekord der deutschen Weinerzeugung hält, ihre Reben auch weit in die Rheinebene ausbreitet, beschränkt sich das Weinbaugebiet der Regio auf das Randgebiet des Schwarzwaldes, vergleichbar der elsässischen Weinstraße, die sich durch das Hügelvorland des Gebirges windet. Rechts des Rhein bildet lediglich der weinträchtige Kaiserstuhl eine Ausnahme, der dicht am Strom aus der Ebene aufsteigt. Der südbadische Weinbau weist großenteils gemischte Betriebe auf; die Winzerfamilien betreiben zugleich Landwirtschaft. Zum Rebbau kommt die Kellerwirtschaft, von der die Güte des Weines ebenso abhängt wie von der Arbeit in den Reben. Viele Winzerdörfer wirtschaften gemeinschaftlich. Die umfänglichen Bauten der Genossenschaften gehören ebenso zum Ortsbild wie Rathaus oder Kirche.

Der erste Weinbau auf dem Boden rechts des Oberrheins ist urkundlich 670 in Kloster St. Gallen belegt, das noch bis ins Hochmittelalter hinein in der Gegend des Weilertales zahlreiche Rebhügel besaß. Daneben erfreuten sich die Klöster St. Blasien und St. Peter des Reblandbesitzes. Auch weltliche Herren verfügten über Rebflächen, doch sie traten neben den Klöstern zurück. Flaschen gab es in dieser Zeit noch nicht. Man füllte das edle Naß in Därme, Schweinsblasen, schweinslederne Schläuche. Dann kamen versiegelte Tonkrüge auf und erst spät die Holzfässer, die das Handwerk des Küfers aufblühen ließen.

Die Markgräfler Weine nahmen gegen Ende des 17. Jahrhunderts unter der Förderung des großherzoglichen Hauses ständig zu, bis man 1826 einen Ertrag von 92,10 Liter pro Ar erzielte, der erst wieder 1960 registriert wurde.

Die Schwarzwaldvorberge Südbadens sind für den Weinanbau prädestiniert: durch die Güte des Bodens, das angenehme Klima und die warmen Südwinde, die durch die Burgundische Pforte das Land nördlich des Rheinknies erreichen. Schliengen, Britzingen, Dattingen, Hügelheim, Ballrechten – der klangvollen Namen sind viele. Der bereits im Jahre 783 erwähnte Weinort Britzingen mit Spitzbogenfenstern unter dem Satteldach des Kirchturms erhielt für sein gefälliges und gepflegtes Ortsbild 1989 die Goldmedaille im Wettbewerb „Unser Dorf soll schöner werden".

Jede Gemeinde des Markgräflerlandes ist stolz auf ihren Wein und ihr Etikett. Das Rebgelände liegt meist unmittelbar über dem Weindorf; mancher Hügel ist von einem Rebhäuschen gekrönt, auch „Bammerthäuschen" genannt. Früher schleppten die Bauern und Knechte die abgerutschte wertvolle Erde im Frühjahr oft mühselig wieder bergauf, weshalb man später Stützmauern auf den terrassenförmig gestuften Hängen anlegte.

Südlich von Müllheim steigt das Winzerdorf Auggen am Hang empor; unverkennbar durch die weit oben gelegene klassizistische Dorfkirche, die abends angestrahlt wird. Aus Auggen war im Mittelalter ein Minnesänger hervorgegangen, Brunnwart, von dem fünf Gedichte in der Heidelberger Liederhandschrift zu finden sind. Seinen Ruf erlangte das Dorf durch seine Weine. Zu den bekanntesten gehört der Gutedel, der für das ganze Markgräflerland typisch ist und vor allem nur dort ausgeschenkt wird. In der Schweiz nennt man den Gutedel „Fendant", im Elsaß „Chasselas", mit kleinem Geschmacksunterschied. Gerade der tiefgründige Boden und das feucht-warme Klima Auggens bekommt dem Gutedel. Im nahen Müllheim hat man in einem klassizistischen Bau ein Weinmuseum eingerichtet. Der gleichen Zeit entstammt das schöne Gebäude der Winzergenossenschaft, Beispiel einer Markgräfler Hofanlage mit breiter Toreinfahrt. Den Müllheimer Wein hat bereits Johann Peter Hebel gerühmt; seine Verszeilen sind geradezu klassisch: „Z'Müllen an der Post, tausigsappermost! Trinkt me nit e guete Wi, goht er nit wie Baumöl i, z'Müllen an der Post."

Markgräfler Tracht

Auch in die Täler kriecht das Rebgelände, so in die Talmulde von Nieder- und Obereggenen. Neben dem Gutedel trifft man namentlich den Müller-Thurgau an, genannt nach dem Schweizer „Erfinder"; es ist eine Kreuzung zwischen Riesling und Silvaner, keineswegs gemischt. Gastwirte, die zugleich Winzer sind, schenken das ganze Jahr über einen preiswerten sauberen „Faßwein" aus.

Erwähnenswert wäre noch, daß Adolph Blankenhorn, der Begründer des wissenschaftlichen Weinbaus, aus Müllheim stammt. In der zweiten Hälfte des vorigen Jahrhunderts begründete er an der Technischen Hochschule in Karlsruhe eine Art „Weinlabor", das Oenologische Institut, genannt nach dem griechischen Wort für Wein (oinos). Blankenhorn befaßte sich auch mit der Reblausbekämpfung und dem Anbau reblauswiderstandsfähiger Sorten. Im Markgräflerland trifft man naturbewußte Privatwinzer an, die einen biologischen Anbau vorziehen, so etwa in dem Weinort Laufen, der noch durch ein anderes freudebringendes Gewächs nennenswert ist: 2500 Iris-Sorten, die von der Gräfin Zeppelin in ihrer Staudengärtnerei gezüchtet werden und der Eigentümerin den Namen „Iris-Gräfin" gaben.

Oasen der Gastlichkeit

Weingebiete bilden einen guten Boden für Kultur. Es gibt keine Bier-, aber doch eine Weinkultur. Daß das von Hoch- und Oberrhein umfaßte Rebland zugleich ein „Lebland" ist, kommt in der Tradition und Güte seiner Gaststätten zum Ausdruck.

Die Neigung zu besinnlicher Geselligkeit im Markgräflerland und das den Gaben der Erde aufgeschlossene Naturell des Alemannen mag einer der Gründe sein, daß auf seinem Boden eine Kultur der gepflegten Wirtsstuben gewachsen ist.

Will man noch weiteren Gründen der Gasthausblüte zwischen Breisgau und Hochrhein, zwischen Schwarzwald und Oberrhein nachgehen, so trifft man auf ein wesentliches Motiv gerade in der geographischen Lage des Dreiländerecks. Die bodenständige Küche der deutschen Schweiz hat auf die gasthäusliche Kultur des Markgräflerlandes ebenso ihren Einfluß ausgeübt wie die verfeinerte cuisine française, die bei den vielfachen politisch-dynastischen Wechselwirkungen über den Rhein hin einen Austausch gezeitigt hat, der sich heute noch auf der südbadischen Speisekarte abzeichnet. Ein französisches Savoir-vivre ist der herzhaften Diesseitsfreude beigesellt, wie man sie an Stammtischen und fröhlichen Tafelrunden in Markgräfler Gasthäusern antreffen kann. Der Küche kommt weiterhin zugute, daß im angrenzenden Schwarzwald frisches Wild und frische Forellen stets zur Verfügung stehen. Auch Schnecken, die Freude der Gourmets, fehlen nicht, wiederum ein Gruß aus dem benachbarten Elsaß.

Markgräfler und nicht weniger Breisgauer Gasthausstuben erhalten ihre heimelige Gemütlichkeit vor allem durch das traditionelle Material Holz, das für Holzpaneele und Balkendecken verwendet wird, – ein Geschenk des benachbarten Schwarzwaldes. In manchen Häusern sehen wir noch die altbadische gekachelte „Chunst" (= Kunst), einen die Stube beherrschenden, oft bis zur Decke reichenden Ofen, manchmal mit einer angefügten, gleichfalls gekachelten Bank. Die Kunst wird von der Küche oder dem Hausgang aus beheizt. – Zur Stube gehört auch der Herrgottswinkel mit Kruzifix. Gelegentlich hängen Zunftzeichen von der Decke, wie in der Kirchhofener „Krone", und auf Regalen stehen Zinnteller und Kanderner Geschirr. Mancher Wirt rühmt sich eines historischen Spinnrads oder einer der überlieferten Schwarzwälder Uhren, wobei die mit hellem, blumenbemaltem Zifferblatt vorherrschen. Zum Interieur vieler Häuser gehören alte Veduten mit heimischen Ansichten oder kolorierte Stiche alter Trachten. Früher waren bäuerliche Hinterglasbilder eine Besonderheit der Ausstattung, doch leider sind sie, vielleicht wegen ihrer Zerbrechlichkeit, bis auf

wenige Beispiele verschwunden oder durch Öldrucke ersetzt. Man begrüßt es, daß ein Großteil
der Wirtsbetriebe sich noch in den Händen altein-
gesessener Familien befindet, was dem Flair der
Wirtsstuben zugute kommt.

Die historische Bedeutung vieler dem Gast die-
nender Häuser ist schon aus den Wirtshaus-
schildern, Zeugnissen der Schmiedekunst früherer
Jahrhunderte, erkennbar, daneben aber auch an
den immer wiederkehrenden gleichen Namen der
Gastbetriebe. Einige finden wir bereits in der
oberrheinischen Literatur der Biedermeierzeit erwähnt, vor allem in den Dichtungen Johann Peter
Hebels, der als Junggeselle gerne plaudernd am
runden Holztisch einer Weinstube saß, der aber
auch in der Maske des „Rheinischen Hausfreun-
des" das Milieu und die Gemütlichkeit von heimischen Wirtsstuben zeichnete. So wird bei einem
Streifzug durch Markgräfler Gasthäuser immer
auch der Geist Hebels lebendig, und wir glauben,
ihn, der manche Laudatio und manchen Sinn-
spruch über Stätten der Rast, der Gaumenlust und
der Weinseligkeit hinterlassen hat, in seiner unverkennbar alemannischen Erscheinung anzutreffen.

Kaiserstuhl und Tuniberg

Der Breisgau im Norden schließt sich so unmerk-
lich an das Markgräflerland an, daß kein eigentli-
cher Übergang besteht. Breisgauer Weine gelten
zum Teil ebenfalls als markgräflerisch. Das reichste Rebgebiet befindet sich am Batzenberg, einer
langgestreckten mäßigen Erhebung im Vorgelände
des Schwarzwalds.

Das Weingebiet des Breisgaus mit dem klang-
vollsten Namen ist der Kaiserstuhl und mit ihm
der bescheidenere Tuniberg. „O Mensch im Volks-
gewuhl / Trink Wein vom Kaiserstuhl!" ist ein alter oberbadischer Spruch, der die erdigen Weine
vom Kaiserstühler Löß- und Vulkanboden sinn-
sprüchlich lobt. Es sind weit über Baden hinaus
bekannte Namen: Ihringer und Achkarrer, Bicken-
sohler und Bischoffinger, Burkheimer und Ober-
rotweiler. In der „Küche des Bacchus" oder dem
„mittelmeerischen Vorhof am Oberrhein", wie
man die Gegend mit dem wärmsten Klima der
Bundesrepublik nennt, kultiviert man vorwiegend
schwere Weine: feurigen, mächtigen Ruländer,
vollmundigen Traminer, genannt nach Tramin in

Südtirol, Blauen Spätburgunder, aus dem man
auch den beliebten rötlich schimmernden Weißherbst gewinnt. Die Trauben werden sofort abge-
keltert; dadurch bleibt der Farbstoff in der Haut
der Beeren zurück, und es entsteht aus den an sich
roten Trauben ein Wein mit dem Charakter eines
Weißen. Ein Kaiserstühler Wein ist auch der neu-
gezüchtete Nobling, dessen gefällige, noble Art
seinem Namen Ehre macht.

Das eigenartige Landschaftsbild besteht fast
lückenlos aus abgezirkelten Rebterrassen am
Hang kahler Buckel. Die Rebparzellen reichen bis
350 Meter aufwärts. Die höchste Kuppe ist der
teilweise bewaldete Totenkopf mit 557 Metern.
Über dem vulkanischen Urgestein hat sich ein
Lößmantel bis zu 30 Metern angesammelt, auf den
sich nicht zuletzt die Qualität des „Kaiserstühlers"
gründet. Ein Labyrinth von Hohlwegen, tief,
schattig, von Gestrüpp behangen, durchzogen früher das Rebgelände; an den Rändern nisteten
Schwalben. Doch aus Gründen der Rentabilität
des Weinbaus mußte die Romantik einer ergiebi-
geren Nutzung des Bodens weichen; viele der
Hohlwege sind schon eingeebnet. Moderne Flur-
bereinigungsmaßnahmen haben heute den Vorrang. Aus Naturlandschaft wurde Kulturlandschaft. Trotz großräumiger Neuordnung der
Rebflur hat die „Sonnenterrasse" des Kaiserstuhls
für den Beschauer nichts an Reiz verloren und
manchen hinzugewonnen. Die Rationalisierung
und Mechanisierung im Gelände ging Hand in
Hand mit der Automatisierung der Kellereiwirt-
schaft, teils in den Weindörfern selbst, teils im benachbarten Breisach, wo die 1952 gegründete Gesellschaft „Badische Weinkeller", Grundpfeiler
des heimischen Weinbaus, die größte Anlage dieser Art in Europa darstellt.

Hat der Kaiserstuhl durch die ökonomischen
Erfordernisse der Zeit sein Gesicht auch gewan-
delt, so ist dennoch nicht alles Leben gewichen.
Fauna und Flora weisen Arten auf, die anderswo
selten geworden sind. In frühester Zeit haben sich
südliche Pflanzen- und Tierarten hier angesiedelt,
wo ihnen das warme Klima behagt. Man hat 720
Schmetterlings- und 1300 Käferarten gezählt. Gelegentlich sieht man die seltene Gottesanbeterin,
die schillernden, bis zu 40 Zentimetern langen
Smaragdeidechsen. Man entdeckt bizarre Formen
von Orchideen, daneben Hyazinthen, Küchen-
schellen und Seidelbast.

Kaiserstühler Weinorte

In den Taleinschnitten des Kaiserstuhls verstreut oder an seinen Rändern gelegen, befinden sich Ortschaften, die ihren altstädtischen Charakter bewahren konnten, mit pittoresken Märkten und Gassen, historischen Bauten und Kunstobjekten. Es ist ein Vergnügen, in ihnen einzukehren.

Endingen, gewissermaßen die Nordpforte des Inselgebirges, ist schon eher als Stadt zu bezeichnen, obwohl auch hier der Wein das Hauptmotiv bildet, wie der alte Spruch besagt: „Endingen ist die Stadt, die manches Jahr mehr Wein als Wasser hat." Mit Wasser mag die ehemalige Reichsstadt auch gut versorgt gewesen sein, wenn man die Vielzahl der Brunnen betrachtet, deren schönster achteckig den schräg aufwärtsführenden Marktplatz ziert. Die untere Begrenzung des Platzes bilden das Alte Rathaus, Gotik und Barock, sowie das Neue in feinem Rokoko, mit schmiedeeisernem Balkongitter. In der oberen Platzpartie stehen zwei Kirchen mit noch teilweise spätgotischen Bestandteilen, St. Peter mit massigem Turm, St. Martin mit alter Sakramentnische im Chor. Das dreistöckige Kornhaus von 1617 wartet mit Treppengiebel und Doppeltor auf, dem Rest eines ursprünglich offenen Erdgeschosses; ähnliche „Verkaufshallen" kannte das Elsaß, das auch sonst Verwandtes aufweist, so etwa die Schnitzfiguren an Hausecken; eine solche in Endingen kreuzt die Arme über der Brust. Die lange Hauptstraße präsentiert reiche Bürgerhäuser als Zeichen einstiger Wohlhabenheit und schließt im Westen mit dem Königschaffhauser Tor von 1581 ab; seine altertümliche Physiognomie erhält es durch das Spitzbogenportal und das steil aufragende Pyramidaldach mit barockem Glockentürmchen.

Im Wirtsraum der am Markt befindlichen Gaststätte hängt ein Dokumentarbild, welches das Platzgeviert von einer Menschenmenge angefüllt zeigt, die zu einer Gestalt auf dem Rathausbalkon hinüberschaut. Das etwas vergilbte Foto von 1932 erinnert an eine Köpenickiade, deren Schauplatz Endingen war und die damals sogar die Reichsregierung beschäftigte. Es fing an mit einem Telegramm, das das Bürgermeisteramt über den angeblich im Ersten Weltkrieg gefallenen Endinger Oskar Daubmann erhielt; der Text lautete: „Daubmann heute in Neapel eingetroffen. Eltern benachrichtigen. Deutsches Konsulat." Als der unverhofft aufgetauchte letzte Heimkehrer in der Stadt am Kaiserstuhl eintraf, wurde er jubelnd empfangen. Fahnen und Girlanden schmückten die Straßen. Von auswärts waren 15 000 Neugierige gekommen. Und als der Held des Tages mit seinen Eltern in blumengeschmückter Kutsche über den Markt fuhr, wogte ein Begrüßungssturm über den Platz.

Es wurde ein Politikum daraus. Im bereits stark angeheizten Nationalismus jener Jahre klagte man Frankreich der Unmenschlichkeit an. Das Auswärtige Amt depeschierte nach Paris: „Wir verlangen Aufklärung!" Der Heimkehrer wurde in Berlin empfangen und reich dekoriert. Er hielt Vorträge in Massenversammlungen vieler Städte. Empörung über Frankreich griff um sich, über den „Schandfrieden von Versailles" und über Daubmanns unmenschliches Leiden. Sein ehemaliger Bataillonskommandeur organisierte die Versammlungen, die in der Presse ihren Niederschlag fanden. Bis man herausfand, daß es sich beim „letzten Heimkehrer" des Ersten Weltkriegs um einen Betrüger handelte, einen vorbestraften Schneider aus Offenburg, der Daubmann von früher her gekannt hatte und den die Endinger Eltern als ihren Sohn aufgenommen hatten. Die Illusion des Elternpaares brach zusammen und die publizistische Kampagne gegen Frankreich auch. Ein Entrüstungssturm ging nach Aufdeckung des Schwindels durch das gesamte Reich.

Dies wäre ein Stoff für Jörg Wickram gewesen, den Stadt- und Geschichtenschreiber von Burkheim am Kaiserstuhl, wenn er im 20. und nicht im 16. Jahrhundert gelebt hätte. Denn er hat ähnliche Schelmenstücke zu einem kleinen Werk gefügt, das den Titel „Rollwagenbüchlein" trägt, die lesbarste erzählende Prosa in deutscher Sprache vor Grimmelshausen. Die Leute schmunzelten über die holzschnittartigen Schnurren, wenn sie mit dem Rollwagen, dem öffentlichen Beförderungsmittel von damals, über die sicher holprigen Straßen fuhren. Bei Wickram findet man die uralemannische Ausdrucksform der Kalendergeschichte, die Johann Peter Hebel im „Schatzkästlein" zur Vollendung geführt hat. Als der gebürtige Colmarer 1555 über den Rhein nach Burkheim zog, hatte er keine Grenze zu überschreiten; er blieb im eigenen Land. Im Elsaß ist der frühneuhochdeutsche Autor von Kurzgeschichten übrigens populärer als rechts des Rheins. In manchem elsässischen Ort gibt es

Das Rollwagen büchlin.

Ein neüws / voz vnerhözts Büchlein
darin vil guter schwéck vnd Hiftorien begriffen
werden / so man in schiffen vñ auff den rollwegen/
desgleichen in scherheüfern vñ badftuben / zulåg
weiligen zeitē erzellen mag / die schweren Melan
colifchen gemūt damit zu ermunderen / voz aller
menigklich funder allen anftos zu lesen vnd hörē
allen Kauffleuten so die Meffen hin vñ wider
brauché / zu einer kurßweil an tag bzacht
vnd widerū erneuwert vñ gemeert
durch Jörg Wickramen / Statt
fchreiber zu Burckhaim /
Anno 1557.

Titelseite des Rollwagenbüchleins (1557)
von Jörg Wickram

eine Wickramstraße u.a. in Colmar, Türkheim und
Sulz.

Burkheim, damals weit bedeutender als heute,
liegt an einem flachen Ausläufer im Westen des
Kaiserstuhls. Unmittelbar darunter lag einer der
Rheinarme. Der noch unregulierte, zerklüftete
Strom nahm beide Seiten des Kaiserstuhls in seine
Arme, so daß die Bezeichnung eines Inselgebirges
der geographischen Situation entsprach.

Der altertümliche Charakter des einst vorderösterreichischen Städtchens hat sich weitgehend
erhalten. Das Rathaus im Stil der Renaissance
weist in der Mitte der Frontseite, risalitartig vor-
gebaut, einen polygonalen Treppenturm mit den
damals typischen Schrägfenstern auf, die dem
Lauf der Stufen folgen. Das Gebäude stammt aus
dem Jahre 1604 und ist demnach nicht mehr der
gleiche Amtssitz, in dem Wickram seine Ratspro-
tokolle schrieb. – Reste vom Gemäuer erinnern an
das einstige Schloß des Lazarus von Schwendi.

Am Rand des Tunibergs in der Nachbarschaft
des Kaiserstuhls verlohnt der Weinort Merdingen
ein Verweilen, der schon zur Römerzeit Bestand

hatte, wie die Ausgrabung eines Hofgutes mittlerer Größe beweist. Aus dem 17. Jahrhundert
stammt das Haus Saladin in der Hauptstraße; das
Erdgeschoß ist gemauert; darüber sieht man Fachwerk mit einem kunstvollen Erker. Bagnato, der
Architekt des Deutschordens, schuf die Pläne für
die einschiffige Pfarrkirche St. Remigius, an deren
Ausschmückung zwei bedeutende Meister beteiligt waren: Wenzinger schuf eine Immaculata über
dem Portal, Feuchtmayer für den Hochaltar die
Statuen des heiliggesprochenen letzten Ottonen,
des Kaisers Heinrich II. und seiner Gemahlin Kunigunde: das Paar sieht man auch am Nordportal
des Baseler Münsters. Merdingen wurde gleich
Britzingen als eines der schönsten Dörfer prämiert.

Breisach: „Des Reiches Ruhekissen"

Südwestlich des Kaiserstuhls befindet sich einer
der wichtigsten Brückenübergänge des Oberrheins. Er gehört zu dem Teilstück der Route Verte, der „Grünen Straße", das Freiburg mit Colmar
verbindet. Neben diesem wichtigen Knotenpunkt
des Verkehrs liegt eine der schönsten und zugleich
geschichtsträchtigsten Städte des Breisgaus, im
Mittelalter „Ruhekissen des Heiligen Römischen
Reiches" genannt. Die Bedeutung lag in der Funk-
tion der Sicherung der Rheinroute, des führenden
Verkehrsweges der damaligen Epoche. In Breisach nächtigten Kaiser, Könige und Erzbischöfe.
Reinald von Dassel, der Kanzler Barbarossas,
brachte 1162 nach der Einnahme Mailands die Gebeine des Brüderpaares Gervasius und Protasius
mit, die seither die Stadtheiligen sind. Wie damals
zieht sich Breisach mit seinen Türmen und Toren
von der Rheinebene hinauf zum Münsterberg, eine
prachtvolle Silhouette, die der Kupferstecher Merian festgehalten hat.

Breisachs Stolz ist das Münster St. Stephan auf
dem Podest des Stadthügels, von dem aus man
weit ins Elsaß blickt, bis hin zu der von Vauban
gebauten sternförmigen Festungsstadt Neu-Breisach. Im letzten Krieg wurde das Münster von
Alt-Breisach mit fast der gesamten Stadt zur
Ruine. Doch, wiederhergestellt, bietet der dreischiffige Innenraum der Kirche sein altes ehrwür-
dig-feierliches Gesicht. Unbeschädigt ist das
Weltgerichtsfresko des Colmarer Meisters Martin

Schongauer, das sich über drei Wandfelder zieht, nach dem Symbolwert der Himmelsrichtungen: die Hölle im Norden, das Jüngste Gericht im Westen, das Paradies im Süden. Im Chor steht das größte süddeutsche Altarwerk, die 14 Meter hohe Marienkrönung aus Lindenholz, eine Arbeit des anonymen Meisters H.L. Die Predella zeigt die vier Evangelisten beim Schreiben; zugleich verkörpern sie die vier Lebensalter. Die Sage will, daß ein reicher Breisacher Handelsherr dem Bildschnitzer nur dann seine Tochter zur Frau geben wollte, wenn dieser einen Altar fertige „höher als die Kirche". Der Meister ließ darauf die Spitze des Altargesprenges um ein kleines Stück vornüberneigen, wodurch er die Bedingung erfüllte und die Braut samt Mitgift erhielt.

Eine politisch brisante Affäre erlebte Breisach, als der Wiener Hof, knapp bei Kasse, die Stadt am Oberrhein gegen eine Geldsumme an den burgundischen Herzog Karl den Kühnen verpfändete. Dieser setzte als Vogt der Enklave den aus dem elsässischen Sundgau stammenden Peter von Hagenbach ein, der den Breisachern wegen seiner Willkürherrschaft mißfiel. Er veranstaltete – Karikatur des Rittertums im ausgehenden Mittelalter – ein Tournier, bei dem die Rosse aus Holz und Seide, die Schilde aus Lebkuchen bestanden. Beim ersten Zusammenprall zerbrachen sie, worauf das Volk sich lärmend auf die Erde warf, die Stücke aufzulesen. Hagenbachs Regiment, das vor Religion, Sitte und Ehre der Bürgertöchter nicht haltmachte, schuf solche Verbitterung, daß ein Volksaufstand gegen den burgundischen Zwingvogt losbrach. Als die Münsterglocken Ostern 1474 einläuteten, gellte durch Breisach der Ruf „Rett römisch Reich".

Die Breisacher warfen den Vogt in den Turm, verhörten ihn peinlich, worunter man die Folter verstand, und verurteilten ihn zum Tode. Der Schöffenspruch lautete, Hagenbach solle dergestalt enthauptet werden, daß zwischen Kopf und Hals ein Wagen durchfahren könne. Am gleichen Tag vollzog der Scharfrichter das Urteil.

Die Bürger Breisachs konnten diesen Akt städtischer Selbstjustiz wagen, weil die burgundische Macht damals bereits auseinanderbrach, weil sie Habsburg im Rücken wußten und weil das Bürgertum zu einem nie dagewesenen Selbstbewußtsein gelangt war, als große ständische Neuerung am Ende des Mittelalters. In einem kleinen Museum

Breisach. Kupferstich (1644) von M. Merian

neben dem Münster wurden noch vor einiger Zeit die „beiden" Schädel Peter von Hagenbachs gezeigt, der Schädel nach der Geburt und der nach der Hinrichtung ...

Der Oberrhein bei Breisach war vor der Regulierung bei niederem Wasserstand nur mäßig breit, so daß man von Ufer zu Ufer hinüberrufen konnte. Im 18. Jahrhundert, als der Rhein hier die Grenze zwischen Frankreich und Vorderösterreich bildete, war das Verhältnis zwischen beiden Stromseiten nicht immer gut. Hebel erzählt eine heitere Geschichte. Auf dem linken Ufer stand ein französischer, auf dem rechten ein Breisgauer Soldat auf Posten. Gelangweilt vom Wacheschieben, rief der Franzose laut hinüber: „Filou! Filou!" Der Mann auf dem rechten Ufer zog gutmütig seine Zwiebeluhr aus der Uniformtasche und erwiderte in seiner Mundart: „Halberviere."

Das Bäderdreieck

Während eines unfreiwilligen Aufenthalts im Dorfe Krozingen wegen Radbruchs der Eilpost schrieb die romantische Dichterin Dorothea Schlegel 1818 einen Brief an ihren Mann, in dem sie die Umgebung als „das gesegnetste Land der Welt" bezeichnet. Was hätte sie erst zu Papier gebracht, wenn sie den Ort im darauffolgenden Jahrhundert zu Gesicht bekommen hätte? Dort sollte sich nämlich eines der renommiertesten Kurbäder heranbilden, das dank seiner Thermalquelle zum Bäderdreieck am Rand des südlichen Schwarzwaldes gehört. Die beiden anderen im Terzett der Bäder sind Badenweiler und Bad Bellingen. Und auch Freiburg ist stolz auf seine Thermalquelle.

Eine hübsche Erinnerung an die römischen Jugendjahre von Badenweiler, das vermutlich 75 n. Chr. gegründet wurde, fand man im Ruinenfeld der antiken Badanlage: eine Spange mit der vieldeutigen Inschrift „Si me amas" (Wenn du mich liebst). Die Römer hinterließen in Badenweiler aber nicht nur Gemäuer und Fundstücke, sondern, so könnte man sagen, ihre ganze Latinität, denn etwas Lateinisch-Klares lebt in der Kultur- und Gartenlandschaft, den Rebhügeln und Obstbaumhängen wie auch dem klassizistischen Zuschnitt der adretten, stets in frischem Putz erscheinenden Häuser. Zugleich ist in diesem Heilbad ein südlich-mediterranes Flair gegenwärtig. Nirgends, außer auf der Insel Mainau, gedeiht südliche Flora so prächtig. Der schwäbische Dichter Justinus Kerner (1786-1862) sprach von einem „Stück Italien auf deutschem Grund".

Im 18. Jahrhundert wurde die römische Badruine entdeckt. Bei Bauarbeiten stießen Werkleute mit ihren Spitzhacken auf eine Art Gewölbe, das im Volksmund den Namen „Das G'mür" trug. Sie meldeten ihre Entdeckung dem damals in Badenweiler amtierenden Pfarrer Jeremias Gmelin, durch den die Nachricht von dem Fund an den badischen Markgrafen Karl Friedrich gelangte, der für die Freilegung und Sicherung des Baudenkmals nahezu 10 000 Gulden bereitstellte. Im Mittelalter wenig beachtet, blühte Badenweiler als Bad im vorigen Jahrhundert wieder auf. Doch primitiv waren die in Kellern eingerichteten Baderäume, absurd die verschriebenen und verabreichten Kuren. Die Badedauer betrug bis zu sieben Stunden. Im Zusammenhang mit dem Thermalwasserbad bekam man Blut abgezapft. Weibliche Badegäste wurden angehalten, zwei Monate lang nach der Kur auf normales Wasser bei der Körperpflege zu verzichten. Viele Kurgäste, namentlich aus der Schweiz, brachten Betten und Hausrat mit.

Gegenüber diesen Kuriositäten der „guten alten Zeit" stieg Badenweiler dank seiner heilkräftigen Quellen, modernen Einrichtungen und seiner idyllischen Lage zum heutigen Rang auf. An den Hügel der Burgruine schmiegt sich terrassenförmig das neue Kurhaus. Das ebenfalls neue Bewegungsbad wurde als Zentralbau gestaltet, mit einer vierfach gestaffelten Kuppel von einer Spannweite von 24 Metern. Mit Bezug auf die römische Tradition Badenweilers könnte man vom „Pantheon des Badens" sprechen.

Bei allem balneotherapeutischen Aufwand hat Badenweiler das Intime seiner Atmosphäre immer beibehalten; es verhielt sich nach einem Wort René Schickeles zu Baden-Baden wie Kammerspiel zu großem Theater. Hier verbrachte Anton Tschechow die letzte Zeit seines Lebens. Und bis in die fünfziger Jahre gab es am Ort so etwas wie ein „Cénacle Littéraire", dessen Mittelpunkt die Schriftstellerin Annette Kolb war.

Zur Geschichte Badenweilers gehört auch seine Bergwerksgeschichte. Ortsbezeichnungen und Reste aufgegebener Stollen, so unterhalb der Sophienruhe, erinnern noch an die Zeit des „Glückauf". Man darf annehmen, daß schon die Römer im Decumatsland in mühseligem Prozeß Silber, Blei und Eisen gewannen. Im Mittelalter suchte man vor allem nach Silber. Die Münzprägung der Feudalzeit kam ohne das glänzende Metall nicht aus. Manch prächtiger Markgrafenkopf mag auf Silber aus Badenweiler geprägt sein.

Auch die Berge um die Nachbartäler gaben Mineralien her, das Münstertal und das Sulzbacher Tal. Sulzbach selber, einstige markgräfliche Residenz, verdient in seinem Ortsbild Aufmerksamkeit. Durch einen alten Torbogen gelangt man auf einen großen Platz mit teilweise historischen Bauten. Etwas abseits trifft man auf St. Cyriak, ein romanisch-ottonisches Kleinod aus dem Jahre 993. Eine Reminiszenz an die einstige jüdische Gemeinde Sulzburgs ist außer einem Friedhof die Synagoge aus dem Beginn des vorigen Jahrhunderts – was selten ist – in klassizistischem Stil. Der Bau wurde gerade restauriert.

Verglichen mit Badenweiler, der ehemaligen Nebenresidenz badischer Großherzöge, begann die Heilbadkarriere Bad Krozingens verhältnismäßig spät. Als „offenes Sanatorium" wuchs es weit in die Rheinebene hinein, eine kleine Kulturlandschaft im Zeichen des Äskulap, auf einem Boden, den um das Jahr 1900 noch Felder und Wiesen deckten.

Der Ort hat kunstgeschichtliche Tradition. Mit der Glöcklehof-Kapelle besitzt er eines der ältesten christlichen Heiligtümer im Dreiländereck, und das Schloß, die ehemalige Propstei St. Blasiens, von J. C. Bagnato barockisiert, verkörpert Harmonie in Stein. In dem noblen Gebäude befindet sich eine Sammlung von mehr als 50 spielbaren historischen Tasteninstrumenten. Die Schloßherrin ist eine Nachfahrin von Ignaz von

Gleichenstein, der als Freund Beethovens in die Musikgeschichte einging. Allmonatlich erklingt im gobelingeschmückten Schloßsaal Musik vergangener Jahrhunderte auf Instrumenten ihrer Zeit (Cembalo, Clavichord, Hammerklavier). Zeitweilig gab es Brot und Kaiserstühler Wein nach der Devise: „Musik und Magen / sich gut vertragen."

Ein thermengesegneter Platz am Schwarzwaldrand ist auch das in Richtung Basel gelegene Bellingen, das erst 1955 aus dem Dornröschenschlaf eines schlichten Oberrheindorfes erwachte, als man nach Erdöl suchte und Mineralthermalwasser fand. Bad Bellingen bediente sich zu Anfang jener Holzbottiche, wie man sie zur Traubenlese benutzte. Das vor allem gegen Rheuma wirksame Wasser schießt mit einer Temperatur von mehr als 38 Grad Celsius aus der Tiefe.

Der Wassersegen im ehemaligen Fischer- und Weindorf sprach sich bald auch bei den Baslern herum, und diejenigen, denen das schweizerische Zurzach am Hochrhein zu weit ist, kommen nach Bellingen. Bei der Basler Fasnet fuhr einmal ein Wagen mit, auf dem ein Basler „Bebbi" in einem Bellinger Holzkübel saß, und darüber las man in alemannisch: „In däm Wasser, brun wie Gille / dien d'Bebbi jetze d'Schmärze stille."

Wehrhafte Herrensitze

Zum Panorama der Schwarzwaldkette, die den Reisenden in der Oberrheinebene ständig begleitet, gehört der Kranz der Burgen, Hinterlassenschaften der feudal-ritterlichen Oberschicht von einst und zugleich ein Stück Romantik, das sich in einer nüchtern-sachlichen Welt erhalten hat. Die Volksphantasie hat für jede Burgruine eine Sage bereit. Bei dauernden Fehden mußten sich die Burgherren hinter starken, hochgelegenen Mauern verschanzen. Sie lebten hauptsächlich vom Zehnten, den die Bauern zu entrichten hatten. Ihr Leben war keineswegs bequem. Im Winter froren sie. Das Kamin- und Herdfeuer reichte nicht aus, die Mauern zu erwärmen. Der Sturm rüttelte an den Holzläden. Fenster aus Glas gab es nicht. In langen Nächten boten Fackeln und Kerzen nur dämmriges Licht.

Die großartigste Burgruine am Rand des Schwarzwaldes liegt dort, wo das Tal der Wiese in die Rheinebene einmündet. Der Fluß entspringt am Feldberg. Hebel hat ihm, wie Hölderlin dem Rhein, ein langes Gedicht gewidmet, in dem er ihn „des Feldbergs liebliche Tochter" nennt. Die Burg auf einem Steilhang nördlich des Tals heißt Rötteln. Von ihrem ausgedehnten Areal, das sich über mehrere Ebenen erstreckte, ließ sich noch mancherlei retten, als sie 1678 in den Raubkriegen Ludwigs XIV. eingeäschert wurde: vor allem das Gemäuer des Palas aus dem 14. Jahrhundert, Teile der Ritterquartiere an der Ostseite des Burghofes sowie einen der zwei hochragenden Bergfriede; eine Darstellung von 1860 zeigt noch beide, von Bäumen und Büschen umwachsen.

Durch Erbschaft war die Veste 1313 an die Markgrafen von Hachberg-Sausenberg, einen Zweig der Zähringer, gelangt, die sofort dorthin übersiedelten. Markgraf Rudolph III. (1343-1428) vergrößerte die Burg, erweiterte das Herrschaftsgebiet und schlug sich, obwohl von Natur friedfertig, mit den Baselern und benachbarten Adeligen herum. Seine vier Töchter traten in ein Klarissenkloster ein, wo drei der Pest erlagen und dort bestattet wurden. Er selber ließ sich in der von ihm in halber Höhe des Berganstiegs erbauten Röttelner Kirche beisetzen, zusammen mit seiner zweiten Gemahlin Anna von Freiburg. Die steinernen Liegefiguren über der Grabstätte sind gefaßt. Sie zeigen den Markgrafen in voller Wehr, mit roter spitzer Sturmkappe und grünem Mantel, die Markgräfin in langem rotem Gewand mit gekräuselter Haube („Kruseler" genannt). Beide Figuren sind Gotik von Rang und verblüffend lebensecht. An den Rückwänden der Kenotaph-Nischen erblickt man die Fresken Kreuztragung und -abnahme. Hebel hat auch Rötteln „verfalleni Maure" bedichtet. Wo „kei Füür (Feuer) mehr uf siiner versunkene Füürstet (Feuerstätte) brennt", sorgt heute laut Aufschrift ein Versandhaus für Illumination.

Die Szenerie der Burg eignet sich ideal als Freilichtbühne und wird im Sommer zu beachtlichen Aufführungen genutzt.

Auch von den alten Zähringer Herrschaftssitzen Sausenberg und Hachberg sind noch Ruinen vorhanden. Von der Straße Müllheim-Kandern biegt man von einem Wirtschaftsgebäude des ehemaligen, im Bauernkrieg heimgesuchten Frauenklosters Sitzenkirch ins steil aufwärtsführende Käsacker Tal und erreicht bei einer Paßhöhe zum Vogelbachtal die von hohen Fichten umgebene

Ruine der Sausenburg. Aus der Ferne sieht man nur den obersten Teil des Bergfrieds aus dem Wald herausragen. Einst war die Berghöhe, welche die Sausenburg trägt, unbewaldet, weil man sonst vom Zinnenkranz einen sich nähernden Feind nicht hätte ausmachen können.

Die sehr weitläufige Ruine Hachberg, die heute Hochberg heißt, liegt auf einer Schwarzwaldhöhe rückwärtig von Emmendigen und ist von der Rheinebene aus gut zu sehen.

Auf einem markanten kegelförmigen Hügel, der sich von der Schwarzwaldkette deutlich abhebt, thront eine stolze Veste, in der einst die Herren von Staufen saßen. Ihre Burg hatte den Namen von einem „Stauf", worunter man im Mittelalter einen Pokal verstand. Da der staufische Adelssitz einem auf den Kopf gestellten „Stauf" gleicht, hat man ihm diesen Namen gegeben, und ebenso heißt die Breisgauer Kleinstadt zu seinen Füßen.

Der einstige Marktflecken Staufen besitzt eine St. Martin geweihte gotische Kirche, deren Turmunterbau noch auf die Romanik hinweist, älteste Bausubstanz der Stadt. Hier ist mit einem bedeutenden Kruzifix auch Sixt von Staufen vertreten, von dessen Hand, wie erwähnt, auch die Kaiserstatuen am Freiburger Kaufhaus stammen. Von den Herren von Staufen ist noch eine Stadtresidenz aus der Zeit der Renaissance erhalten.

Als Kleinod einer Altstadtkulisse kann man den Markt bezeichnen, von dem die trichterförmige Marktstraße mit historischem Kolorit nach Norden führt, einst bis zu einem der vier Wachttürme des Stadtgemäuers, die der Zeit zum Opfer fielen. Bei den beliebten Weinfesten Staufens stellte man anstelle des Südtors bisweilen eine Torattrappe auf.

Inmitten des Marktes steht ein achteckiger Brunnen mit einem „Brunnenmännle", bewehrt mit Fahne und Schild als Zeichen des Staufener Marktrechts. Das Rathaus an der Nordseite, 1546 erbaut und mit zeitgerechten Dreipaßfenstern ausgestattet, ist gewissermaßen dreiteilig (gleich dem Pfisterhaus in Colmar): der älteste, gotische Teil fällt durch seine Stufengiebel auf, während der spätere Anbau einen geschwungenen Renaissancegiebel besitzt, und als dritter Part ein Treppenturm, der sich an der Seitenmauer erhebt.

Der von Abgaben und Diensten befreite sogenannte Freihof Staufens verdient Erwähnung, weil ihn der berühmte Peter Thumb aus dem Bregenzer Wald (1681-1766) erbaute.

Das Gebäude, das indessen den Namen der Stadt Staufen am meisten bekannt gemacht hat, ist das 1407 am Markt errichtete Gasthaus „Löwen", wegen eines Gastes, den jedermann kennt, des von dem englischen Dichter Cristopher Marlowe ebenso wie von Goethe dichterisch verewigte Doktor Faust aus Knottlingen bei Maulbronn. Der Nekromant hatte sich im 3. Stock in Zimmer 5 eingemietet, und dort ist er 1539 plötzlich gestorben. Die Überlieferung übermittelt hierzu folgende Geschichte: der Freiherr Anton von Staufen auf dem Burghügel war tief verschuldet. Als er von dem Wunderdoktor, Wahrsager und Alchimisten hörte, hoffe er, durch dessen geheime Künste zu neuem Geld zu kommen. Er bestellte ihn nach Staufen. Faust nahm im „Löwen" Quartier. Abends saß er mit Kumpanen noch im Wirtsraum. Um Mitternacht hörte man einen gewaltigen Lärm aus dem Zimmer des Magiers, das Haus wurde erschüttert, und als man in den Raum einbrach, fand man ihn leer. Für die abergläubische Epoche lag der Fall klar: Mephistopheles hatte Faust geholt. An der Fassade des historischen Gasthauses liest man: „Anno 1539 ist im Leuen zu Staufen Doctor Faustus, so ein wunderbarlicher Nigromanta gewesen, elendiglich gestorben und es geht die Sage, der obersten Teufel einer, der Mephistophiles, den er in seinen Lebzeiten nur seinen Schwager genannt, habe ihm nachdem der Pact von 24 Jahren abgelaufen, das Genick gebrochen und seine arme Seele der ewigen Verdammnis überantwortet."

Ein Hauch von Weltgeschichte

Vom Staufener Schloßberg führen manche Bezüge zu einer einst befestigten Anlage, die nicht am Schwarzwaldrand, sondern in dessen Nähe in der Ebene liegt: dem Johanniterschloß von Heitersheim. Man kann sagen, daß durch diese sogenannte „Tiefenburg" ein Hauch von Weltgeschichte über dem Breisgau lag. Denn hier befand sich ein mächtiges Zentrum des berühmten Militärordens der Johanniter, der im Abwehrkampf des Kreuzes gegen den Halbmond, des christlichen Abendlandes gegen das türkisch-islamische Morgenland, eine gewichtige Rolle spielte. Zu den prominenten Persönlichkeiten des Ordens gehörte Hannibal von und zu Schauenburg, Römisch-Kaiserlicher Generalfeldmarschall und Obrist des St. Johann-Ordens.

Als Schild Europas galten im Zuge der Kreuzzüge die drei Militärorden der vorwiegend französischen (damals sagte man: fränkischen) Templer, der Deutschritter und der Johanniter, die sich aus acht „Nationen" rekrutierten: Provence, Auvergne, Frankreich, Italien, Aragonien, England, Kastilien und Deutschland. Da nationalstaatliches Denken noch fernlag, bezeichnete man sie nach ihren Sprachen als „Zungen".

Die Johanniter, ursprünglich „Hospitaliter", dienten im Heiligen Land der Caritas. Dann wurden aus Bahrenträgern Schwertträger; sie fochten gegen die Ungläubigen unter dem Schutz des Täufers Johannes. Von den Moslems aus Jerusalem vertrieben, setzten sie sich nach Akko (heute in Israel) ab, dann nach Zypern und Rhodos und schließlich 1530 nach Malta. Nach dieser Insel hießen sie von da an auch Malteser.

Die einzelnen Zungen waren in ihren Heimatländern durch Kommenden (Komtureien) vertreten, deren es in Deutschland eine ganze Reihe gab. Durch geschickte Politik, durch Einziehung von Abgaben, Erbschaften, Schenkungen und hohe königliche Dotationen wuchsen ihre Territorien und Guthaben immens an. An der Spitze der Kommenden stand das Großpriorat, und dieses fiel 1428 an Heitersheim, das wirtschaftlicher und kultureller Mittelpunkt aller Johanniterhäuser deutscher Zunge wurde. Damit griff das im Breisgau gelegene Großpriorat auch in die europäische Politik ein, selbst auf militärischem Gebiet. Großprior Georg Schilling von Canstatt befehligte die Ordensflotte, die unter Karl V. Algier einnehmen wollte, und führte sie nach mißglücktem Unternehmen wieder heil zurück. Diese Tat verschaffte dem Großpriorat 1548 die weltliche Würde eines Fürstentums. Der Rang gab der Region Ansehen, brachte den Ortschaften aber auch viel Ärger wegen der eingezogenen Steuersummen, die nicht im Land blieben, sondern nach Malta gelangten. Als nach der Eroberung der Insel durch Napoleon der Malteserorden dort keine Bleibe mehr hatte, folgte auch das Ende des Klein-Imperiums im Breisgau, das 1806 in dem von Bonaparte geschaffenen Großherzogtum Baden aufging.

Von der johannitischen Herrlichkeit während der fürstlichen Ära zeugen noch Reste der einst von einem Mauerrecteck und einem Wassergra-

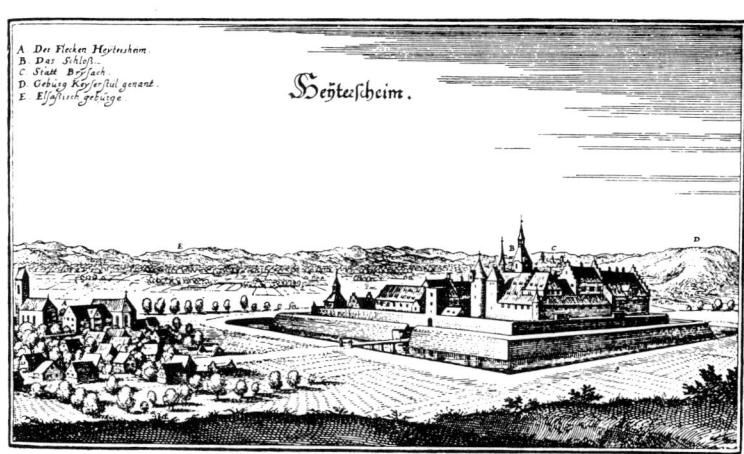

Schloß und Dorf Heitersheim. Kupferstich (1643) von M. Merian

ben umgebenen Bauten. Das fürstliche Ausmaß des Wasserschlosses kann aus dem Merian-Stich der „Topographia Germaniae" ermessen werden. Unter Johann von Hattstein (1512 bis 1542) wurde als Hauptgebäude das Komturhaus errichtet, daneben das Priesterhaus und die Schloßkirche. Immer neue Bauten kamen im Verlauf von zwei Jahrhunderten hinzu, die sich um zwei Höfe gruppierten. Trotz Brandschatzungen ist die Struktur der Anlage noch erkennbar. Von Osten aus tritt man durch ein wappengeschmücktes Tor in den Schloßhof der Kernburg. Viele Teile sind in Erweiterungsbauten des 18. Jahrhunderts noch erhalten, so das Ritterhaus von 1595, in dessen Mitte ein Treppenturm mit Glockendach und Dachreiter emporragt. Ein Bau an der Hof-Südseite, 16. Jahrhundert, weist ein breites Bogenfenster auf. Der barocke Kanzleibau mit Mansarde hebt sich von den nüchternen Wirtschaftsbauten durch ein üppiges Wappen über dem Portal ab; zu beiden Seiten versinnbildlichen zwei barocke Frauengestalten die Tugenden Fides (Treue) und Justitia (Gerechtigkeit).

In den Straßen Heitersheims begegnet man immer wieder dem Johanniterkreuz. Die Kirche, 1824 von einem Weinbrennerschüler erbaut, enthält Epitaphe und Grabsteine von Großprioren, darunter der des Großpriors Johann von Hattstein. Von Christian Wenzinger, dem Breisgauer Meister, stammt eine Madonna aus Lindenholz. Ein spätgotischer Torbogen, der einst zur fürstlichen Residenz der Johanniter gehörte, umrahmt heute die Pforte des bekannten Gasthauses „Ochsen" beim Rathaus.

Die Ortenau – reich an Geschichte

Den nördlichen Anschluß an den Breisgau bildet die Ortenau, ein landschaftlicher, kein politischer Begriff. Das Gebiet ist aus der Zeit Karls des Großen als Mordenaugia nachgewiesen; als Habsburger Landvogtei hieß es Mortenau. Wie der Breisgau beschränkt sich die Ortenau nicht auf die Fluren der Rheinebene und die Randzone des Gebirges, sondern steigt weit in den Schwarzwald hinauf bis zum Kniebis (875 Meter). Auch im mittleren und nördlichen Abschnitt des Höhenzugs winden sich flinke Wasserläufe durch Talgründe ins Flachland, auch hier bedecken Rebhänge das Hügelvorland.

Und doch gibt es Unterschiede. Vor allem buchtet die Altrhein-Region weiter aus; der Waldgürtel bietet urtümliche, fast urwaldähnliche Aspekte und eine üppige, tropisch erscheinende Vegetation. Hier wurde auf 37 qkm Land ein Naturschutzgebiet geschaffen, das den Namen „Taubergießen" trägt. Man geht oder gleitet im Boot durch eine Waldlandschaft von teilweise bizarrem Aussehen, von Lianenvorhängen bedeckt, von Schlingpflanzen durchzogen, teilweise mit dichtem Unterholz bewachsen. Schilfgürtel oder üppige Krautflur überziehen den Boden. Hier trifft man noch äußerst seltene Tier- und Pflanzenarten an, aus dem Bereich der Vogelwelt Kleiber, Eisvogel und Kormoran.

Trauben und Zwetschgen

Man kann die Ortenau als Obstgarten bezeichnen. Hier reifen die Bühler Zwetschgen, die weit über die Grenzen des Landes Baden ein Begriff sind, vor allem die seit Mitte des vorigen Jahrhunderts gezüchteten Frühzwetschgen. In Stoßzeiten registriert man in Bühl bis zu 80 000 Zehn-Kilo-Körbe täglich.

Am Rand des Schwarzwaldes setzt sich die Badische Weinstraße fort; die Erzeugnisse der Ortenau stehen denen des Kaiserstuhls und des Markgräflerlandes nicht nach. Die akkurat gepflanzten Rebstöcke überdecken auch hier die Vorhügel und dringen in die Täler ein, wo fast schon südliche Sonne Silvaner, Riesling und Spätburgunder zum Reifen bringt. Auf Gasthofschildern liest man „Zum Rebstock". Zum Weinadel gehören Durbacher, Waldulmer, Sasbachwaldener, Eisentaler, Steinbacher. Besonders beliebt ist der Durbacher Weißherbst. Am Ausgang des Kinzigtals bemüht sich der Ortenberger Weinbau um den seltener gewordenen Silvaner. Eingebettet zwischen Rebhängen liegt Sachbachwalden, das mit seinem Reichtum an Fachwerk in einem Bundeswettbewerb mit einer Goldplakette prämiert worden ist und dessen romantisches Tal vorbei an Gaishölle und Brigittenschloß fast bis zur Hochstraße emporsteigt. Affental südlich von Baden-Baden bietet einen Roten in Flaschen an, die am Reliefbild eines Affen zu erkennen sind. In einigen Orten schenkte man vor Jahren herben, erdigen Wein aus Boxbeuteln ein. Die Weinerzeuger des Maingebiets protestierten dagegen; sie meinten, der Boxbeutel sei Privileg des Bistums Würzburg und des Frankenweins. Neuweiler konnte urkundlich nachweisen, daß es einst bischöflich-würzburgische Enklave war und demnach das gleiche Recht auf jene bauchigen Flaschen hat. Die Gemeinde gewann die Fehde.

Der in der Ortenau vorherrschende Obst- und Weinbau verdankt seine reiche Ernte dem guten Boden und günstigen Winden. Während sich in der Ebene nachts Kaltluft ansammelt, verhindert ein Fallwind stärkeren Frost. Am Morgen erwärmt die Sonne wieder rasch die Erde. Der aus Straßburg stammende Romancier Otto Flake, Grandseigneur der Literatur, hat die Ortenau als „goldenes Land" bezeichnet. Auch gebrauchte er als Freund von Hellas das Wort „antikisch".

Goethe in Emmendingen

Bei Freiburg, der Hauptstadt des Schwarzwaldes, beschreibt die Linie des Gebirges einen Halbkreis, so daß man anschaulich von der „Freiburger Bucht" spricht. Am nördlichen Ende liegt eine jener behaglichen und einladenden Landstädte, an denen noch Vergangenheit zu uns spricht. Es ist Emmendingen, zeitweilig markgräflich-zähringische Residenz, an die noch das 1574 renovierte Schloß erinnert, dessen Treppenturm einen Fachwerkaufsatz und ein zwiebelförmiges Dach besitzt. Das Gebäude beherbergt ein örtliches Museum. Das barocke Rathaus von 1738 steht am Marktplatz, von dem aus die Hauptstraße die Stadt bis zum Nordtor durchschneidet. Wer zu Besuch nach Emmendingen kommt, tut dies weniger dieser offiziellen Bauten wegen, sondern auf den Spuren Goethes, der sich 1775 in der Landstadt zwischen Lahr und Freiburg aufgehalten hat.

Durch das schöngeschwungene, elegante, heiter bemalte Tor, fast ein Triumphbogen, fuhr der Dichter zu einem kurzen Aufenthalt in Emmendingen ein, als er vor seiner Liebe zu Lili Schönemann und der bürgerlichen Bindung mit ihr in die Schweiz entfloh. Er kehrte bei seiner Schwester ein, die mit dem tüchtigen Oberamtmann und Hofrat Schlosser, einem Jugendfreund Goethes, denkbar schlecht verheiratet war. Cornelia sah ihrem Bruder auffallend ähnlich – zu ähnlich, denn, aufs Weibliche übertragen, war ihre Nase zu lang, ihr Profil zu geprägt. Man schilderte sie als Mischung von Gefühlsüberschwang und erotischer Kälte.

Im patrizischen Schlosserhaus, das heute noch steht, verbrachte Goethe acht Tage, von Cornelia beschworen, sich alle Ehepläne aus dem Kopf zu schlagen. Goethes zu seiner Zeit beliebtestes Poem „Hermann und Dorothea" – beliebter noch als der „Werther" – spielt zweifellos in Emmendingen, auch wenn sich ein Ort in Hessen und ein anderer in Thüringen darum bewerben, Schauplatz von Goethes dichterischer Fiktion zu sein. Doch nur in Emmendingen können Emigranten der Großen Revolution Fuß gefaßt haben, die mit ihrer Habe über den Rhein gekommen sind. Das Hohelied auf das Privateigentum („Dies ist unser!"), das damals sicher noch keine soziologische-doktrinäre Bedeutung hatte, war also vom Wohnort von Goethes Schwester inspiriert, die der Dichter danach nicht mehr wiedersehen sollte, denn schon 1777 ist Cornelia gestorben. Ihr typisches Porträt mit der hoch aufgesteckten Frisur schmückt als Grabrelief die Umfassungsmauer des Emmendinger Friedhofs.

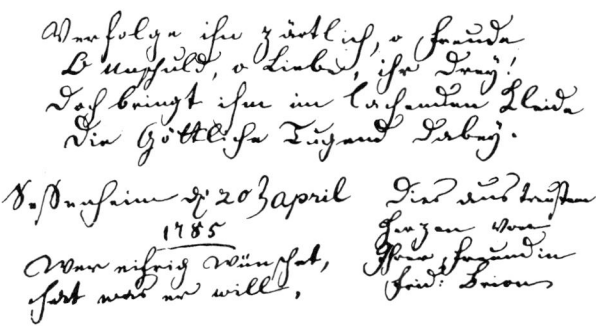

Scherenschnittporträts von Friederike Brion und Goethe. Darunter eine Verswidmung Friederikes

Eine Erinnerung an Goethe findet man auch in Meißenheim nahe am Rhein. Friederike Brion, die Jugendliebe des Dichters, hat dort bei Verwandten ihre späteren Jahre verbracht. Sie starb dort 1813; ihre (nicht porträtechte) Büste steht über ihrem Grab an der Pfarrkirche, mit dem vielzitierten Spruch „Ein Strahl der Dichtersonne fiel auf sie, / so reich, daß er Unsterblichkeit ihr lieh."

Entführung in Ettenheim

Ettenheim zwischen Emmendingen und Lahr steigt an einem Hang empor bis zur barockhelmgekrönten Stadtkirche. Der saalartige Innenraum prunkt mit Rocaillen, Medaillons und posaunenblasenden Putten, einem ins Badische projizierten Jenseits. Im Chorteil befindet sich das Grab des Kardinals Rohan, der grauen Eminenz der letzten Bourbonen und Vertrauten der Marie-Antoinette.

Rohan hatte das große Leben geliebt, seine Schlösser in Zabern (Saverne), Straßburg und Ettenheim (das zum fürstbischöflichen Einzugsgebiet jenseits des Rheins gehörte) zeugen davon. Das Schloß von Ettenheim, unterhalb der Kirche, ist das bescheidenste, aber immer noch respektabel genug. Hier verbrachte der Kardinal die letzte, stillste Phase seiner Jahre: das Emigrantendasein nach dem Sturz der Bourbonen durch die Jakobinerherrschaft in Paris. Er residierte immer noch, auch ohne Wirkungsbereich, blieb ein Sammelpunkt vieler Royalisten, die Ettenheim zu einem Klein-Versailles machten. Man hielt Hof, auch wenn das Meublement verblaßt, die Zahl der Lakaien zusammengeschrumpft war, ging auf die Jagd, konspirierte, resignierte.

Unter den Refugés war ein Bourbonenprinz, der Herzog von Enghien, der erst auf seiten Österreichs gegen die Revolution gekämpft hatte, dann aber die Aussichtslosigkeit einsah und schließlich in seinem Ettenheimer Refugium, nach dem Aufstieg Napoleons, den neuen Kometen als Ordnungsmacht, die die Herrschaft des Plebs beendete, willkommen hieß. Sein Haus zwischen Rohan-Schloß und Kirche, garten- und heckenumgrenzt, wird heute vom Volk „Schlößle" genannt.

Von diesem ganz und gar harmlosen Bourbonensproß ging in Paris 1804 die Mär um, er verhandle geheim mit England, dem Todfeind Napoleons, erhalte von dort Gelder, was bestimmt nicht zu jenem Zeitpunkt eintraf. Doch Bonaparte, in ständiger Royalistenfurcht – gerade war er vor einem anonymen Attentat bewahrt worden –, wollte ein Exempel statuieren, an keinem Zweit- oder Drittrangigen, sondern an einem Prince de sangue, einem Prinzen von Geblüt.

Eines Nachts dröhnten Pferdehufe vor dem stillen Haus in Ettenheim. Ein Detachement von Buntröcken forderte den Herzog auf, in eine bereitgestellte Kutsche zu steigen. So unauffällig wie möglich – man war auf nichtfranzösischem Boden und wollte Komplikationen vermeiden – wurde er über den Rhein nach Vincennes gebracht. Enghien forderte eine Audienz bei Napoleon, nicht ahnend, daß der von ihm Bewunderte den Verhaftungsbefehl selber erlassen hatte. Die Audienz fand nicht statt. Dafür wurde der Herzog eine Stunde nach Mitternacht in den Wallgraben der Festung geführt. Der Verhaftete protestierte, in eine unterirdische Zelle zu kommen. Doch noch Schlimmeres erwartete ihn: er sah sich einem Peloton gegenüber, das die Gewehre anlegte. Polizeiminister Fouché sagte, als er vom Ende des Dux d'Enghien erfuhr, zu seinem Kaiser: „Das war schlimmer als ein Verbrechen. Es war ein Fehler."

Erzberger in Griesbach

Das Renchtal ist das erste nach dem großen, breiten Einschnitt der Kinzig. Wälder und Quellen machen seinen Reiz und seinen Nutzen aus; Sägewerke und Kurhotels liegen am Ufer des kleinen munteren Flusses.

Paterstal und Griesbach sind als Stätten heilspendenden Wassers weit über das Renchtal berühmt. Sie zogen prominente Gäste an. Um die Jahrhundertwende traten an die Stelle alter Fachwerkbadhäuser Hotelpaläste. Im Hotel „Bad Griesbach" stieg im Sommer 1921 ein Mann Mitte Vierzig ab, der am 26. August mit einem Begleiter auf der Straße talauf ging, die zu den Fichtenwäldern des Kniebis führt, eine Landschaft des Friedens. Die beiden unterhielten sich angeregt, doch nicht über die Schönheit der Natur, sondern über die Behebung der Wohnungsnot, ein akutes Problem auch der Nachkriegszeit nach 1918. Plötzlich kamen ihnen an einer Kurve zwei jüngere Leute mit schnellen Schritten entgegen, drehten sich hinter ihnen um und feuerten aus 30 Zentimetern Entfernung einige Schüsse auf die beiden Spaziergänger ab. Dann flüchteten sie. Der eine

Schloß Ortenberg bei Gengenbach. Stahlstich (1842)

30

der Überfallenen wankte und stürzte tot zu Boden. Der andere, der dem Begleiter zu helfen versuchte, war verwundet. Bei den beiden Opfern handelte es sich um den Reichsfinanzminister Matthias Erzberger und den Zentrums-Reichstagsabgeordneten Dietz, der später den Hergang des Anschlags zu Protokoll gegeben hat.

Das Attentat machte in der Reichshauptstadt und im ganzen Reich Schlagzeilen. Es löste Betroffenheit aus, doch auch – im überhitzten Klima jener Jahre – Beifall. Denn gewisse Kreise lasteten Erzberger Vaterlandslosigkeit, Korruption und subversive Machenschaften an. In Wahrheit war der Schneidersohn aus Biberach eher ein Biedermann, eine Figur ohne Glanz, doch von rechtschaffenem Eifer in einer Epoche, die auch Größere als ihn überfordern mußte. Die Gegner bezichtigten Erzberger der „Erfüllungspolitik".

Durch zähen Fleiß war er emporgekommen. Als Volksschullehrer stieg er in die Politik ein und wurde mit 28 Abgeordneter des Reichstags. Was er bekämpfte: den Obrigkeitsstaat. Nach dem Krieg erhielt der schwäbische Politiker eine historische Mission, zugleich seine große Stunde und sein Verhängnis. Er wurde ausersehen, als Vertreter der Reichsregierung mit Marschall Foch über einen Waffenstillstand zu sprechen. Am 8. November stand er im Wald von Compiègne den Verhandlungspartnern der Entente gegenüber. In dem Eisenbahnwaggon führte er zähe Gespräche und erreichte einige Zugeständnisse. Am 11. November setzte Erzberger, gegen das Ausmaß der Bedingungen protestierend, seinen Namen unter die Urkunde der Waffenruhe.

Nach den tödlichen Schüssen von Griesbach flohen die Mörder, die in Oppenau Quartier genommen hatten, ins Ausland. Eine Marmortafel im Kurhaus Griesbach, ein Gedenkstein an der Mordstelle ehrt jenen Mann, mit dessen Ermordung das Schicksal der Weimarer Republik seinen verhängnisvollen Lauf begann.

Simplizianische Landschaft

Von den Bergflüssen, die sich vom nördlichen Schwarzwald in die Rheinebene ergießen, ist die Rench besonders reich an Geschichte. Das Tal verfügt auch über eine hochgelegene Burgruine,

Titelkupfer von Grimmelshausens „Simplizissimus" (1669)

die Schauenburg, im 11. Jahrhundert von den Zähringern erbaut, später im Besitz der Schauenburger und 1689 von Melac, dem berüchtigten Heerführer des Sonnenkönigs, gesprengt. In Heitersheim hat man von einem aus diesem Geschlecht, Hannibal von und zu Schauenburg, bereits gehört. Nicht weniger nennenswert ist Reinhard aus der gleichen Sippe, der niemand anderen in seine Dienste nahm als Grimmelshausen, den Verfasser des „Simplizissimus" und der „Mutter Courage", die in der Dramatisierung von Bert Brecht heute noch ihren Marketenderkarren über die Bühne zieht. Den 1622 im hessischen Gelnhausen geborenen Autor, hatte der Schauenburger während der Kriegswirren in Offenburg zu sich genommen, worauf der einstige Trommelbub, zunächst als Schaffner in Gaisbach bei Oberkirch seßhaft, später als Wirt der Gastwirtschaft „Zum Silbernen Stern" und schließlich als straßburgisch-fürstbischöflicher Obervogt von Renchen Karriere machte. Orte, in denen sich seine Vita abgespielt hatte, werden im Umfeld von Renchen als authentisch nachgewiesen, so daß man mit Recht von einer Simplizianischen Landschaft reden kann. Er beschrieb die „Hohe Moos", das Bergmassiv zwischen Rench und Kinzig, wo ein Gedenkstein sein Gedächtnis festhält.

Baden-Baden – Bäderstadt
mit internationalem Flair

Die Oos ist ungefähr die Grenzscheide zwischen einst fränkischem und alemannischem Siedlungsgebiet. Bis hierhin hatten die Franken Clodwigs die Alemannen zurückgedrängt. Sind seither auch Jahrhunderte vergangen, so zeichnet sich doch die Trennung immer noch ab. In der Ebene unterscheidet sich das fränkische Fachwerkhaus im Norden vom alemannischen im Süden. Auch hört man im nordbadischen Dialekt nicht mehr den typisch alemannischen Gutturallaut.

Diesseits und jenseits der Straße, die den Gebirgskamm nördlich von Baden-Baden überquert, befinden sich Felspartien mit dem Namen Engels- und Teufelskanzel. Von der Engelskanzel hat ein

Kloster Lichtental. Stahlstich (1842)

Engel gegen den Teufel, von der Teufelskanzel ein Teufel gegen den Engel gepredigt. Die Sage geht auf die Zeit zurück, als nördlich der Oos die bereits christlichen Franken, südlich die noch heidnischen Alemannen saßen. Natürlich unterlag der Teufel und wütend zog er ab, die Spur seines Pferdefußes zurücklassend.

Über Baden-Baden ragt das Alte Schloß der Zähringer Markgrafen aus dem Wälderdickicht, mit all den anderen Schlössern am Rand des Schwarzwaldes ein Zeichen, wie sehr dieses Herrengeschlecht in diesem Raum der Regio einst dominierte. Das Neue Schloß thront majestätisch auf einem natürlichen Podest innerhalb der Oosstadt, über steile Gassen und Staffeln erreichbar. Der Vorgängerbau war 1689 dem Kriegsbrand zum Opfer gefallen, wogegen das bedeutende Lichtentaler Zisterzienserinnenkloster, Grablege der Markgrafen, erhalten blieb.

Die Oos war damals die Grenzlinie zwischen den Bistümern Speyer und Straßburg. Die Klosterfrauen von Lichtental, die auf Speyerischem Gebiet lebten, versprachen sich von Straßburg mehr, darum leiteten sie eines Tages den Fluß um, so daß ihre Klosterbehausung nun auf das Nachbargebiet zu liegen kam. Die Ooskrümmung ist als Zeugnis der Nonnenlist noch heute erkennbar.

Eine Prise Paris

Aus vielen Ländern, ja Kontinenten kommen die Fremden nach Baden-Baden, teils der Wälderidylle und des heilspendenden Wassers wegen, teils wegen des spiegelnden Parketts und der rollenden Kugel des Glücksspiels. Von der berühmten Belle Epoque bis heute sucht und findet man in der „Perle des Schwarzwaldes" ein Buen Retiro (Ruhesitz) im horazischen Sinne oder aber ein Klein-Paris, den Platz gesellschaftlicher Repräsentanz. Seit den Tagen des Rheinbundes weht Luft von der Seine durch das Oostal. Stephanie, Großherzogswitwe und Adoptivtochter Napoleons, liebte die Bäderstadt. Goldverzierte Wagen brachten mondänes Publikum aus Paris. 1850 hieß es „Alle Flüsse gehen ins Meer, alle schönen Frauen nach Baden-Baden."

Daß der Oberrhein nicht trennt, sondern verbindet, der Gedanke der Regio von heute, kam, auf eine Stadt bezogen, damals schon zum Ausdruck, als Baden-Baden als „Faubourg (Vorort) de Paris" galt. Die Hotels nahmen französische Namen an. Aus einem Europäischen Hof wurde ein Hotel de l'Europe, aus einem Russischen Hof ein Hotel de la Russie. Seine Schuhe kaufte man beim Cordonnier, sein Fleisch beim Boucher. Frankreichs führende Gesellschaft baute sich Maisonettes. Der Kuranzeiger „Illustration de Bade" wurde bei Hachette gedruckt.

Die Internationalität der Bäderstadt zog Prominente an. Die Kurlisten zeigen erlauchte Namen: Kaiser Wilhelm I., Bismarck (dessen Monumentalstatue zum Altstadtbild gehört), Kaiserin Elisabeth von Rußland, Napoleon III., die Dichter Tolstoi, Turgenjew, Dostojewski. Dieser verspielte an der Oos seine Habe, so daß er seine Garderobe verpfänden mußte. Die Nachkommen Madame Etiennes, wo er die Kleider schätzen ließ, haben heute noch einen Modeladen in der Lichtentaler Straße.

Der Welt nahe zu sein, aber doch auf Distanz – das ist ein Vorzug des größten Kurplatzes im Schwarzwald, eines der letzten Ruhepunkte unserer technisierten, hektischen Welt. „Wenn das Weltende kommt", sagte Bismarck, „dann gehe nach Baden-Baden – dort kommt es 14 Tage später."

Brahms und Clara Schumann

Eine klassische Freundschaft, eingegangen in die Musikgeschichte, verband die berühmte Pianistin Clara Schumann mit dem weitaus jüngeren Komponisten Johannes Brahms. Und lange Phasen des gemeinsamen Lebens spielten sich an der Oos, in Baden-Baden und vor allem in Lichtental ab. Von 1862 an wohnte die Gattin Robert Schumanns mit ihren Kindern im heute noch vorhandenen Haus einer Advokatenwitwe, Hauptstraße 8. Die Witwe kaufte bald danach ein anderes Lichtentaler Haus auf einem Felsen, von dem man zwei romantische

Täler überblicken kann. Sie vermietete ihr Etablissement – ihr namhaftester Mieter war Johannes Brahms. Er wollte in der Nähe der von ihm verehrten Clara Schumann sein, deren Haus für ihn offen war: „Er kam und ging, wie es ihm gefiel, der Tisch war stets für ihn gedeckt."

Brahms bewohnte im Beckerhaus während der Sommermonate 1865-1874 die im Giebel befindliche „Blaue Stube", von der aus er die schöne Aussicht genießen konnte. Hier, in der „Komponistenhöhle", entstanden zahlreiche seiner Kompositionen, inspiriert von der Schwarzwälder Landschaft, so die II. Symphonie, auch „Lichtentaler Symphonie" genannt.

Das Brahmshaus beherbergt heute ein nach dem Komponisten benanntes Museum. Im Treppenhaus sieht man Entwürfe Max Klingers zur „Brahms-Phantasie". Neben Originalnoten und Autographen, auch solchen von Clara Schumann, verwahrt die Gedächtnissammlung eine Büste von Brahms' Freundin sowie Korrekturbögen der Partitur des „Deutschen Requiems" mit eigenhändigen Eintragungen des Tonschöpfers. Das Mobiliar stammt aus der Epoche.

Zwei berühmte Bauten

In der Mitte des hochgelegenen Marktes steht Baden-Badens kunsthistorisch bedeutendstes Bauwerk, die den Apostelfürsten Petrus und Paulus geweihte Stiftskirche. Der Turm, der in ein spätgotisches Achteck und in eine dreifach gestaffelte barocke Turmhaube übergeht, trägt eine vergoldete Petrusfigur. Seltsam verschlungen das formenreiche Maßwerk der hohen Spitzbogenfenster am Langhaus. – Über das stark überhöhte Mittelschiff des Innenraums breitet sich ein Sterngewölbe.

Im Chorscheitel der Stiftskirche befindet sich das kostbarste Inventarstück des Sakralbaus: der überlebensgroße Kruzifixus von Nikolaus Gerhaert von Leyden, dessen hoher Kunst man heute im Straßburger Münster begegnet. Das aus einem Stück gefertigte Steinbildwerk stand bis 1967 hinter der Spitalkirche und gehörte zum alten Friedhof. Der neue Standort schützt das 1467 entstandene Christusbild vor Umweltschäden. Verinnerlichte Gotik vereinigt sich in diesem Kreuz mit einer bereits naturalistischen Auffassung. Am holzimitierenden Querbalken hat der

Meister sogar die Risse angebracht, die die Nägel verursacht haben.

An der rechten Chorseite erhebt sich das Grabmonument des berühmten „Türkenlouis", Markgraf Ludwig Wilhelm, Feldmarschall des Reiches. Das Monument ist eines der pompösesten deutscher Fürsten und ein imponierendes Geschichtsdenkmal der Bäderstadt. Man liest die zutreffende Inschrift für den Türkenbezwinger: „Nunquam victus" – niemals besiegt.

Das zweite Bauwerk von hohem Rang stammt aus einer ganz anderen Epoche, dem Klassizismus, nämlich das Kurhaus des Architekten Weinbrenner, von dem auch der in einem neuen Hotelstil erbaute „Badische Hof" stammt. In Badenweiler ist er mit einem Pavillon für die Großherzogin Stephanie, Napoleons Adoptivtochter, vertreten. Mit dem Baden-Badener „Conversationshaus" – dies der frühere Name – hat der großherzogliche Baudirektor sich selbst übertroffen. Man kann den 1821-1824 errichteten Bau als eines der schönsten aller Kurhäuser bezeichnen. Eine Reihe Säulen bildet die Frontseite.

Einer der Säle dient der Spielbank, 1809 eröffnet. Erster Manager war der Straßburger Antoine Chabert, der zuvor Spielwächter im Pariser Palais-Royal gewesen war. Kurz darauf verbot der französische Bürgerkönig Louis Philippe das dortige Glücksspiel. Dies hatte zur Folge, daß nicht nur das Gros der französischen Spielbank-Hasardeure an die Oos abwanderte, sondern auch, als Nachfolger Charberts, ein Roulette-Experte und zugleich ein Organisationsgenie: Jacque Bénazet.

Im Bestreben, aus dem noch keineswegs weltgültigen Kurort einen Anziehungspunkt erster Klasse zu machen, handelte er nach seiner Devise: „Man packt eine Sache gleich richtig an, oder man läßt die Finger davon." Er steigerte nicht nur sensationell den Spielbank-Umsatz, sondern engagierte erstklassige Truppen aus Paris, die Comédie Française, die Opéra Comique, die Bouffes parisiennes. Sein Sohn Edouard setzte das Werk Bénazets fort. Baden-Baden wirkte durch die Anwesenheit der „Classe dirigeante", die Europa damals beherrschte, als ein magischer Anziehungspunkt für alle Glücksritter.

Die Schwarzwald-Hochstraße

Vom Tal der Oos windet sich ein kleines Nebental aufwärts den Wäldern zu, schon halbwegs ländlich, doch immer noch von Villen durchsetzt, nach außen durch Hecken abgeschirmt, dem Wort Juvenals folgend: Beatus ille qui procul negotiis (Glücklich, wer fern vom Getriebe ist). Hinter Geroldsau kann man mit einem Abstecher ein Naturschauspiel erleben: den Geroldsauer Wasserfall. Der Grobbach stürzt hier tief in einen Kessel, den Felsen, Fichten und Rhododendron-Arten umgeben. Neben den Wasserstürzen von Allerheiligen und Triberg ist dieser hier der bekannteste des Schwarzwalds.

Südlich des Oostales steigt der Schwarzwald bis zur Höhe der Hornisgrinde auf, bedeckt von Fichten, die in ihrer ruhevollen Kraft etwas Zeitloses haben. Diese teilweise noch zivilisationsferne Welt ist durch eine Fernverkehrs- und zugleich Panoramastraße erschlossen, die erst nach dem Zweiten Weltkrieg nach den modernsten Prinzipien der Verkehrstechnik ausgebaut worden ist. Die 40 km lange Gebirgsstrecke, stellenweise auf der Höhe des Gebirgskammes, ist auch der Bäderstadt an der Oos zugute gekommen, indem sie ebenso als ein Tor zum Schwarzwald bezeichnet werden kann wie das Höllental.

Die Panoramastraße zwischen Oos und Kinzig, als Schwarzwald-Hochstraße bekannt, windet sich um das Hornisgrindemassiv, tangiert Höhenhotels und Ausflugspunkte, die sich wie Perlen auf einem Band aneinanderreihen. Zuerst stößt man auf die ganz von Wald umgebene Bühlerhöhe, ein Begriff von internationalem Klang.

Hotel der Prominenzen

Das schloßartige Hotelgebäude ist ebenso als Herrenhaus gelobt wie auch als „Luxusschuppen" getadelt worden. Für Exklusivität sorgen die Preise, doch auch die exklusiven Veranstaltungen des Hauses. An Prominenzen ist kein Mangel. Sämtliche Reichs- und Bundeskanzler waren hier, ebenso die meisten Ministerpräsidenten der Bundesländer. Hier wurde auch Politik gemacht, zumindest im Vorfeld.

„Vielen zur Genesung – Einer zum Gedächtnis". Diese Worte sind in die Steinpforte eingemeißelt und beziehen sich auf die Gründungsgeschichte des Hauses. Hertha Schottländer, aus vermögender jüdischer Familie in Breslau geboren, wurde dort mit einem viel älteren Bankier verheiratet, den sie nicht liebte. Sie ließ sich scheiden, um einen Oberst Isenbart zu ehelichen, mit dem sie, nachdem er im Generalsrang in den Ruhestand getreten war, auf Reisen ging. Als Isenbart auf einer Reise in Ägypten plötzlich starb, war sie verzweifelt. Ihm zu Gedächtnis wollte sie ein Genesungsheim für Offiziere gründen und wählte dafür das Berggelände, auf dem heute das Hotel Bühlerhöhe steht. Es wurde 1914 in Betrieb genommen. Doch 1918, nach dem verlorenen Krieg, stand es leer. Die ehrgeizige Gründerin verkraftete nicht die Sinnlosigkeit ihres Daseins und eine Liebesenttäuschung, so daß sie sich im Hotel „Stephanie" in Baden-Baden das Leben nahm. Eine Finanzgruppe übernahm den umfänglichen Komplex und führte die Bühlerhöhe als Hotel-Sanatorium weiter, das vor wenigen Jahren eine grundlegende Neugestaltung erlebte.

Größtes Waldgebiet

Die Schwarzwald-Hochstraße führt von der Bühler Höhe aus durch das größte Waldgebiet Europas. Man blickt nicht wie im Süden des Gebirges über Talgründe, Waldstücke, Wiesen und Matten, sondern hat immerzu die aus Fichten bestehende Umgrenzung der künstlich geschaffenen Schneise

vor sich. „Seine dominierende Farbe", so schrieb der Feuilletonist Thaddäus Troll, „ist nicht etwa Schwarz, sondern Grün. Alle Sprachklischees von Waldesdom und Schattengrund und Wolfsschlucht und Fichtenhain treffen ihn nicht. Er musiziert die schönsten Variationen zum Thema Grün, die wir weit und breit finden."

Abwechslung bringen in die Höhenstraße die genannten Berghotels, Plättig, Sand, Hundseck, Unterstmatt, Ruhestein. Teilweise wirken sie noch in sympathischer Weise behaglich-altertümlich, Produkte der Jahrhundertwende. Vor 50 Jahren noch sah man neben einigen der Häuser riesige Holzgestelle, die man im Winter mit Wasser übergoß, so daß sie, zum Gebrauch in der Küche, stets voller Eiszapfen hingen. Im Winter herrscht in den Häusern wegen des Skisports Hochsaison. Für Loipen und Skilifte ist gesorgt. Hinter Unterstmatt und Ruhestein steigt unmittelbar der Skihang auf.

Der Wert der Hochstraße, die sich durchschnittlich in 900 Metern Höhe hält, besteht auch darin, daß Seitenstraßen abzweigen, nach Osten hin zum Murgtal, der größere Teil westwärts zu den Tälern, die sich zum Rheingraben senken. Von Sand erreicht man das Bühler Tal, von Unterstmatt das Achertal, von Ruhestein das Renchtal. Wo der Wald endet, sieht man die Welt aus der Vogelperspektive, nicht nur Wiesen, Matten und Dörfer von Spielzeugformat am Berganstieg, sondern auch das Silberband des Oberrheins und den Straßburger Münsterturm; wenn man Glück hat, auch die blaugraue Silhouette der Vogesen mit Wolkenbergen darüber.

Im Zentrum des Skigebiets an der Hochstraße krümmt die 1166 Meter hohe Hornisgrinde ihren Rücken, manchmal von Sturm umtobt, manchmal von Nebeln umschleiert, heimtückisch für Wintersportler, die mit dem ominösen „Idiotenbuckel" nicht vertraut sind. Den Hochwald läßt die Hornisgrinde nicht bis oben emporwachsen. Nur Knieholz begnügt sich mit dem moosigen Grund. Steil fällt der Gipfelhang nach Norden ab, so in den tief abschüssigen Biberkessel, der durch Schneehalden manchmal nicht sofort erkennbar ist. Stangen als Wegmarken erleichtern den winterlichen Geländegang.

Ein besonderes Gepräge erhält der Schwarzwald im Abschnitt der Hochstraße durch die versteckt in Bergkessel liegenden Seen: Spuren eiszeitlicher Gletscher. Der Mummelsee rundet sich

Freudenstadt. Kupferstich (1643) von M. Merian

dicht unterhalb des Hornisgrinde-Gipfels, 1935 Meter hoch, zwischen dichtbewachsenen Fichtenhängen. Der Sage nach tummeln sich Nixen in dem geheimnisvollen Weiher, dem allzu kühnen Schwimmer zur Warnung – und wer wollte nicht beim Anblick der aufsteigenden Frühnebel meinen, er schaue den Reigen unirdischer, schemenhafter Wesen? So haben es wenigstens Zeiten gesehen, die noch weniger rational dachten, und so ist es im Sagenzyklus der Baden-Badener Trinkhalle in Form von Fresken festgehalten. In Sommernächten steigen die Nixen aus der Flut und drehen sich im Reigen. Wenn die Glocken in den Tälern die erste Stunde nach Mitternacht läuten, hebt der Seekönig sein schilfbekränztes Haupt aus dem Wasser und holt seine Töchter zurück.

Nahe dem Höhenhotel Ruhestein liegt der Wildsee, einer der Moorseen, die in die Steilwände des Gebirges eingebettet sind. Sie werden meist von verkrüppelten, an den Boden gedrückten Legforlen umgeben; die eigentliche hochgewachsene Forle (= Kiefer) erreicht solche Höhen nicht. Die Flora der von Schilf durchsetzten Moore weist seltene Exemplare auf. Man findet solche Moore auch nördlich der Murg im Gebiet des Hohloh; und dort trifft man gelegentlich noch den insektenfressenden Aaronstab an.

Der Kniebis, der aus einer mit Wald, Moor und Weide bedeckten Hochfläche herausragt, kann sich mit den andern bekannten Schwarzwaldbergen nicht messen, da sein höchster Punkt mit 971 Metern nicht einmal die Tausendergrenze übersteigt. Die Hochstraße wartet hier wiederum mit einem stattlichen Rasthaus auf, außerdem wird mit den Resten der Alexanderschanze ein Stück Militärgeschichte geboten. Herzog Karl Alexander von Württemberg hatte sie 1734 als österreichischer General errichten lassen. So friedlich das Land rechts des Oberrheins, ob Ebene oder Gebirge, auch wirken mag, so wurde es doch häufig von Krieg überzogen, vor allem im 17. und 18. Jahrhundert. Mehrere Schanzen zeugen davon. Vor allem der zweite Eroberungskrieg Ludwigs XIV. spielte sich zwischen Rhein und Schwarzwald ab. Auf der Gegenseite standen die Reichstruppen unter dem Kommando des populären Türkenlouis. Die Glorie der Türkenkriege wurde dem Markgrafen an der Oberrheinfront nicht mehr zuteil. Es war ein Krieg der Schanzarbeiten. Dennoch blieb Ludwig Wilhelm auch hier „unbesiegt".

Der fähigste Feldherr des Sonnenkönigs am Oberrhein war Marschall Turenne. Nach einem für ihn siegreichen Gefecht bei Sinsheim am Fuße des Schwarzwaldes kam er 1675 um; ihm fiel bei der Rast unter einem Baum ein Ast auf den Kopf. Das Gelände der Unglücksstelle bei Sasbach wurde von Kardinal Rohan später gekauft und ist samt Obelisk und Museum bis heute französischer Besitz, von einem Veteranen bewacht und gepflegt. General Charles de Gaulle hat nach dem Zweiten Weltkrieg die Gedenkstätte Turennes erneuern lassen, der in den Kriegen des Sonnenkönigs eine humanere Rolle gespielt hatte als General Mélac, der Zerstörer Heidelbergs.

Die Schwarzwald-Hochstraße endet in Freudenstadt, der höchstgelegenen Stadtgemeinde der Bundesrepublik mit dem Quadrat ihres historischen Marktplatzes. Zu Kriegsende ohne Notwendigkeit zerstört, wurde das Geviert der den Platz umrahmenden Häuserreihen baulich abgewandelt wieder errichtet; statt der Giebel schauen nun die Traufseiten zum Markt. Die 1601 bis 1608 erbaute Stadtkirche umschließt in Form eines „Winkelhakens" – zwei Flügel stoßen im rechten Winkel aneinander – eine der Platzecken. An jedem Ende erhebt sich ein Turm. Im Innern stammen ein Taufstein mit Tierornamenten und ein Lesepult mit den Evangelisten aus dem 12. Jahrhundert.

An den Ufern der Kinzig

Die Kinzig, die südlich von Freudenstadt entspringt, bildet ungefähr die Mitte des Schwarzwalds, zugleich ist sie der längste Nebenfluß der rechten Oberrheinseite. In ein breites Tal gebettet, beschreibt ihr Lauf einen Halbkreis. Daß der Fluß heute in einem regulierten Bett liegt, hat der Schönheit des Tales keinen Schaden zugefügt. An ihren Ufern reihen sich einige Landstädte, die zu den anmutigsten der Schwarzwaldtäler zählen und die, obwohl aufgeputzt, die Patina einer reichen Tradition bewahren konnten, sei es das mittelalterliche Gengenbach, die Fachwerkstädte Biberach und Schiltach oder die Orte, in denen noch am augenfälligsten das Brauchtum lebt: Haslach, Hausach und Wolfach. Am Harmersbach liegt Zell, bekannt durch seine Keramik.

Gegen Ende der Stauferherrschaft gegründet, kam Wolfach durch Erbschaft an die Fürstenberger, die sich an der Kinzig ein mächtiges Schloß erbauten. In der späten Renaissance erneuert und mit einer prächtigen Tordurchfahrt versehen, birgt es heute als kleines Museum Exponate aus heimischem Bereich.

An einer großflächigen Häuserwand der breiten Hauptstraße ist ein Fresko unübersehbar: es verbildlicht Männer, die mit langen Stangen Flöße durch reißendes Wasser dirigieren. Das Bild läßt erkennen, daß ein Gewerbe der Vergangenheit im Gedächtnis der Wolfacher immer noch lebendig ist: die schwere Arbeit der Flößer, die einst für die Existenz der Stadt unverzichtbar war, aber auch etwas Abenteuerliches mit sich brachte. Der natürliche Reichtum Wald und Wasser, über den Wolfach verfügte, kam damit gewinnbringend zum Zug. Mit einem Wort: man beförderte die riesigen und gewichtigen Fichtenstämme vom Schwarzwaldhang zur Kinzig und ließ sie dann flußabwärts über den Rhein nach Holland treiben, wo man einen günstigen Absatzmarkt hatte. Man nannte die Stämme kurzweg „Holländer". Neben der mitgeführten Ware kamen die zusammengekoppelten Schwarzwaldstämme in den niederländischen Häfen ebenfalls zum Verkauf. Die Schwarzwälder sahen sich durch ihre Fernfahrten zugleich mit der weiten Welt verbunden.

Die Beförderung der Stämme vom teilweise schroffen Berghang zum Stapelplatz am Fluß erforderte Kraft und Geschick. Die Holzfäller ließen sie auf Trockenbahnen hinabgleiten, aber auch auf dem Wasserweg, indem sie auf der Höhe kleine Staubecken anlegten und zu gegebener Zeit öffneten, worauf die bereitgelegten Stämme mit dem Wasserschwall zu Tal trieben. Dort verkoppelte man die Stämme zum Floß, worauf die Flößer dieses mit ihren Stangen durch Felsenengen, Geröllbarrieren und durch Windungen flußabwärts lenkten. Unterwegs, vor allem bei Sägereien, nahm man weitere Stämme auf, die neue Flöße ergaben

Schloß Wolfach und Flöße auf der Kinzig

und den hölzernen Konvoi immer mehr vergrößerten. Man bog in das breite Bett des Rheins ein, wo wiederum schon bereitliegende Flöße sich anhängten. Verbände von Tausenden von Stämmen kamen zusammen und formierten sich zu einem mächtigen Verband, oft begleitet von über 800 Knechten.

Die Flößerei wurde auch auf anderen Schwarzwaldflüssen betrieben, so auf der Murk. Das seit dem späten Mittelalter bekannte Gewerbe, Charakteristikum des Schwarzwalds und wichtige Einnahmequelle, ging zu Ende mit der Erfindung der Dampfmaschine.

Die Hansjakob-Stadt

Von Wolfach kinzigabwärts lädt die Stadt Haslach zum Verweilen ein. Die längste Zeit über war sie wie Wolfach fürstenbergisch. Im 16. Jahrhundert blühte hier der Silberbergbau, in dem nahezu 500 Knappen beschäftigt waren. Die Kirche St. Arbogast hat einen spätgotischen Wehrturm mit Durchgängen und einen zweiten aus dem Barock. Das Rathaus von 1572, auf Rundbögen ruhend und mit zwei Reihen Dachgauben, ähnelt elsässischen Rat- oder Kornhäusern. Auf dem Marktbrunnen davor steht ein barocker St. Sebastian.

Heinrich Hansjakob (1911)

Die einschiffige St.-Fidelius-Kirche, erbaut von einem Haslacher und einem Wolfacher Baumeister, gehörte zu einem ehemaligen Kapuzinerkloster. Im Kapitelsaal ist ein Museum mit lokalen Dokumenten untergebracht, darunter Erinnerungen an den 1837 als Sohn eines Bäckers in Haslach geborenen Schriftsteller Heinrich Hansjakob, der durch seine volkstümliche Darstellung des Schwarzwälders Popularität besitzt. Sein Geburtshaus, das Gasthaus „Sonne", wird heute ebenso gezeigt wie sein Grab im nahen Hofstetten.

Wie kräftig der Haslacher Erzähler im Schwarzwälder Boden wurzelte, zeigen die Titel seiner Bücher an: „Schneeballen", „Wilde Kirschen", „Waldleute", „Erzbauern". Hansjakob hat seine Figuren, den Vogt auf Mühlstein, den Leutnant von Hasle (= Haslach), den Eselsbeck, nicht erfunden, sondern erlebt: Ein Altbauer kommt zum Sterben, das Hofvolk muß aber dringlich die Ernte einholen. Da läßt der Alte eine Schnur an das Schloß seiner antiquierten Flinte binden und meldet, während die anderen auf dem Felde sind, seinen eigenen Tod. Neben dem Erntewagen knien die Kinder und beten ein Vaterunser. Die Ernte ist daheim, und der Vater auch.

Im Schwarzwälder Kloster studierte Hansjakob Theologie und amtierte als oberbadischer Landpfarrer, wobei sein paulinischer Eifer ihm nicht nur das volksnahe, sondern auch das antibehördliche Wort eingab, so daß er zweimal Festungshaft auskosten mußte. Im Jahre 1913 kehrte er nach Haslach zurück, wo er sich den stattlichen Freihof im Schwarzwaldstil erbauen ließ.

Der Vogtsbauernhof

Das Kinzigtal ist bereits klassischer Schwarzwälder Talgrund, ein Thema, das sich nach Süden hin in reizvoller Mannigfaltigkeit variiert. Außerhalb der Dörfer ist das an Frucht reiche Land angefüllt mit Einzelhöfen und Zinken (zerstreut gelegene Häusergruppen). Vielleicht nicht zufällig konzentriert sich dort, wo zwischen Wolfach und Hausach sich die Gutach in die Kinzig ergießt, Schwarzwälder Volksleben, wie es sich in Häusern, Hausrat und Trachten ausdrückt. Und nicht von ungefähr befindet sich in der Nähe der Ortschaft Gutach ein erstrangiges Freilichtmuseum von altüberkommenen Bauernhäusern aus der Gegend der mittleren Kinzig. Die Anlage mehrerer nach hier transponierter Höfe gruppiert sich um den größten und bedeutendsten, den Vogtsbauernhof von 1570, der immer hier gestanden hat und mit seiner alten Einrichtung sehenswert ist.

Vom Kinzigtal bis zum Hotzenwald weist das Schwarzwaldhaus die verschiedensten Abweichungen vom Grundtyp auf, der einfach zur Landschaft des Gebirges gehört und ebensoviel über die natürlichen Ursprünge dieser rustikalen Bauform aussagt wie über die Angleichung an die Besonderheiten des bergigen Geländes. Auch Lebensform und Mentalität des Schwarzwälders stimmt mit seiner Behausung überein. Aus der Sicht der Regio, der alemannischen Gemeinsamkeit der Bewohner diesseits und jenseits des Ober- und Hochrheins, sei vermerkt, daß namentlich viel Elsässisches auf dem Weg über Straßburg und das Hanauerland, das sich früher beiderseits des Stromes erstreckte, in den Schwarzwald eingedrungen ist. Umgekehrt gibt es allerdings kein „Vogesenhaus", das dem Schwarzwaldhaus entspricht. Im Elsaß herrscht das alemannische Fachwerkhaus vor, ob in der Rheinebene oder im Bergland. Das Freilichtmuseum „Vogtsbauernhof" bei Gutach hat linksrheinisch sein elsässisches Gegenstück im ebenso vorzüglich arrangierten und an Umfang noch größeren „Ecomusée d'Alsace", in dem aus den verschiedensten Gegenden des Nachbarlandes so zahlreiche Beispiele zusammengetragen wurden, daß ein ganzes Dorf entstand.

Am Vogtsbauernhof fällt sogleich das mächtige Dach auf, das über dem Baukörper liegt und den größten Teil des Äußeren beansprucht, beschützend auch vor Tiefschnee. Es entspricht dem Schema des Walmdaches, ist aber auf der Vorderseite zum bereits erwähnten Krüppelwalmdach verkürzt um die beiden Stockwerke darunter – das obere mit einer Galerie versehen – nicht zu überschatten. Viele Dächer sind heute mit Kunststoffplatten gedeckt, früher waren es Ziegel oder Schindeln, und zuvor benützte man durchweg Stroh, das aber wegen der Brandgefahr mit der Zeit verschwand. Für die Bauernkinder war es ein Vergnügen, die strohgepolsterte Schräge hinabzurutschen und ohne Fährnis am Erdboden zu landen.

Mensch und Tier sind im Hauptgebäude gemeinsam untergebracht, nicht anders als in Niedersachsen und Westfalen. Das Haus ist zweigeschossig und wirkt stattlich, verglichen mit dem einstöckigen des Hotzenwalds im südlichen Schwarzwald, dessen Wohntrakt unter dem Monsterdach nahezu verschwindet. Man nennt es „Heidenhaus", weil die Bauart auf heidnische Zeit zurückgehen soll, seien es Kelten oder Uralemannen. Diesen Haustyp findet man auch unter dem Gutacher Häuserensemble in Gestalt des Hippenseppenhofs aus dem Jahre 1599, der aber neben den urzeitlich erscheinenden Heidenhäusern des Hotzenwaldes akkurat gezimmert wirkt. Schließlich ist das Kinzigtäler Schwarzwaldhaus durch ein kleinformatiges Leibgedingehäuschen, in dem der Altbauer seinen Lebensrest verbrachte, von 1652 vertreten.

Da die Bauernhäuser oft in entlegenem Seitental standen, war eine gewisse Selbstversorgung erforderlich, die in freistehenden Nebenbauten zum

Holzkohlengewinnung im Meiler. Schaubild im Vogtsbauernhof

Ausdruck kam. Besonders wichtig war ein Bau für den Backofen, weniger wichtig, dafür hochgeschätzt das Brennhäusle, in dem der Bauer von den im Obstgehege anfallenden Kirschen sein „Chriesewasser" brannte. Von dem im Hofgelände ausgeübten Handwerk zeugt im Gutacher Freilichtmuseum eine Wassermühle von 1609, eine der ersten im Schwarzwald, und angeschlossen eine Gerstenstampfe.

Manches Bauernhaus besitzt auch seine eigene Kapelle, zumal bei weiter Entfernung einer Dorfkirche. Über eine besonders wertvolle verfügt ein Hof bei St. Märgen, deren gefaßte Figuren aus der Werkstatt des im Schwarzwald hochgeschätzten Holzschnitzers Matthias Faller, eines Wenzinger-Schülers, stammen. Neben seinen Häusern und seinem Hausrat haben Gutachs Trachten eine weltweite Publizität gewonnen: die sieben roten Bollen auf dem Hut der Mädchen, gefertigt aus Draht, Leinen, Gips und Stroh – der Bollenhut.

Zum Hochschwarzwald

Wie auf der anderen Rheinseite die Vogesen, weist diesseits des Stromes der Schwarzwald in seinem südlichen Abschnitt die größere Breite und Höhe auf. Dem Grand Ballon (Großer Belchen) entspricht der 70 Meter höhere Feldberg. Er ist von einer Reihe weiterer ansehnlicher Gipfel umgeben (Herzogenhorn 1416 m, Belchen 1413 m, Schauinsland 1264 m, Hochfirst 1190 m), so daß man von diesem Teil des Gebirges als vom „Hochschwarzwald" spricht. Der Wald ist stärker durchbrochen als im Norden, die Landschaft abwechslungsreicher, die Bergformationen sind eindrucksvoller. Touristik und Wintersport wenden sich mit Vorliebe diesen Zonen zu.

Noch im vorigen Jahrhundert war die Besucherzahl relativ gering. Daß sich dieser Zustand geändert hat, ist maßgeblich einer vorbildlichen Verkehrserschließung zu danken. Der Schwarzwald-Hochstraße im Norden entspricht an durchdachter Planung die Topographie des Trassennetzes, das den Feldberg umgibt. Von den Verkehrswegen, die von der Rheinebene zur Höhe führen, sieht man immer wieder das königliche Haupt des Berges, und ebenso begleitet einen die unverkennbare Linie des Feldberggipfels von der Höhenstraße aus, die von Titisee in südwestlicher Richtung zum Teil der Wiese führt, vorbei am Feldsee, an der modernen Feldbergkirche, dem höchstgelegenen Bethaus der Bundesrepublik, und weiteren Wegmarken der einzigartigen Romantikstraße.

Die Schwarzwaldbahn

Einen beträchtlichen Aufschwung der Verkehrserschließung und vor allem der Verbindung von Nord nach Süd erlebte der Schwarzwald auch durch den Bau virtuos angelegter Schienenwege, die man damals noch für nicht realisierbar gehalten hatte. Vor allem die berühmte „Schwarzwaldbahn", in ihrer Trasse bis heute fast unverändert, erregte bei ihrer Eröffnung die Bewunderung des In- und Auslandes.

In Triberg steht das Denkmal eines Mannes, dem die Initiative zur Verwirklichung der Schwarzwaldbahn zu danken ist: des badischen Ingenieurs Robert Gervig. Der unter seiner Leitung 1867 bis 1873 gebaute Schienenstrang verbindet Offenburg in der Rheinebene mit Donaueschingen auf der rauhen Hochfläche der Baar, vor dessen 832 Meter hoch gelegenem Bahnhof der längste der 39 Tunnel der Bahnstrecke endet. Er durchschneidet die Rhein-Donau-Wasserscheide. Auf der Scheitelhöhe, an der alten Straße, steht ein Gasthaus, dessen eine Dachrinne sich zum Rhein, die andere zur Donau neigt, also auch eine Art „Wasserscheide".

Um bei Triberg auf kurzer Strecke einen Höhenunterschied von 448 Metern zu überwinden, wollte Gervig sich mit Spitzkehren helfen. Die Züge sollten also, um einen steilen Serpentinenanstieg zu bewältigen, an jeder Kehre die Richtung ändern, um gewissermaßen im Zickzack bergauf zu gelangen. Vorbild hierfür war die Kordillerenbahn von Cuzco nach Machu Picchu in Peru. Dann aber entschloß er sich zu zwei großen Doppelschleifen, und dies teilweise innerhalb langer Tunnel. Immer wenn der Zug wieder ans Tageslicht gelangt, sieht man weit unter sich Gleisstrecken, die man kurz vorher bereits zurückgelegt hat.

Gervig gelang es ferner, im felsigen Gelände schwer konstruierbare Viadukte zu vermeiden, wenn man von einem einzigen bei Hornberg absieht.

An der Einweihung der Schwarzwaldbahn konnte der Schöpfer es technischen Wunders nicht teilnehmen, da er gerade beim Bau der Gotthardbahn beschäftigt und unabkömmlich war, wobei man dort übrigens die Erfahrungen nutzte, die man im Schwarzwald gewonnen hatte.

Die Strecke Gutach-Sommerau, deren technische Bewältigung heute noch Staunen erregt, bietet zugleich einen Panorama-Blick auf stets wechselnde Szenerie. Das zunächst noch breite Tal verengt sich. Vereinzelte Gehöfte beleben die grüne Talsenke bis zur Waldgrenze. Wilhelm Hausen-

Das Gutachtal mit der Schwarzwaldbahn.
Holzstich (1873)

stein, Kulturhistoriker und erster Nachkriegs-Botschafter in Paris, sagte über das Schwarzwaldhaus, es sei nicht heiter; seine Schönheit sei der vollkommenste Ernst. Hausenstein war echter Schwarzwälder, in Hornberg ein Jahrzehnt vor Fertigstellung der berühmten Bahnstrecke geboren.

Von den beiden Burgen, die einst Hornberg überragten, ist die eine der Zeit zum Opfer gefallen, die andere als Ruine erhalten. Im 16. Jahrhundert hatte Hornberg, wie auch Teile des Kinzigtals, zum Herzogtum Württemberg gehört. 1564 war, von Villingen her, der Besuch des Herzogs angesagt. Die Bürgerwehr, die ihn mit Böllerschüssen empfangen sollte, erwartete gespannt den feierlichen Augenblick. Auf den Ruf „Er kommt! Er kommt!" begannen sie zu böllern, so ausgiebig, daß bald alles Pulver verschossen war. Doch betreten stellten die wackeren Schützen fest: Es war gar nicht der Landesherr, sondern nur eine staubaufwirbelnde Kuhherde. Die Leute der Bürgerwehr halfen sich, als der Herzog endlich kam, mit lauten Bum-bum- und Piff-paff-Rufen. So entstand das Sprichwort: „Es ging aus wie das Hornberger Schießen." In sommerlichen Festspielen hält man den launigen Vorgang heute noch fest.

Die Nachbarstadt Triberg, von deren nahebei gelegenem Wasserfall bereits die Rede war, ist

vom Bahnhof aus über eine bergauf führende Straße zu erreichen, die sich oben zum ebenfalls ansteigenden, langgestreckten Marktplatz erweitert. An einer der Ecken steht ein klassizistischer Bau, in dem sich ein weithin gerühmtes Hotel befindet, das Parkhotel Wehrle, in dem sogar die Zimmer mit antikem Mobiliar ausgestattet sind. Das Haus lädt zu Schwarzwald-Spezialitäten ein, Rehmedaillons etwa oder frischen Forellen. Triberg war schon früh eine Uhrenstadt und besitzt wie Furtwangen ein instruktives Uhrenmuseum. Von Franz Ketterer aus dem nahen Schönwald stammt aus der ersten Hälfte des 18. Jahrhunderts eine hölzerne Unruhe-Uhr mit nur 3 Rädern und ohne Pendel. – In Triberg werden auch noch Fasnet-Masken nach originalem Vorbild geschnitzt.

Nahe dem Stöcklewaldturm mit seiner Feldberg-Sicht, von Triberg durch Tannenwälder erreichbar, befindet sich auf einer offenen Höhe der Rest eines steinernen Galgens. Die letzte hier vermeldete Hinrichtung im Jahre 1776 ist mit einer Anekdote verknüpft. Dem Delinquenten sollte das Leben geschenkt werden, wenn er die häßliche Tochter eines nahegelegenen Hofes heiraten würde. Als man sie ihm vorführte, rief er entsetzt: „Nichts wie hinauf!"

Vom Himmelreich zum Höllensteig

Nochmals wird man an den Namen Robert Gervig erinnert. Er zeichnete 1887 auch für die zweite bedeutende, an mancher Stelle geradezu atemraubende Bahnstrecke des Schwarzwaldes verantwortlich: sie führt von Freiburg durch die breite Talebene der Dreisam zur Station Himmelreich und von da an zwischen teilweise senkrechten Felswänden zum hochgelegenen Haltepunkt Höllsteig, so daß man sagen kann, man fahre aus dem Himmel in die Hölle.

Nachdem das Höllental zuvor nur über einen Saumpfad erreichbar war, machte man es im Jahre 1755 befahrbar. 15 Jahre später wurde die Wegstrecke anläßlich der Reise Marie-Antoinettes nach Paris erweitert. Gefahren drohten danach immer noch. Berüchtigt war der Raubritter von Falkenstein, von dessen Felsennest ein Turmrest zeugt. Er überwachte beutelüstern die ganze Route. Nach ihm heißt die einzige Ortschaft im Höllental. Ein Stückweit bergauf, bei der Station

41

Das Höllental. Stahlstich (1838)

Hirschsprung, sieht man auf hohem Riff einen Bronzehirsch von 2 Metern Höhe. Das lebende Urbild soll einst seinen Verfolgern mit kühnem Sprung über die Schlucht entkommen sein.

Gervig hatte sich anfangs an einer besonders steilen Partie mit einer Zahnradstrecke von 7 km geholfen. Von Hirschsprung bis Hinterzarten, kurz vor Titisee, waren 326 Meter Höhe zu überwinden. Die fesselndste Bahnstrecke führt auf einem 224 Meter langen und 40 Meter hohen Viadukt über die schroffe Ravennaschlucht. Die Pfeiler des Viadukts sind 30 Meter in den Boden gerammt. Tief unter sich sieht der Fahrgast zwischen Tannengipfeln den Gischt des Ravenna-Wasserfalls. Gervigs (inzwischen erneuerter) Viadukt übertrifft an Länge alle Eisenbahnbrücken des Schwarzwaldes und des Gotthard.

Von Titisee steigt die Dreiseenbahn, auch eine technische Meisterleistung, zu einer Höhe von 967 Metern auf (Station Feldberg-Bärental). Die drei namengebenden Seen sind der Titisee, der Windgfällweiher und der Schluchsee, an dessen Ostufer (Seebruck) die Bahnlinie endet. Fast als

Kuriosum ist die „Sauschwänzle-Bahn" durchs Wutachtal zu erwähnen, sie trägt ihren Namen wegen des gekurvten, sozusagen „geringelten" Schienenverlaufs. Als Besonderheit hat sie einen Spiraltunnel. Heute werden im Sommer nur mehr etwa 30 Zugpaare eingesetzt.

An Miniaturbahnen warten der südliche Schwarzwald und sein Vorgeländer noch mit einigen weiteren auf, so der Kandeltalbahn, im Volksmund „s' Chanderli" genannt.

Das Feldbergmassiv

Man hat den Feldberg mit einem Polypen verglichen, der seine Arme nach allen Seiten ausstreckt. In der Tat verlaufen vom höchsten Gipfel Gebirgskämme strahlenförmig nach allen Seiten, und zugleich folgen tiefgeschnittene Täler (Alb-, Wiesen-, Gutach-, Wilhelmstal). Der Feldberg, bereits 983 als „Veltperdi" erwähnt, ist indessen kein einsam aufragender Gipfel. Wie einige der ihn umgebenden Trabanten erhebt er sich als Kuppe auf einer aus hartem Gestein bestehenden Hochfläche, so daß seine Höhe für den Beschauer nicht eigentlich zum Ausdruck kommt. Dichte Tannenbestände klettern an Berglehnen empor, doch nur bis zu einer Höhe von 1000 Metern. Darüber zeigt das Kernstück des Hochschwarzwaldes ein kahles Haupt, ähnlich wie der etwas kleinere Bruder des nördlichen Schwarzwalds, die Hornisgrinde. Früher diente das Feldbergmassiv als Weideland, bis man es vor etwa hundert Jahren als ideales Skigelände entdeckte. Ein Hotelbuch-Eintrag im nahen Feldberger Hof, einem der größten deutschen Berghotels, vermerkt den ersten bekannten Skisportler, der sich 1891 mit norwegischen Schneeschuhen auf der Kuppe aufgehalten hat. Heute verkehrt ein Sessellift vom Hotel zur Höhe. Von weiter sieht man auf dem kahlen Haupt des Feldbergs neben älteren Bauten den 40 Meter hohen „Turm" einer Sendestation für sämtliche Wellenlängen sowie die Riesenreflektoren einer meteorologischen Anlage; die sogenannten „Ohren" erheben sich über dem Steilhang des tief darunter liegenden Feldsees.

Monatelang, oft bis zur Grenze des Sommers, sind Teile des Feldbergmassivs mit tiefem Schnee bedeckt, der an den Felsabstürzen Wächten bildet, ähnlich wie am Biberkessels auf der Hornisgrinde.

Von den weiteren „Großen" der Bergwelt des Hochschwarzwaldes findet der ebenfalls kahlhäuptige Belchen, kaum niederer als der Feldberg, den größten Zuspruch. Man erreicht ihn von der Oberrhein-Ebene aus durch das freundliche Münstertal mit dem an der Straße gelegenen Romantikhotel „Spielweg", das mit originalem Hausrat der „guten alten Zeit" stilvoll ausgestattet ist und als Schwarzwaldspezialität Kalbsleberli mit Bureprägele (Bratkartoffeln) bietet. Eine Abzweige führt zu einer kleinen rustikalen Raststätte empor, der Kälbelescheuer, die neben einem herzhaften Vesper einen imposanten Belchenblick gewährt.

Der Belchen heißt nach dem Keltengott Belanus (Der Helle). Man darf sich ihn wie den Hirschgott im Archäologischen Museum in Straßburg vorstellen. Belanus wurde auch in den Vogesen verehrt; dort heißen gleich drei Berge nach ihm, der Große und der Kleine sowie der Elsässische Belchen. Ein weiterer im Bereich des Dreiländerecks erhebt im Schweizer Jura sein Haupt.

Dunkler Tann und lichtes Tal

Die Berglandschaft des Hochschwarzwalds ist um das Feldbergmassiv vielfältig gegliedert und voller Abwechslung. Man erlebt wilde Gebirgsromantik neben dem Idyll anmutiger Talgründe, die verschwiegene Heimlichkeit der Höhen neben sprudelnd-lebendigen Sturz- und Wildbächen. Unter den Beständen majestätisch aufragender Fichten, durch die nur schmale Streifen Lichts dringen, breitet sich ein Teppich von Moos und Farnen, von Heidekraut, Heidel- und Preiselbeerbüschen. Die Steigen und Wege sind umsäumt von Besenginster, rotem Fingerhut und gelbem Enzian. Rotwild ist seltener geworden, doch an Rehen fehlt es nicht, sie nähern sich in der kalten Jahreszeit ohne Scheu den Wohngebieten. Neuerdings hat man Gemsen angesiedelt. Gelegentlich hört man die Balz eines Auerhahns, den man aber kaum zu Gesicht bekommt. Eine Delikatesse sind die Bachkrebse, die man früher in großer Zahl in den Bächen zwischen den Steinen aufspüren konnte.

Wenn man sich von der Landschaft lichter Täler und dunkler Wälder verzaubern läßt – man spricht von einem „Garten Hochschwarzwald" –, so muß man sich vergegenwärtigen, daß all dies in einer Zeit gewaltiger Erderschütterungen geworden ist, gewissermaßen im Erdaltertum. Die Gletscher der Eiszeit hatten eine riesige Arbeit verrichtet, als geschmolzene Eiszungen sich vom Feldberggipfel aus in alle Richtungen verschoben und Rillen aufschürften, deren letzte Spuren im Relief der Bodenstruktur die heutigen Taleinschnitte sind. Von dieser Erd„revolution" blieben auch die Seen und Teiche, Tümpel und Moore zurück, die zur Physiognomie des südlichen ebenso wie des nördlichen Schwarzwaldes gehören.

Die Seen tragen mit dazu bei, daß der Hochschwarzwald zu den gefragtesten Erholungsgebieten zählt, wobei der Titisee die erste Stelle einnimmt. Mit 2 km Länge und 800 Metern Breite, umgeben von bewaldeten Hängen, ist dieser Moränenstausee der Eiszeit ein Paradies des Segelsports. Der Schluchsee, Endstation der genannten Drei-Seen-Bahn, war in den 20er Jahren noch ein einsamer Bergsee, der bei der Ortschaft Aha endete. Die 1929 angelegte Staumauer des Schluchsee-Kraftwerks hat die See-Oberfläche um 29 Meter angehoben und das landschaftliche Bild verwandelt. Mit 7,3 km Länge und 1,5 km Breite ist er der größte Schwarzwaldsee, ebenfalls von Segelbooten übersät. In einem Gefälle von 620 Metern gelangt das Wasser über 3 Staustufen zum Hochrhein. Das Nordufer ist durch moderne Hotelpaläste für den Tourismus erschlossen. Man serviert heimische Fische.

Auch außerhalb der Seeufer wird das Wort „Fremdenverkehr" groß geschrieben, vor dem Krieg gerne als „Sommerfrische" bezeichnet.

Blick vom Titisee zum Seebachtal. Stahlstich (1838)

43

Klassische Plätze im Einzugsgebiet des Feldbergs sind Saig, Falkau und Altglashütten, dies der höchstgelegene Erholungsort. Man braucht keinen Prospekt-Superlativ, um Hinterzarten mit dem weit über die Grenzen bekannten Parkhotel „Adler" zu rühmen. Gegenüber steht die Pfarrkirche, geglückte Synthese eines barocken Chors und eines neu hinzugekommenen Langhauses. Die Turmzwiebel erhebt sich über einen Ort modernen Komforts, in dem aber zugleich die Gemütlichkeit eines Schwarzwalddorfes erhalten ist. Während Lenzkirch im turmgekrönten Hochfirst seinen Hausberg besitzt, liegt die gleichfalls dem Kurbetrieb dienende Holzschnitzer-Gemeinde Bernau, Heimat des Malers Hans Thoma, auf einer Hochfläche im Bannkreis des Herzogenhorns. Der Fremdenort Breitenau hat kunstgeschichtlichen Rang durch die St.-Oswald-Kapelle von 1148, die als ältestes Gotteshaus des Schwarzwaldes gilt, mit Fresken aus dem 16. und 17. Jahrhundert. Erwähnt sei auch Menzenschwand im sonnigen Hochtal der Alb, die nahe am Feldberg entspringt. Der Luftkurort in rund 800 Metern Höhe bietet an manchen Tagen einen respektablen Alpenblick. Das örtliche Wildgehege lohnt ein Verweilen, ebenso der Wasserfall in der Menzenschwander Schlucht.

Als Sohn eines Wirts wurde in dem Schwarzwaldort der gefeiertste Porträtmaler des vorigen Jahrhunderts geboren: Franz Xaver Winterhalter. Aus bäuerlichem Milieu stieg er zum Hofmann und -maler auf, darin Goya ähnlich. Winterhalter malte virtuos und porträtecht den Adel Europas, vor allem Frauen und immer wieder Frauen, darunter die Kaiserin Eugénie, Gemahlin Napoleons III. Stieler, von dem man das schönste Goethebild kennt, war sein Lehrer. Königin Victoria protegierte ihn. Im Buckinghampalast hängen zahlreiche seiner Bildnisse. Die Salonmaler seiner Epoche ließ er weit hinter sich.

Schwarzwälder Uhren

Die Abgeschiedenheit zwischen Wald und Berg hat auch die Menschen des Hochschwarzwalds geprägt, das Grüblerische ihrer Natur gefördert und sie neben dem schweren bäuerlichen Tagwerk zu einem zweiten Broterwerb veranlaßt. Wie das Schwarzwaldhaus, meist im Eigenbau entstanden,

aus der Landschaft gewachsen ist und in seiner Grundform keines Erfinders bedurfte, so haben sich die handwerklichen Aktivitäten der Bevölkerung aus den natürlichen Gegebenheiten der Umwelt entwickelt. Tüftler von Natur, haben die Schwarzwälder in den verschiedenen handwerklichen Sparten eine Perfektion erreicht, die ihren Erzeugnissen weit über die heimische Region hinaus und sogar im Ausland Ansehen verschaffte. Es sind Produkte des Kleinhandwerks und der Feinmechanik, großenteils in Heimarbeit unter dem Walmdach der eigenen Behausung gefertigt. Erst mit der Zeit tat man sich in manchen Gegenden, so in Neustadt und Lenzkirch, zu Handelsgesellschaften zusammen. – In früheren Zeiten und teilweise noch heute am Werk sind Glasbläser und -schleifer, Holzschnitzer, Strohflechter, Bürstenmacher, Löffelschmiede. Die volkstümliche Töpferware hat ihr Gegenstück jenseits des Rheins im elsässischen Sufflenheim, wo man es verstanden hat, sich der dortigen tonigen Erde zur Herstellung von bodenständiger Keramik zu bedienen. Ebenso wies im Schwarzwald Kanern besonders geeignete Tonvorkommen auf, so daß die dortigen Hafner ein reiches Feld der Betätigung fanden. Daraus ging eine Fabrikation hervor, die nicht mehr als Volkskunst anzusehen ist, so die Fayencen von Prof. Laeuger und Richard Bambi.

Franz Xaver Winterhalter, Kaiserin Eugénie mit ihrem Sohn. Gemälde (1857) im Napoleonmuseum Arenenberg

Zur Stube des Schwarzwaldhauses gehörte früher das selbstgefertigte Hinterglasbild, meist religiöser Thematik von naivem Reiz. Bei weltlichen Motiven dienten manchmal Winterhalters Porträts als Vorbilder. Diese bäuerliche Kleinkunst wurde durch das Aufkommen der Öldrucke verdrängt, doch findet man ja gelegentlich noch Beispiele in Wirtsstuben und vor allem in den zahlreichen Heimatmuseen. Im Kunsthandel haben Hinterglasbilder inzwischen, auch dem Preis nach, Antiquitätenwert, selbst wenn sie nach Schablonen gearbeitet sind.

Vor allem aber verbindet man mit der regionalen Volkskunst die Schwarzwälder Uhr. An verschiedenen Orten des Hochschwarzwalds schon früh nachgewiesen, so in Triberg, ist der klassische Platz der Uhrenherstellung bis zum heutigen Tag Furtwangen, die höchstgelegene Stadt des Schwarzwaldes, in einer Mulde gelegen, von deren Randhöhen die Uhren-Heimstätte einen malerischen Anblick bietet. Etwa 7 km nordwestlich entspringt die Breg, einer der beiden Quellbäche der Donau, die sich in Donaueschingen vereinigen. Ein eigentliches Marktzentrum hat Furtwangen nicht. Dem stattlichen Rathaus gegenüber liegt das Hotel „Zum Ochsen", das ungeachtet seines gehobenen Stils das ländliche Flair des Gebirges bewahrt. Der berühmte Dirigent Wilhelm Furtwänger (1886-1954) leitet seinen Namen von der Uhrenstadt her, aus der seine Familie stammt. Zwischen Schönwald und Furtwangen, nahe der Bregquelle, steht das Stammhaus „Furtwängle".

Im Herzen von Furtwangen breitet sich mit mehreren aufwendigen Bauten der Komplex der Staatlichen Ingenieurschule aus, Lehrstätte der Uhrenproduktion, doch auch anderer Zweige der Feinwerktechnik bis hin zu elektronisch gesteuerten Büromaschinen und zur Computerfertigung. Im Jahre 1850 wurde die Schule begründet, und auch hier war beim Aufbau wiederum Robert Gerwig beteiligt.

Die frühesten Schwarzwalduhren kamen zu Beginn des 17. Jahrhunderts auf. Sie waren aus Holz gefertigt und hießen Wälder-Uhren, nach den kernigen Bewohnern genannt, die man als „Wälder" bezeichnete. Die technische Voraussetzung für diese ersten Uhren war der Waagbalken. Eines Tages kam jemand auf die Idee, daß man mittels Blasebalgs die große Terz des Kuckucksrufes nachbilden konnte. Es war die Geburtsstunde der Kuk-

Uhrenmacher in Neustadt. Lithographie (um 1825)

kucksuhr (1730). In dieser Form und unter diesem Namen machte das Schwarzwälder Erzeugnis seinen Weg um den Globus. Seit 1750 fertigte man das Radwerk statt aus Holz aus Messing. 1760 kamen die auch heute noch weitverbreiteten buntbemalten Uhren auf, „Schottenuhren" nach dem Schottenhof bei Neustadt genannt, wo man sie zuerst herstellte. Nach dem Uhrmacher Jakob (= Jokele) Herbstrieth hießen die beliebten Jokeleuhren, deren Porzellanschilder aus der Manufaktur Zell am Harmersbach stammten.

Eine einmalige Sehenswürdigkeit stellt das der Ingenieurschule angegliederte Museum historischer Uhren dar, das mit mehr als 1000 Exponaten aller Länder und Stilepochen die Geschichte der Zeitmessung insgesamt und insbesondere die Entwicklung der Schwarzwälder Uhr veranschaulicht. Diese größte Dokumentation ihres Genres zeigt die Verbindung von Technik und Kunst zu einem harmonischen Ganzen.

Aus der Zeit noch vor Erfindung der mechanischen Uhr stammt eine elfenbeinerne Taschensonnenuhr aus Augsburg 1644. Bei einem der frühesten Zeitmesser danach bewegt ein Feldstein an einer Hanfschnur das Räderwerk. Der Zeit des Barock ist eine astronomische Weltzeituhr aus dem Kloster St. Peter zuzuordnen, die u.a. die Ortszeiten berühmter Städte anzeigt, ein Werk Thaddäus Rinderles, späteren Mathematikprofessors in Freiburg. Der im Schwarzwald vielvertretene Matthäus Faller bemalte das Zifferblatt. Das größte Ausstellungsstück überhaupt ist eine Weltzeituhr (1880) von August Noll, kombiniert mit einem Musik- und Figuren-Automaten. Die 28 für den Uhrumtrieb nötigen Gewichte wiegen 8 Zentner. Aus dem Jahre 1740 stammt eine wertvolle Madonnenuhr, deren Arm als Pendel hin und her schwingt. Aus der großen Zahl von Uhren mit Figurinen sei eine Türkenuhr erwähnt (der Türke rollt bei jedem Pendelschlag die Augen), eine Knödelfresser-Uhr und eine Uhr mit Trompetenbläser. Man nennt die Zeitmesser mit originellen Kleinfiguren auch „Mändle-Uhren". Aus einer Standuhr verkündet eine schnarrende Stimme die Stundenzahl.

Im 19. Jahrhundert war es weithin üblich, daß die Hersteller auch ihre Uhren vertrieben, indem sie, mit der tickenden Ware vollbepackt, durchs Land zogen. Solche Händler wurden gerne en miniature dargestellt, wovon Beispiele im Furtwanger Museum zeugen.

Die Eigenschaften des Sinnierens und originellen Erfindens, die den Schwarzwälder kennzeichnet, hat nahe der Burg Hohengeroldseck – zwischen Kinzig- und Schuttertal – eine seltene Blüte gezeitigt, vielleicht eine Nachblüte der Ritterepoche: dort unterhält ein Waffenschmied ein mechanisches Werk, das von einem nahen Bach über große hölzerne Wasserräder angetrieben wird. Hobby? Anachronistische Passion? Der ohne Gehilfen werkelnde Schmied fertigt in seiner Freizeit Schwerter nach Bestellung. Der Denkmalschutz greift ihm unter die Arme, dem Nachfahren des aus der Saga bekannten kunstreichen Zwerges Mime.

Trachten und Masken

Das einsame Dasein des Schwarzwaldbauern bei meist gleichbleibendem Alltag hat eine andere Seite seiner Natur gefördert: die vielgestaltige Entwicklung seiner Trachten, die seit der Barockzeit nachgewiesen sind, vom Barock auch Anstöße erhalten und den Hochschwarzwald zum geschlossensten Trachtengebiet überhaupt gemacht hat. Der Hand zur Tracht in ihren verschiedenen Prägungen beschränkte sich aber nicht auf das Gebirge und seine Täler, sondern fand sich auch in der Ebene, und dies beiderseits des Oberrheins, Zei-

chen alemannischer Gemeinsamkeit. Trotz der nüchterneren Welt von heute, in der sich der Sinn für die Tracht vielerorts verloren hat, hielt der konservative Alemanne und vor allem der „Wälder" des Gebirges an ihr fest. Die Tradition hat sich besonders in den Schwarzwaldtälern gehalten, im Kinzig-, Gutach- und Schapbachtal wie auch im Elzacher, Glotter- und Simonswälder Tal.

Neben den Bollenhüten der Gutacherinnen – schwarze Bollen für Verheiratete, rote für Ledige – fällt in der Topographie der Trachten die als „Schappel" bezeichnete Kopfbedeckung in St. Peter und St. Märgen auf, die von den „Schappelmaidli" auch zur Prozession getragen wird: ein kronenartiges, gewichtiges Gebilde aus Glasperlen, kleinen Spiegeln, Kettchen und Schnüren. Die Schapbacherin trägt eine Silberkappe, die ihr vorzüglich steht. Kleidsam ist auch das „Dächli" der Hinterzartenerin, ein niederer weißer Strohhut mit Zackenlitze. Im „Oberland", wie Hebel seine Markgräfler Heimat nannte, konnte man noch im 20. Jahrhundert bei der „Chilbi" (Kirchweih) und auf den Märkten durchweg die „Chappe" sehen, eine schwarze Kappe mit mächtig ausladenden Flügeln, wie man sie in ähnlicher Form heute noch im Elsaß antrifft. Doch im Breisgau trug man anstatt der Chappe des evangelischen Markgräflerlandes die „Firsthaube" des katholischen Vorderösterreich mit nur kurzen, schleifenförmigen Flügeln.

Wie die Vorliebe für die Tracht gehört zur oberrheinischen und schwarzwälderischen Folklore die ausgelassene Freude an der Fasnacht (ohne „t"), in der Mundart „Fasnet" genannt und nicht vergleichbar mit dem Kölner Karneval und dem Münchner Fasching. Man erlebt plötzlich eine andere Facette des sonst ruhigen, schwerblütigen Temperaments des Wälders, eine überquirlende Drolerie mit expressiven Einfällen, eine Lustigkeit, die bis zur Tollheit reicht, bei skurriler Vermummung und dem lärmenden Klingen des „Gschells".

Uralte heidnische Bräuche sind vom Dreikönigstag an lebendig, man geht, ohne sich der Vorbilder bewußt zu werden, gegen die finsteren Mächte des Winters an, vertreibt böse Geister. Besonders wildentfesselt ist das närrische Treiben in Elzach. Man sucht vergeblich nach einer sozusagen „schönen" Maske. Die geschnitzten Holzlarven können nicht grauslich genug sein. Man blickt in Teufel- und Hexenfratzen. Wie man am Kaiser-

Tracht aus dem Prechttal

Simonswälder Tracht

Triberger Tracht

stuhl den „Jokili", in Villingen den „Hansel" antrifft, so in Elzach den „Schuddig". Zähnefletschend tobt er durch die Straßen der Fasnet-Hochburg an der Elzach, feuerrot gewandet, grinsend, seinen Schabernak treibend mittels Narrenschere und an langer Gerte hängender Schweinsblase. „Schneckenhüsli" umrahmen die Fratze. Die Masken sind Werke der Volkskunst, hergestellt von Meistern in diesem Fach.

Auch Zell am Harmersbach, in einem breiten und lichten Nebental der Kinzig, gilt als klassisches Gebiet der „Narre"-Tradition. Wertvolle Masken und Kostüme befinden sich im Heimatmuseum, das im mittelalterlichen Storchenturm untergebracht ist. Mit Dokumenten und Exponaten wird an die Zeit erinnert, als Zell reichsunmittel-

bar war, aber nicht nur die Stadt, sondern das ganze Tal, was in der Geschichte des deutschen Partikularismus ein Unikum darstellte. Es gab Freie Reichsstädte, doch kein Freies Reichstal, wie es in Zell von 1257 bis 1803 Bestand hatte. Wohl bestimmten bis 1718 einige andere Hoheitsträger die Stadtgeschicke mit, doch bis zur Eingliederung des Tales in das Großherzogtum Baden konnte sich Zell einer absoluten Freiheit erfreuen.

Klöster im Schwarzwald

Im politisch zersplitterten Hochschwarzwald, in dem jahrhundertelang neben dem Doppeladler des Erzhauses in Wien der Hirtenstab zahlreiche Äbte

„Hanselelaufen" in der Baar

Kirchgang im Schwarzwald am Palmsonntag

anzeigte, wer über den Boden und damit über die Seelen verfügte, herrschte von jeher eine ausgeprägte Volksfrömmigkeit, die den Tagesablauf bestimmte. Die Abgeschlossenheit im Bergland hielt den Glauben der naturnahen Bevölkerung wach. Kirchgang und Wallfahrt spielten im Schwarzwald eine große Rolle; der Laizismus im Jahrhundert der Aufklärung fand keinen Eingang.

Schon am Anfang der Urbarmachung und Kolonisierung der Terra incognita stand das Kreuz. Es waren irische und schottische Glaubensboten, die über Luxeuil (heute Luxeuil-les-Bains im Département Haute-Saône) als Missionare in das noch heidnische Land rechts des Rheines kamen. Ein Ire war der hl. Fridolin, der im 6. Jahrhundert in Säckingen am Hochrhein ein Kloster gründete. Trudpert, gleichfalls ein Ire, brachte das Evangelium ins Münstertal südlich von Freiburg, damals noch eine Wildnis. Trudpert hatte sich in Rom die Ordre für den Missionsbereich geholt und war gegen Ende des gleichen Jahrhunderts in das Schwarzwaldtal gelangt, wo er in dem alemannischen Landgrafen Otbert einen Förderer fand. Dieser stellte ihm sechs Knechte zur Verfügung, die ihm beim Roden halfen. Einer von ihnen erschlug Trudpert und floh.

Um das Jahr 800 entstand hier das nach dem Märtyrer genannte Benediktinerkloster. Nachdem es im Dreißigjährigen Krieg von schwedischen Truppen zerstört worden war, erstand es 1712 im Barockstil neu. Der damalige Abt Augustin Sengler (1694 bis 1731) stammte aus Schlettstadt im Elsaß und war zeitweise Mönch im elsässischen Ebersmünster, einem Werk des bedeutenden Vorarlbergers Peter Thumb (1681 bis 1766), was vielleicht erklärt, daß der gleiche Architekt auch führend am barocken Neubau von St. Trudpert tätig war. Die über dem Münstertal gelegene Kirche Thumbs könnte man als typische Schwarzwaldkirche bezeichnen, so ähneln sich viele mit ihren zwiebelförmigen Turmhauben. St. Trudpert konnte sich bei seinen Bauvorhaben einen gewissen Aufwand leisten, weil ihm die Erz- und Silberstollen des Münstertals zugute kamen. In ähnlicher Weise war man in Sulzburg und Badenweiler fündig geworden. Die Vorkommen im Münstertal hatten die Stadt Münster nahe von St. Trudpert entstehen lassen, die im 13. Jahrhundert aus Rivalitätsgründen von den Freiburgern so zerstört wurde, daß nur noch Dokumente von ihr künden.

Die Handschrift Peter Thumbs weisen auch die Kirchen von St. Märgen und St. Peter auf, der Grablege der Zähringer. In beiden Kirchen war wiederum der Bildschnitzer Matthias Faller am Werk. Vor allem rühmenswert sind die allegorischen Figuren, die er für die Rokoko-Bibliothek St. Peters nach Modellen von Wenzinger geschaffen hat. Der beschwingte Raum der Bibliothek ist geradezu in Architektur übersetzte Musik.

Man darf bei Aufzählung der Thumbschen Werke St. Ulrich nicht vergessen, ein Kleinod des Barock im verschwiegenen Möhlingtal, das in das Hexental bei Bollschweil ausläuft. Die Kirche enthält eine Marienfigur von 1310. Im Hof rundet sich ein mächtiger romanischer „Taufstein", der in Wirklichkeit die untere Schale eines dreiteiligen Brunnens ist. Der mit biblischen Figuren umgebene Trog ist aber keine Schwarzwälder Arbeit, sondern kam aus dem Westen.

St. Blasien und seine Propstei

St. Blasien, der Ort des größten und bekanntesten Klosterbaus, gehört seit 1973 verwaltungsmäßig zum Hotzenwald, dem südlichsten Gebirgsteil. Der Überraschungseffekt ist überwältigend, wenn man plötzlich im wälderumgebenen Albtal vor einem Monumentalbau steht, der an die großen Kuppelkirchen Italiens erinnert. In der Tat hat der Bauherr der Domkirche, Fürstabt Martin II. Gerbert (1720 bis 1793), italienische Architektur auf sich wirken lassen, als er in Italien reiste, die Bauten des Altertums ebenso studierte wie die der Re-

Alte Ansicht von St. Blasien

naissance und zudem den Wegbereiter der Antiken-Begeisterung und des Frühklassizismus, Winkelmann, kennenlernte. Als joviale und doch zielbewußt-energische Persönlichkeit genoß der Abt nicht nur in Wien hohen Ruf. Der Berliner Literat und Aufklärer Friedrich Nicolai schildert einen Empfang bei ihm: „Sobald wir angekommen waren, ließen wir uns bei dem Fürstabt melden, wurden gleich vorgelassen und von ihm mit ausnehmender Güte empfangen. Er empfing uns nicht wie ein Reichsfürst, nicht wie der Abt eines Stifts, sondern wie ein freundlicher und unbefangener Gelehrter ohne alle Prätention, der sich Fremden gern mitteilt."

Der Bau der Domkirche dauerte von 1768 bis 1781, erlebte dann aber noch weitere Bauphasen bis ins 20. Jahrhundert hinein. Aus der Unzahl künstlerischer Kräfte, die bei der Errichtung mitwirkten, seien drei Architekten erwähnt: das Terzett des Franzosen Pierre Michel d'Ixnard, des Vorarlbergers Franz Joseph Salzmann, des Lothringers Nicolas de Pigage. Wenzinger schuf die Fresken der Kuppeldecke, welche die Zeiten nicht überstanden. Eine Silbermann-Orgel gelangte nach der Säkularisierung des Klosters in die Weinbrenner-Kirche St. Stephan in Karlsruhe und fiel den Bomben des Zweiten Weltkriegs zum Opfer.

Schon in der Gründungszeit war das Kloster von den damaligen Benediktinermönchen dem hl. Blasius geweiht worden. Dieser hatte im Jahre 316 unter Kaiser Licinius in Armenien das Martyrium erlitten. Er gehörte zu den 14 Nothelfern. Da er im Gefängnis einen Knaben, der eine Gräte verschluckt hatte, vor dem Erstickungstod rettete, gilt er als Patron der Ärzte. Auch schützt er das Vieh, namentlich die Pferde.

Das Kloster, das Reliquien des Heiligen erhalten und danach seinen Namen angenommen hatte, besteht heute aus einem umfänglichen Geviert von Nebenbauten, in das die Domkirche als beherrschende Mitte eingebunden ist. Die Vorhalle mit vier Säulen wird von zwei gedrungenen Türmen flankiert, die man niedrig hielt, um den Eindruck der hinter der Fassade aufragenden Kuppel nicht zu schmälern. Im Innern fallen 20 kolossale Säulen auf, über denen die kassettierte Kuppeldecke emporragt. Diese, 72 Meter hoch, hat einen Durchmesser von 33,5 Metern. Die außergewöhnlichen Maße des Sanktuariums in der Schwarzwald-Einsamkeit erklären sich daraus, daß die

Wappen St. Blasiens und des Fürstabts Martin Gerbert

Kirche zugleich als Mausoleum diente, indem die frühesten Habsburger, deren sterbliche Reste man aus Basel hierher gebracht hatte, in der Krypta ihre Ruhe finden sollten – freilich nicht ihre letzte. Denn nach der Auflösung der Klostergemeinschaft 1807 nahmen die Mönche die Särge, insgesamt 19, mit nach Kärnten, wo man sie dann in die Gruft von St. Paul im Lavanttal bettete.

In St. Blasien verblieb indessen das schmuckreiche Grab Fürstabt Martin II. Gerberts, des Bauherrn der Domkirche, reichsunmittelbar und als Graf von Bonndorf gefürstet, zugleich Gelehrter und Autor, der u.a. eine „Historia Nigrae Silvae" schrieb, eine Geschichte des Schwarzwaldes. Das Gebiet, das er weltlich und geistlich betreute, mußte er gut gekannt haben, war er doch der erste, der den Feldberggipfel bestiegen hat.

Der Machtzuwachs des Klosters St. Blasien stellte ein Phänomen dar. Die Jünger St. Benedikts mußten noch Wald und Weide in Ackerland verwandeln. Im 13. Jahrhundert besaß das Kloster bereits über 100 Dörfer und viele Höfe. Dann dehnte sich der Landbesitz bis zum Feldberg und weit über den Hotzenwald aus. Das Territorium St. Blasiens war eines der größten geschlossenen Gebiete im Schwarzwald neben dem der Habsburger und der Fürstenberger. Daneben besaßen die Fürstäbte außerhalb des Kerngebiets zahlreiche, teilweise weitentfernte Enklaven. Reiste ein Abgesandter zur Kurie nach Rom, so konnte er überall auf St. Blasianischem Boden nächtigen.

Unter den ehemaligen Probsteien St. Blasiens ist das 700 Meter hoch im Vorhügelland des Schwarzwaldes gelegene heutige Schloß Bürgeln das anmutigste. Der eigentliche Gründer war Wernher von Kaltenbach, dessen Herrschaft bei Malsburg im hinteren Kandertal lag. Häufig bereiteten sich Adlige des Hochmittelalters in höherem Alter auf Tod und Jenseits vor, indem sie in den geistlichen Stand traten. Wernher wurde Mönch in St. Blasien. Auch seine beiden Söhne zogen Mönchskutten an. Der Herr von Kaltenbach übereignete, um Gott zu gefallen, nahezu alle seine Liegenschaften dem im Albtal gelegenen Kloster, darunter auch das Terrain von Bürgeln, wo sich damals eine schlichte Kirche befand. 1125 bestimmte Herr Wernher, der Ort möge von St. Blasianischen Mönchen übernommen werden. Einer der Söhne des Gründers war ein Jahr später erster Propst. Die Filiale St. Blasiens blühte auf. Man errichtete eine neue Kirche neben dem Kaltenbachschen Herrensitz. Als die Herrschaft der Markgrafschaft Baden zufiel, wurde Burg Rötteln Verwaltungssitz, und als die Markgrafen Luthers Lehre annahmen, entstand das Kuriosum, daß eine protestantische Obrigkeit in weltlichen Belangen über die romgläubige Propstei verfügte. Man weiß, daß Bürgelner Pröpste in den Jahren 1568, 1577 und 1587 „wegen zu vertraulichen Verkehrs mit ihrer Haushälterin" bis zu 30 Kronen an das Amt entrichten mußten. Es heißt, daß dies später nicht mehr vorgekommen sei, weil St. Blasien nur mehr alte Herren entsandte, „welche die Sünde verlasset."

Der Neubau von heute, wie er sich als Kleinod des Rokoko darbietet, wurde 1762 unter Fürstabt Meinhardt Trogers und Propst Aloysius Mader begonnen. Als Architekt des Vierflügelbaus gilt der Baumeister des Deutschordens Johann Caspar Bagnato d.J., der auch beim Bau von St. Blasien beschäftigt war. Um die Inneneinrichtung kümmerte sich maßgeblich Fürstabt Martin II. Gerbert selber. Nach der Säkularisation gelangte das Anwesen in verschiedene private Hände und schließlich in das Eigentum einer Bürgeln-Vereinigung.

Die Auffahrt zur Schloßfassade ist herrschaftlich. Über die doppelläufige Treppe mit schmiedeeisernem Schmuckgeländer erreicht man die barocke Pforte. Am Giebel der Portalzone umschließt Rokokogerank eine Uhr. Auf dem Turm über dem Giebelscheitel springt als Wetterfahne ein vergoldeter Hirsch empor. St. Blasiens Emblem. Das Interieur kann besichtigt werden. Das Prunkstück des Untergeschosses ist die Kapelle, in der man heute gerne stimmungsvolle Hochzeiten arrangiert. Der Wandschmuck ist ein Bilderbuch Bürgelner Geschichte: Bilder des Luxemburger Kaisers Heinrich VII. (in dessen Ägide die Gründung fällt), des Stifters Wernher von Kaltenbach und seiner beiden Söhne. Die Decke ist reich an Rocailles und Medaillons; das mittlere mit einer Taufe Christi dominiert. Unter dem Barockaltar ruhen die Angehörigen des Geschlechtes Kaltenbach; daß für sie durch Jahrhunderte gebetet werde, war einer der Anlässe zur Errichtung der Propstei.

Geschichte auch anderswo: im Gang, der dem Hauptsaal im Obergeschoß vorgelagert ist, sieht man über den Türstürzen Supraporten, die St. Blasiens Klosteranlage vor dem Brand 1768 wiedergeben. Im Bildersaal fällt der Blick wieder auf die Porträts des Fürstabtes Gerbert und des Propstes Mader, des Türkenlouis und seiner Gemahlin Sibylla (der Erbauerin von Favorite bei Baden-Baden). Aber auch die Potentaten zur Zeit des Neubaus fehlen nicht: Markgraf Karl Friedrich von Baden, Kaiserin Maria Theresia und Kaiser Joseph, als Gebieter des nahen Vorderösterreich ohnehin im Oberland vertraute Persönlichkeiten. In grünen Regalen mit Goldborden stehen die alten Folianten der Bibliothek, im Fayencenzimmer in Vitrinen die Erzeugnisse der Durlacher Manufaktur. Obwohl nicht durchweg das alte Mobiliar erhalten ist, hat man doch den Eindruck einer in sich geschlossenen, originalen Raumgestaltung. Sorgsam ist jedes Detail auf das Ganze abgestimmt, bis zu den Läufern, die in den 20er Jahren in Paris in Auftrag gegeben wurden.

Im Hotzenwald

Von St. Blasien über Häusern nach einem kurzen Abstieg erreichbar, liegt der Luftkurort Höchenschwand 1015 Meter hoch auf einer letzten Anhöhe, ehe der Hochschwarzwald an Höhe verliert und schließlich im Süden zum Hochrhein abebbt. In dieser Richtung ist der Kurort, den man als „Dorf am Himmel" bezeichnet, frei von Wald, so daß, je nach Wetter, die Alpen im Blickfeld liegen. Nicht grundlos gibt es hier ein Hotel Fernblick, ein Hotel Alpenblick und eine Panoramastraße. Die letzte Partie des Schwarzwaldes, die hier beginnt, trägt den Namen Hotzenwald; er hat sich aus dem frühalemannischen „Houtz" (= Bauer) gebildet. Das Gebiet ist großenteils freundlich und von landschaftlichem Reiz, dann wieder einförmig und karg, ohne markante Höhen. Charakteristisch sind die Wasserläufe, die, vielfach aus Schmelzwasser gebildet, vom Feldbergmassiv zum Hochrhein streben: die Wehra im Westen, die Wutach im Osten, dazwischen die Murg, Alb (nicht zu verwechseln mit gleichnamigen Flüssen im Nordschwarzwald) und Schwarza-Schlücht.

Der Hotzenwald hat Geologen und Naturwissenschaftlern mehr zu bieten als Kunstbeflissenen. Die tief eingeschnittenen Felsentäler bilden vielfach eine Urlandschaft, ausgeformt durch Sand und Kies als Schleifmittel, wobei man die verschiedenen Gesteinsschichten bestimmen kann, Granit, Buntsandstein oder Muschelkalk. Das Tal der Wehra wartet bei Hasel mit einer 3280 m langen, begehbaren Höhle auf, der größten bundesdeutschen nach Attendorn im Sauerland. Ein gewisser C. A. Lembke hatte schon 1803 das unterirdische steinerne Reich beschrieben: „Die Erdmannshöhle bei Hasel". Dann vergaß man das geologische Wunder, teilweise stürzte es ein und mußte sich Zerstückelung und Raub von Stalaktiten und Stalakmiten (hängender und stehender Tropfstein) gefallen lassen. Selbstredend hat sich die Volksphantasie des Labyrinths bemächtigt und in den bizarren Gebilden ein Repertoire des Geisterreiches gesehen, auch Namen ersonnen wie „Fürstengruft", „Rittersaal" oder „Burgverließ", wie man auch Figürliches zu entdecken meinte (Gambrinus, Eule, Palmenstamm). Die wieder zugänglich gemachte Höhle wurde von Viktor von Scheffel, damals Rechtspraktikant in Säckingen, 1850/51 aufgesucht und in seinen „Säckinger Episteln" gewürdigt.

Freunde von Flora und Fauna kommen namentlich im Naturschutzgebiet der Wutach (wahrhaft ein „wütender Bach") auf ihre Kosten. Zwar finden sich keine Höhlen, dafür aber ist der Bach von Felswänden und -galerien umgeben; mitten auf ihrem Weg, bei Rümmelsteg, versickert die Wutach und tritt dann ein Stück weiter an mehreren Stellen wieder aus. Es handelt sich bei der Wutachschlucht um eine der jüngsten Talbildungen der Erde, vor „nur" 30 000 Jahren entstanden, eine Urgesteinsschlucht, doch nicht nur Inferno, sondern auch Paradies. 1200 blühende Pflanzenarten haben in der Schlucht ihre Heimat gefunden, so Türkenbund, Frauenschuh und Pestwurz. 100 Vogelarten tummeln sich in dem feuchten Revier.

Die Bewältigung des Daseins war für die „Hot-

zen" noch schwerer als für die „Wälder" im Hochschwarzwald. Der Boden ist großenteils karg, die Verkehrserschließung lag lange im argen. Die Bauern widmeten sich neben dem bäuerlichen Außendienst dem „Schnefeln" (Schnitzen) und der Textilarbeit unter dem tief herabgezogenen Dach des einstöckigen Hotzen- oder Heidehauses, wie man eines im Freilichtmuseum von Gutach gesehen hat. Über die Lebensweise der Hotzen unterrichtet anschaulich das „Hüsli" bei der mitten im Forst gelegenen Hotzenwälder Staatsbrauerei Rothaus. Das Hüsli wurde 1911 originalgerecht erbaut und enthält, umgeben von rauschenden Schwarzwaldtannen, eine Vielzahl bäuerlichen Hausgeräts. Sehenswert die „Chunscht" in der Eßstube, rustikal gekachelt und mit ländlichen Szenen versehen. Aus einer Mühle bei St. Blasien kam die Kunst aus dem Jahre 1822 hierher. Eine Fernsehserie hat das entlegene Haus populär gemacht. Im Gästebuch findet sich ein Eintrag Sauerbruchs. Die Initiatorin des Mini-Museums starb 1966 hundertjährig. Ihre letzten Worte: „Ich glaub', mich het de Herrgott vergässe abzuhole."

Die Hotzen, bedächtig, kantig und „wurzelstark", zeichneten sich durch eine ausgeprägte Freiheitsliebe aus, durch die sie geschichtliche Bedeutung erlangten. Im 14. Jahrhundert hatten die Hotzenwälder Bauern durch einen habsburgischen Grafen, der auf Burg Hauenstein zwischen Gebirge und Hochrhein saß, gewisse Freiheitsgarantien erhalten: Selbstverwaltung, eigene Gerichtsbarkeit und Steuerhoheit. Sie durften sogar Waffen tragen. Selbst St. Blasien stimmte dem freiheitlichen Status zu.

Hauensteiner Tracht

Die gräfliche Herrschaft blieb Episode. Doch die Hotzen behielten den Namen „Grafschaft Hauenstein" bei, der sich nicht nur auf die gleichnamige Ortschaft (heute mit 200 Einwohnern die „kleinste Stadt der Bundesrepublik") bezog, sondern auf die Leute des ganzen Hotzenwaldes. Unangefochten bürgerte sich der Name „Freigrafschaft Hauenstein" ein. Die Bewohner waren Freie, also keine Leibeigene.

Mit diesen Sonderrechten gerieten die Freibauern später mit St. Blasien, das seine Arme weit in den Hotzenwald ausstreckte, in Konflikt. Die Klosterherren erhoben Anspruch auf das Gebiet des Bauernstaates und negierten die Privilegien der Freibauern. Diese opponierten gegen St. Blasiens Ansinnen und kämpften für ihre verbrieften, doch nicht mehr garantierten Freiheiten.

Zu Anfang des 18. Jahrhunderts brach der offene Konflikt aus. An der Spitze der Hauensteiner stand ein gewisser H. F. Albiez, der von Beruf Salpetersieder war und den Beinamen „Salpeterhans" trug. Der Rohstoff, nützlich für viele Produkte vom Pulver bis zum Düngemittel, wurde auch in Hotzenwälder Kleinbetrieben verarbeitet. Eine Siederei ist im Museum von Görwihl aufgebaut, die zeigt, wie man dort gearbeitet hat.

Zurück zum aufständischen „Salpeterhans": das Kloster St. Blasien bewirkte, daß er im habsburgischen Freiburg einsitzen mußte, wo er im Arrest

Bauer mit Bundschuhfahne

verstarb. Die Folge war ein Sturm der Entrüstung unter den Freibauern. In der Mitte des 18. Jahrhunderts flackerten drei blutige Revolten auf. Man sprach vom „Salpeterkrieg"; die Beteiligten hießen „Salpeterer". Nach der Gründung des Großherzogtums Baden und der Säkularisierung der Klöster rumorte es im Gebiet des ehemaligen Bauernfreistaates immer noch. Im Jahre 1815 erlebte man als Nachwehen einen „kleinen Bauernkrieg", der sich gegen die Obrigkeit richtete.

Der Freiheitssinn der Hotzen hatte sich bereits im „großen Bauernkrieg" 1524 bemerkbar gemacht, als Joß Fritz, Leibeigener des Bischofs von Speyer, auf vorderösterreichischem Boden des südlichen Schwarzwalds auftauchte. Vor allem auf den Liegenschaften St. Blasiens rottete er die Bauern zusammen, verfügte bald in hundert Ortschaften über Verschworene. Dieser rührige Agitator hatte höchstwahrscheinlich die eindringlich-sinnbildliche Fahne der Bauernbewegung entworfen: den Bundschuh, den geschnürten bäuerlichen Halbschuh im Gegensatz zum Reiterstiefel des Edelmanns. Über dem Schuh war der Gekreuzigte abgebildet, ihm zur Seite Maria und Johannes, davor ein betendes Bauernpaar. Ferner sah man auf dem bäuerlichen Banner drei Anführer, bewaffnet mit Schwert, Harke und Rechen, die Mitverschworenen den Eid abnahmen, und im Hintergrund Bauern bei der Feldarbeit und eine Hinrichtungsszene, auf die Gott und seine Engel herabblickten. Christliche Gedanken flocht Joß Fritz mit Absicht in sein Programm, von dem er verkündete, daß es auf göttlichem Recht fuße.

Noch ehe der Bauernführer auf breiter Front losschlagen konnte, wurde er verraten. Ein Knecht teilte den Plan dem Zähringer Markgrafen Philipp auf Burg Rötteln mit. 13 Verschwörer endeten unterm Schwert. Die meisten der angezeigten Bauern flohen in die Schweiz. Auch Joß Fritz entkam.

Wie der Bauernkrieg im Bundschuh sein Emblem besaß, so war auch der Blick der Salpeterer auf ein Sinnbild gerichtet, in diesem Falle aus Stein: den „alte Hotz" in Hochsal bei Hauenstein, im Unterbau romanisch, 38 Meter hoch, mit Satteldach. Auf beherrschender Höhe stehend, gehörte er zur Pfarrkirche, die ebenfalls noch romanische Teile besitzt. Beides kann man heute noch besichtigen: das Langhaus und den Hotz: Wahrzeichen und Symbol der fast schon vergessenen Hotzenwälder Freiheitsbewegung der Salpeterer.

Städte am Hochrhein

An malerischen Partien ist der Hochrhein dem Oberrhein überlegen. An beiden Stromseiten steigen Gebirge empor, der Hotzenwald im Norden, der Jura im Süden. Noch nicht der Schiffahrt erschlossen, ist sein gewundener Lauf ursprünglicher, die Distanz zwischen den Ufern geringer, und an einer Stelle, in Laufenburg, stoßen die Uferseiten nahezu aneinander. Früher gehörten beide Teile auch politisch zusammen. Nachdem der Doppeladler jahrhundertelang seine Fittiche über die Doppelstadt gebreitet hatte, wurde das Gebiet 1806 in eine nördliche großherzoglich-badische und eine südliche eidgenössisch-schweizerische Hälfte geteilt. Eine weitere und diesmal topographische Trennung erfolgte durch die Ausweitung des Strombettes beim Bau des Stau- und Kraftwerks 1909. Felspartien am Ufer mußten weichen. Der Strom stieg in seinem verbreiterten Bett um 8 Meter an, wobei die „Laufen" genannte Stromschnelle im höheren Wasserspiegel vor der Wehr verschwand, die man 1 km stromab errichtet hatte. Zuvor hatte sie sich sogar neben dem Rheinfall von Schaffhausen sehen lassen können.

Romantisches Laufenburg

Wie romantisch Laufenburg vor der Umgestaltung ausgesehen hat, kann man zwei bildlichen Dokumenten entnehmen. Der Kupferstecher Merian hat im 17. Jahrhundert in der Reihe seiner Städtebilder auch Laufenburg festgehalten, mit der „Großen Stadt" auf der Schweizer Seite von heute, der „Kleinen Stadt" auf badischer Seite. Das Größenverhältnis ist heute gerade umgekehrt. Wenn man von einem der beiden Plateaus, auf denen sich die Doppelstadt aufbaut, heruntersieht auf die Steinbrücke (anstelle der einstigen Holzbrücke), dann erkennt man nichts Trennendes, sondern ein problemloses Hinüber und Herüber der Bewohner beider Stadthälften, die doch alle Alemannen sind, deren Dialekt sich ebenso gleicht wie die Häuser mit ihren Walm- und Staffeldächern.

An den großen Festtagen, ob Kirchweih (Chilbi) in Waldshut oder Fridolinsfest in Säckingen, vermischt sich das Volk von beiden Seiten des Hochrheins. Das war auch beim berühmten Salmenfest der Fall, doch dieses gibt es nicht mehr – weil es keine Fische mehr gibt.

Laufenburg war in österreichischer Zeit der wichtigste Ort der sogenannten vier Waldstädte: Waldshut, Laufenburg, Säckingen, Rheinfelden. Sie alle haben ein Stück heimeliger Welt von gestern bewahren können. Hatten sie im vorigen Jahrhundert noch etwas Verschlafenes an sich, so sind sie inzwischen in den Aufwind des industriellen Zeitalters geraten.

Waldshut-Tiengen

Erst in jüngerer Zeit wurden Waldshut und Tiengen verwaltungsmäßig zusammengefaßt, Tiengen etwas abseits, Waldshut unmittelbar am Rhein. Tiengen ist die Hauptstadt des Klettgaus, einer Landschaft beiderseits des Rheins. Auch nennt man sie „Viertälerstadt", da vier Flüsse hier zusammentreffen: Rhein, Wutach, Steinach und Schlucht. Viel Altstädtisches ist erhalten geblieben, eng aneinander gelehnte mehrstöckige Häu-

Laufenburg. Kupferstich (1642) von M. Merian

53

ser, Tore und Türme. Der als Kirchenbauer im Schwarzwald vertretene Allgäuer Peter Thumb ist auch in Tiengen anzutreffen; der besonders geglückte, sogar mit Birnau am Bodensee vergleichbare Bau ist eine lichte Hallenkirche. Barock mit Maß. In unmittelbarer Nachbarschaft, noch oberhalb der hügelab gelagerten alten Stadt, steht das auf Stützmauern lastende, breit ausladende Schloß, das einst die österreichischen Fürsten Schwarzenberg bewohnten.

Auch die Weltgeschichte blickte kurz in Tiengens Gassen. Im Winter 1146 stieg im „Hirschen" Bernhard von Clairvaux ab, von der Frankfurter Fürstenversammlung kommend. Er heilte Kranke und warb wie zuvor in Freiburg auch hier für den 2. Kreuzzug (1147-1149). An der Spitze des Kreuzfahrerheeres stand der Staufer Konrad III. Das Unternehmen im Zeichen des Kreuzes endete kläglich.

Zwischen Tiengen und Waldshut mündet auf der Schweizer Seite die Aare, der größte Nebenfluß, in den Hochrhein. Der an einer Schleife liegende Ort heißt gleich der größeren Stadt am Mittelrhein Koblenz – Confluentes: die Zusammenfließenden. 20 km flußaufwärts erhebt sich die Ruine der Habsburg, wie angenommen wird, der Geburtsort Rudolfs I.

Der Name Waldshut bedeutet „Hüterin des Waldes", womit der Hotzenwald gemeint ist. Die Stadt war Sitz eines Habsburger Vogteiamtes, durch das Österreich seine landesherrlichen Rechte auf dem ansteigenden Waldgebirge ausübte. Als älteste der Waldstädte wurde Waldshut zur Zeit der Staufer von Graf Rudolf von Habsburg, dem späteren deutschen König, gegründet und blieb als Teil Vorderösterreichs habsburgisch bis zur politischen Neuordnung zu Beginn des 19. Jahrhunderts. Die Schweizer, die bis zu ihrem Freiheitskampf („Der Freiheit eine Gasse!") österreichisch waren, standen nun gegen Habsburg, und der Hochrhein war eine strikte Grenze zwischen eidgenössischen und österreichischen Landen. Im Jahre 1468 belagerten die Schweizer die nunmehr dem gegnerischen Lager angehörende Waldstadt, allerdings vergebens. Die Vorräte innerhalb der Mauern wurden knapp. Überliefert ist eine Finte der Belagerten, die in ähnlicher Form auch von anderen eingeschlossenen Städten erzählt wird. Die Waldshuter mästeten einen Ziegenbock und trieben ihn auf die Stadtmauer, so daß die Belage-

rer glauben mußten, die Stadt sei noch lange nicht ausgehungert, worauf die Schweizer abzogen.

Diesem Vorgang ist Waldshut größtes Volksfest gewidmet, die schon genannte Chilbi, organisiert von der „Zunft der Junggesellen". Die ganze Stadt ist auf den Beinen, die Marktstraße dicht gedrängt von Menschen, die Häuser geschmückt mit Fahnen, viele davon mit dem Emblem des „Waldshuter Männle". In Erinnerung an die historische Belagerung führt man einen festlich bekränzten Bock mit vergoldeten Hörnern mit, der danach verlost wird. Die Schweizer von jenseits des Stromes beteiligen sich zünftig und stellen eine Gruppe von Fahnenschwingern.

Die schnurgerade einstige Marktstraße (heute Kaiserstraße) stellt eine der schönsten und zugleich besterhaltenen Altstadtszenarien der drei Regio-Gebiete dar. Schweizerisch wirken die hohen Patrizierhäuser mit ihren unterschiedlich geneigten Dachtraufen. Die platzartige Straße wird, ähnlich wie in Villingen, an beiden Enden von Tortürmen begrenzt. Vor dem Oberen Tor sind Kanonenkugeln aus der Belagerungs-Affäre 1468 aneinandergereiht. Die barocken Figuren dreier Brunnen der Marktstraße – diese mußten dem Verkehr weichen – zieren die Seltenbachbrücke am gleichen Tor. In der Mitte der Marktstraße repräsentiert das 1402 erbaute, 1770 barockisierte Rathaus mit schmiedeeisernen Fenstergittern. Das Gasthaus „Wilder Mann" besitzt unter breiter Giebelhaube noch die alte Ausstattung, darunter eine Zunftstube mit Kassettendecke. Im Renaissancebau der Alten Metzig (Schlachthaus) befindet sich – wie auch in Straßburg – das stadtgeschichtliche Museum mit einem Alemannengrab, Waldshuter und Hauensteiner Trachten, handgeschlagenen Brakteaten, damals nach Gewicht bewertet, und handgewebter Bettwäche von einst. Da Kaiserin Maria Theresia in Waldshut mehrfach genächtigt haben soll, kann man besagte Wäsche mit der Herrscherin in Verbindung bringen.

Die Trompeterstadt

Säckingen, nach Waldshut und Laufenberg stromabwärts gelegen, ist die meistbesuchte und kunstträchtigste der Waldstädte. In jüngerer Zeit wurde sie um ein Thermalbad bereichert. Hat Laufenburg seine Holzbrücke über den Hochrhein einbüßen müssen, so verfügt Säckingen über die ihre noch in gutem Zustand, des kulturgeschichtlichen Wertes wegen in neuerer Zeit nur zu Fuß passierbar. Für Fahrzeuge führt eine Steinbrücke zum schweizerischen Ufer und nach Stein, das nicht mit dem attraktiveren „Stein am Rhein" am Ausfluß des Bodensees verwechselt werden darf. Die Säckinger Holzbrücke anstelle einer älteren aus dem 15. und 16. Jahrhundert ist die einzige hölzerne über den Strom. Blickt man von der Holzbrückenstraße aus durch den 200 Meter langen, leicht gekrümmten Gang, so meint man, durch einen Tunnel zu schauen, wo das Licht des Ausgangs weit im Hintergrund zu erkennen ist. Am Eingang der Brücke steht der stattliche Hallwyler Hof mit Treppenturm aus dem Jahre 1601, einst Quartier der Deutschritter, im vorigen Jahrhundert Wohnung Viktor von Scheffels, der hier, inspiriert von der Liebesgeschichte eines Bürgerlichen zu einer Adligen, sein auflagenstarkes Epos „Der Trompeter von Säckingen" geschrieben hat, das mehrere Generationen von Lesern entzückt. Scheffels Bestseller, der Säckingen den Namen „Trompeterstadt" eingebracht hat, spielte im dreitürmigen Schloß Schönau, das volkstümlich Trompeter-Schloß heißt, mit der Bronzestatue des Titelhelden davor. Im Schloß belehrt heute das Hochrhein-Museum über Säckingens Geschichte, auch enthält es Altartafeln, die u.a. die Heiligen Fridolin und Hilarius wiedergeben. Beide spielen eine Rolle in der Gründungsgeschichte des Münsters, das an einer der schönsten Platzanlagen der Hochrheinstädte steht. Am selben Platz steht auch das mehrstöckige Rathaus, ein Bau, der einst zu einem hochadligen Damenstift gehörte, einem religiösen Mittelpunkt am Hochrhein. Ab 1305 hatten die Äbtissinnen den Status von Reichsfürstinnen, gleichgestellt dem Abt von St. Blasien. Und wie dieser verfügten sie über ausgedehnten Landbesitz, der weit in den Hotzenwald hineinreichte.

Der irische Mönch Fridolin, ein Fürstensohn, hatte von dem ersten Merowingerherrscher Chlodwig eine Rheininsel zum Geschenk bekommen, dort, wo sich heute Säckingen befindet. Der spätere Glaubensbote Alemanniens kam mit einer wertvollen Reliquie an: einem Finger des hl. Hilarius, den er in seiner Reisetasche verwahrte. Als Fridolin auf der Insel anlangte, hängte er die Tasche an den Ast eines Baumes. Der Ast neigte sich vor dem Ankömmling wie zur Begrüßung. Fridolin

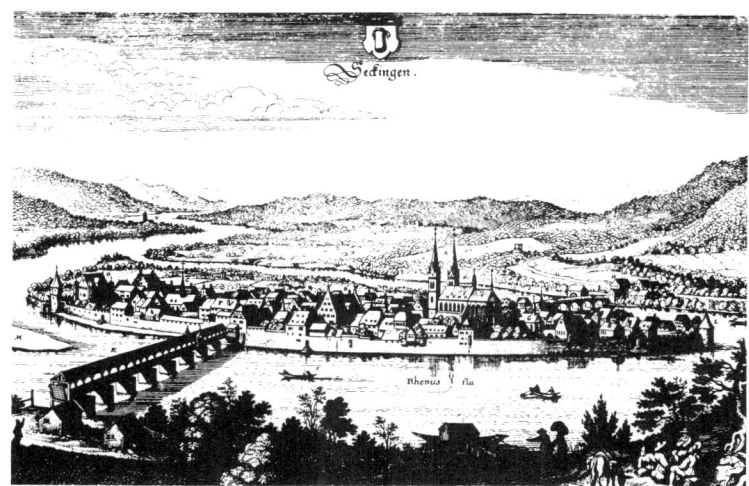

Säckingen. Kupferstich (1642) von M. Merian

faßte es als Wink auf, hier ein Kloster zu begründen. Diese Gründungsgeschichte gleicht einer ähnlichen des hl. Theobald im oberelsässischen Thann beim Bau des dortigen Münsters. Fridolin brachte seine Säckinger Gründung, die heute nicht mehr auf einer Insel liegt, bald zu Wohlstand. Neider wollten ihm den Besitz streitig machen. Ein gewisser Ursus hätte ihm die Rechtmäßigkeit bezeugen können, doch er war zum damaligen Zeitpunkt nicht mehr am Leben. Da erweckte Fridolin den Zeugen, der nun den Beweis des Besitzes nachwies. Dieser Legende entsprechend, wurde Fridolin stets mit dem Gerippe des Ursus, der das entlastende Dokument in der knöchernen Hand hält, dargestellt. So sieht man ihn über dem prunkvollen Hauptportal des Münsters und ebenso auf dem Baldachin über dem silbernen Reliquienschrein des Heiligen.

Von den Vorgängerbauten des Münsters ist noch zum Teil der gotische Chor erhalten. Bei der Erneuerung im 18. Jahrhundert entfaltete man die ganze Pracht des Barock, in geradezu überschwenglicher Fülle am Hochaltar, J. G. Bagnato errichtete die Fassadentürme, die man schon von fern als Wahrzeichen Säckingens erblickt. Der barocken Neugestaltung entstammt auch die Kanzel, die von einem knienden Atlanten gestützt wird. Diese Darstellungsweise war im Elsaß ebenfalls beliebt, wo man den Atlanten als „Simson" bezeichnete. Die geschwungene Decke, mit Rocailles und Putten ausgeschmückt, wurde von dem Konstanzer F. J. Spiegler mit bewegten Szenen aus der Vita des Münsterheiligen versehen, wäh-

55

Rheinfelden. Kupferstich (1642) von M. Merian

rend J. M. Feuchtmayer die Stuckumrahmung fertigte. Seine Arbeiten gehören zum Besten, was süddeutscher Barock geschaffen hat.

Am pompösen Münsterplatz, der sich mit dem Rathausplatz zu einem ausgedehnten Platzgebilde erweitert, steht der herrschaftliche Staffelgiebelbau der einstigen Stiftsverwaltung und daneben, ebenso würdig in einem historischen Gebäude untergebracht, das exquisite Hotel zum Goldenen Knopf, von dessen Terrasse der Blick auf Strom, Holzbrücke und jenseitiges Ufer fällt. Von Säckingens starker Befestigung steht noch der wuchtige Gallusturm, in der fasnetfreudigen Stadt seit 1973 Sitz der Narrenzunft, die den Turm als „Bollwerk gegen die Trübsal" bezeichnet.

Stromabwärts liegt als vierte Waldstadt das mittelalterliche Rheinfelden, allerdings auf der Schweizer Seite; man kann durch ein Rümpelgäßli, ein Flugäßli oder ein Schelmengäßli schlendern, während die badische Stadt am rechten Ufer eine nüchterne, industriebedingte Neugründung von 1898 ist. Aufmerksamkeit verdient die nahe Deutschordens-Komturei von Beuggen, deren Filiale der Hallwyler Hof in Säckingen war. Am Schiffslandeplatz von Rheinfelden entstieg Rudolf von Habsburg seinem Gefährt, um einen Zwist zwischen dem Bischof von Basel und dem Abt von St. Gallen zu schlichten. Die Versöhnung hielt indessen nicht lange an.

Im weiteren Verlauf des Hochrheins, in Richtung West, bei Grenzach, sieht man links bereits die Turmhäuser und Pharmazeutikfabriken Basels (die zum Teil auf Grenzacher Gelände stehen). Rechts stößte das Grenzacher Horn, die vorgeschobene Nase des nun sich senkenden Gebirges, an die Hochrheinebene.

Freiburg

die Hauptstadt des
Breisgaus und des
Schwarzwalds ist
eine Gründung der
Zähringer. Die Stadt
besitzt in seinem
romanisch-gotischen
Münster, dessen fili-
graner Maßwerk-
turm als „schönster
Turm der Christen-
heit" bezeichnet
wird, ein Kunstwerk
von Weltrang. Der
Bau der Kirche –
Freiburg wurde erst
im 19. Jh. Bischofs-
sitz – wurde von
der Bürgerschaft
finanziert. Vor allem
der Silberbergbau
im Schwarzwald
trug einen Teil der
Kosten des Münster-
baus.

Die Altstadt
Freiburgs zeigt im
Bereich Oberlinden
noch klar den mittel-
alterlichen, vielfach
gekrümmten
Straßenverlauf
(Folgende Seite,
Mitte).

In den Häusern am Münsterplatz, auf dem reges
Markttreiben herrscht, sind Formen der Spätgotik
erhalten oder nach der Kriegszerstörung liebevoll
restauriert worden (links oben und Mitte). – Der
Blick vom Schloßberg zum Schwabentor zeigt, daß
die Schwarzwaldmetropole auch eine Stadt des
Weines ist (links unten).
Sehenswürdigkeiten Freiburgs sind das spätgotische
Kaufhaus am Münsterplatz, die „Bächle", die viele

Straßen der Innenstadt begleiten, das Colombischlößchen und das Denkmal von Berthold Schwarz, der
das Pulver erfunden haben soll, am Rathausplatz
(untere Reihe). – Hier steht auch das alte Rathaus in
spätgotischer und Renaissanceform. – Das gotische
Schwabentor ist Wahrzeichen des Stadtteils Oberlinden mit seinen alten Bürgerhäusern. – In der von
einem Bach durchflossenen Gerberau hat sich ein
geschlossenes Zunftgebiet erhalten (rechte Bildreihe).

Der Chor des Freiburger Münsters mit dem Hochaltar von Hans Baldung Grien (1512/16), dem spätgotischen Netzgewölbe und den lichten Fenstern, in denen die Wappen des Reichs und der österreichischen
Länder auf die Stifter, Kaiser Maximilian und seine
Nachfolger hinweisen, beeindruckt jeden Besucher.

Eine andere Sehenswürdigkeit Freiburgs ist der Alte
Friedhof mit rührenden Grabsteinen, auf denen sich
beim Studieren der Inschriften auch die Namen berühmter Zeitgenossen wie des Archäologen J. A.
Feuerbach oder des Verlegers Bartholomä Herder
entziffern lassen.

Breisach und der Kaiserstuhl

liegen westlich von Freiburg. Beide sind Ausflugsziele von hohem Reiz. Breisach, „des Heiligen Römischen Reiches Schlüssel und Ruhekissen", liegt auf einem Bergrücken oberhalb des Rheins. Die Stadt wurde 1185 von den Staufern gegründet und war im Laufe seiner Geschichte als Festungs- und Grenzstadt mehrfach heiß umkämpft.

Wahrzeichen ist das romanisch-gotische Münster St. Stephan. Der Hochaltar mit einer Marienkrönung im Mittelteil ist ein Meisterwerk des spätgotischen Bildschnitzers HL, von dem sich ein zweiter Altar mit gleichem Thema in der benachbarten Kirche der Kaiserstuhlgemeinde Niederrotweil befindet.

Breisach besitzt als Sitz des Badischen Winzerkellers, der größten Kellerei Europas, für die Weinwirtschaft des ganzen Gebietes große Bedeutung.

Die höchste Erhebung
des Kaiserstuhls ist
der Totenkopf
(557 m). An seinen
Hängen liegen die
Rebterrassen des
Weinorts Oberbergen
(oben). – Dank seiner
klimatischen Vorzugs-
lage finden sich im
Kaiserstuhlgebiet eine
ganze Reihe wild
wachsender Orchi-
deen und Pflanzen,
die sonst nur in bo-
tanischen Gärten
blühen (untere Reihe).

Nahe am Rhein liegt die Weinstadt Burkheim, ein Ort, dessen Besiedlung bis in die Römerzeit zurückreicht (heute Großgemeinde Vogtsburg). Durch den gedrungenen Tortum erreicht man die sich platzartig erweiternde Marktstraße, die von schönen Fachwerkhäusern gesäumt wird.

Die Stadt Endingen am Nordrand des Kaiserstuhls besitzt einen recht geschlossenen Bestand an Häusern aus dem 16. Jh. Besonders reizvoll präsentiert sich der Marktplatz mit dem alten und neuen Rathaus (unten).

Der Kaiserstuhl gilt als das wärmste Gebiet Deutschlands. Hier wächst auf den Lößterrassen und Vulkanböden ein besonders gehaltvoller Wein. Dem Kaiserstuhl benachbart ist der Tuniberg, wo gleichfalls ein vorzüglicher Wein gezogen wird. Am Fuß des Tunibergs liegt Merdingen, dessen Kirche St. Remigius ein Juwel süddeutscher Rokokokunst ist (unten).

Das Markgräflerland

erstreckt sich südlich von Freiburg bis vor die Tore von Lörrach.
Dieser liebliche Landstrich am Rande des südlichen Schwarz-
walds, der auch als „Toskana Deutschlands" bezeichnet wird, ist
bekannt durch seine Weine, besonders den Gutedel, seine
Thermalbäder und eine lebendige Pflege alten Brauchtums und
Trachtenwesens.

Vom Batzenberg mit seinen Rebhängen geht der Blick über den
Weinort Ehrenkirchen mit der Pfarr- und Wallfahrtskirche Mariä
Himmelfahrt bis zum Belchen (1415 m).

Am Eingang zum Münstertal liegt auf einem Bergkegel die Burg Staufen, eine Gründung der Zähringer, zu deren Füßen sich die reizvolle Stadt Staufen ausbreitet. Hier soll der Sage nach im Gasthaus zum Löwen am Marktplatz (unten) Dr. Faust Anno 1539 vom Teufel geholt worden sein. – Das Schlößchen von Bollschweil im sogenannten Hexental (unten links) war Wohnsitz der Dichterin Marie Luise Kaschnitz. – Wahrzeichen der Landschaft des Münstertals ist der Klosterkomplex St. Trudpert (unten). – In der Glöcklehof-Kapelle bei Bad Krozingen haben sich Fresken aus dem späten 9. Jh. erhalten (unten rechts).

In Sulzburg ist die ehemalige Kloster-kirche St. Cyriak mit ihrer Krypta (linke Seite) ein eindrucks-volles Monument aus ottonischer Zeit (oben rechts). Der schon im 16. Jh. angelegte Judenfriedhof (oben links) erinnert an die einst blühende jüdi-sche Gemeinde des Orts.

Wahrzeichen der Mal-teserstadt Heitersheim ist das Schloß aus dem 16./18. Jh., einst Sitz der Großkomture des Johanniterordens.

Badenweiler, die Kurstadt, die sich zu Füßen der Zähringer-burg ausbreitet, war schon bei den Römern wegen seiner Thermalquellen geschätzt (oben). – Wahrzeichen des Wein-dorfs Britzingen, eines Teilortes der Stadt Müllheim, ist der für Kirchen des Markgräflerlandes typische Vierkantturm der Kirche. Der Ort wurde im Wettbewerb „Unser Dorf soll schöner werden" mit einer Goldmedaille ausgezeichnet (unten).

Der Isteiner Klotz, der bis zur Rheinregulierung im 19. Jh. noch vom Fluß unterspült wurde, diente im Ersten und Zweiten Weltkrieg als Festung. Heute wird hier in der ganzen Großgemeinde Efringen-Kirchen, zu der auch Blansingen mit seiner freskengeschmückten Kirche (um 1440) zählt, Wein angebaut.

Bekannte Weinorte des südlichen Markgräfler Landes sind auch Auggen mit seinen schönen Winzerhöfen (unten links) und Schliengen, der Ort mit der ältesten Winzergenossenschaft des Markgräflerlandes, dessen ehemaliges Wasserschloß Entenstein heute als Rathaus dient (unten rechts).

Die Ortenau

ist das Gebiet, das sich nördlich von Freiburg bis nach Baden-Baden hinzieht, eine für seinen Wein- und Obstbau bekannte Region. – In Emmendingen, einer kleinen Residenzstadt, in dessen Altstadt der Weg durch das wappengeschmückte Doppeltor führt (unten), liegt Goethes Schwester Cornelia Schlosser begraben (rechts). – Ettenheimmünster, in der Nähe der vom Barock geprägten Stadt Ettenheim (oben), war bis ins 18. Jh. eine blühende Abtei. Kostbarer Besitz der Wallfahrtskirche St. Landolin ist die Orgel des Straßburger Orgelbauers Andreas Silbermann (oben).

Wie stark die Ortenau vom Weinbau geprägt ist, zeigt der Blick auf Durbach, den Ort, der besonders durch seine Rieslingweine bekannt ist, (rechts) oder die vom Herbst wunderbar gefärbten Rebhänge bei Kappelrodeck (unten rechts). – Die Stadt Gengenbach (unten links) besitzt noch Reste der mittelalterlichen Befestigung, ist aber durch schöne Bauten bürgerlichen Barocks gekennzeichnet, die der Innenstadt das anheimelnde Gepräge geben. Der barocke Turm gehört zur ehemaligen Klosterkirche, einem Bau der Romanik mit einer Ausmalung des 19. Jh.

Bei Kappelwindeck, einem Vorort des durch seine Zwetschgen bekannten Ortes Bühl, dessen barocke Pfarrkirche (1766) durch ihre prachtvolle Fassade beeindruckt, wird die Landschaft der Ortenau, hinter der sich die Bergkette des nördlichen Schwarzwalds erhebt, lieblich. Im Frühjahr verwandeln die vielen Obstbäume das Gebiet in ein Blütenmeer. Zugleich gedeihen hier, etwa in Varnhalt und Neuweier, besonders berühmte Rieslingweine.

Die Ortenau kann auch Ziel einer Burgenfahrt sein. Von der Schauenburg, einer Gründung der Zähringer und schönsten Burgruine Mittelbadens, wo um 1659 H. Chr. Grimmelshausen als Burgvogt lebte, geht der Blick nach Oberkirch (rechts).

In der Kirche von Sasbach findet sich diese spätgotische Gruppe der hl. Brigitta mit Hilfesuchenden (Mitte). – Der Gedenkobelisk für den 1675 bei Sasbach gefallenen französischen Marschall Turenne in Sasbach steht auf einem Areal, das französische Enklave ist (unten).

Zu Füßen der Ruine Hohenbaden liegt Baden-Baden, das „Weltbad" an der Oos (Seitenmitte). – Spitalkirche und Augustabad (oben), die neue Trinkhalle mit Fresken über Sagen der Umgebung (Mitte), das klassizistische Kurhaus von Friedrich Weinbrenner mit

der Spielbank (unten links), die moderne Caracalla-Therme, das Theater und die Pfarrkirche St. Peter und Paul (untere Reihe) mit dem Grabmonument des „Türkenlouis" sind so sehenswert wie das Neue Schloß (oben) mit seinen bedeutenden Sammlungen.

Die Schwarzwaldhochstraße

bietet dem Touristen immer neue, großartige Ausblicke auf die sich zur Rheinebene öffnenden Täler (oben). Von der Hornisgrinde (1163 m) etwa reicht der Blick hin nach Seebach im oberen Achertal (rechts). – Das Hotel-Sanatorium Bühlerhöhe, die Ruinen von Kloster Allerheiligen und der romantische Wildsee sind weitere Anziehungspunkte im Bereich dieser Panoramastraße (untere Reihe).

Kinzigtal, Gutachtal und mittlerer
Schwarwald zählen zu den inter-
essantesten Gebieten der Region.
Elzach (oben) ist eine Hochburg
des Fasnachtstreibens, von dem
auch der Narrenbrunnen in Wolfach (unten links) kündet, Hornberg
(links oben) erinnert mit einem
Denkmal an das „Hornberger
Schießen", Haslach (links Mitte)
an seinen Dichter Hansjakob. – I
Freilichtmuseum von Gutach zie
besonders der Vogtsbauernhof mi
seiner typischen Form und heime
gen Einrichtung die Besucher an.

Von der Fülle der Stücke im Uhrenmuseum in Furtwangen geben die
gewaltige Weltzeituhr von 1885,
die reizende Uhrenträger-Uhr von
1800 und die ganz frühe Uhr mit
Holzzahnrädern, auf der ein
Heiliger die Stunden auf einer
gläsernen Glocke schlägt, einen
Eindruck.

Im Hochschwarzwald

bieten sich an Föhntagen phantastische Fernblicke wie hier vom Haldenköpfle bis zu den Alpenriesen im Berner Oberland (oben). – Der Feldberg, höchster der Schwarzwaldberge, zeigt beim Blick aus dem St. Wilhelmer Tal (links) seinen

charakteristischen kahlen Buckel. – Talblicke wie auf St. Ulrich (unten links) sind ebenso unvergeßlich wie ein Blick vom Haldenköpfle über das Nebelmeer in den Tälern zum Belchen (unten) oder ein Besuch im Kloster St. Peter mit seiner reichen Barockausstattung (unten rechts).

Im Schwarzwald hat jede Jahreszeit seine besonderen Reize. Blühende Obstbäume im Frühjahr, vom Rauhreif überzuckerte Formen der bizarren Schauinsland-Windbuchen im Winter oder die bunte Färbung des Laubs im Herbst (linke Reihe) sind ebenso unvergeßliche Eindrücke wie ein Blick auf den Feldsee, auf die

Schneewächten am Feldberg oder eine Wanderung durch das
Wutachtal (rechte Reihe). – Ein Seglerwochenende auf dem
Schluchsee (unten) oder Ferien in Kirchzarten im Dreisamtal (oben)
mit vielen Ausflugsmöglichkeiten sind eine Auswahl aus den vielen
Angeboten, die der Schwarzwald seinen Besuchern bieten kann.

Gemütliche „Hocks"
nach einer Wande-
rung, Trachten- und
Musikfeste oder die
Begegnung mit leben-
digem Brauchtum in
der alemannischen
Fasnet – der Schwarz-
wald mit seinen
urigen Gasthöfen,
romantischen Städt-
chen und freund-
lichen Bewohnern
weiß seine Besucher
vielfältig zu unter-
halten.

Bernau, Geburtsort des Malers Hans Thoma, und
Breitnau können Ausgangspunkte für genußvolle
Wandertouren sein (oben links und rechts). Der
Schwarzwalddom in St. Blasien mit seiner gewalti-
gen Kuppel (unten) ist die größte Kirche des deut-
schen Klassizismus. Die ehemalige Fürstabtei mit
Grundbesitz im Schwarzwald und Hotzenwald hatte
für die Entwicklung des Gebietes große Bedeutung.

Die gewaltige Burgruine von Rötteln bei Lörrach (oben) und die Sausenburg bei Kandern (unten links) sind eng mit der Geschichte der Markgrafen von Hachberg-Sausenberg verbunden. – Im Hotzenwald (rechts oben) senkt sich der Schwarzwald zum Hochrhein ab. Auch hier bieten sich dem Wanderer oft faszinierende Ausblicke bis in die Alpen.

Das Wiesental zieht sich durch die Mitte des Hotzenwaldes. Im Ort Hausen lebte Johann Peter Hebel
(1760-1826), der bedeutendste alemannische Dichter,
dessen „Kalendergeschichten" köstliche Schilderungen
des Schwarzwälders bieten. Sein Wohnhaus bei der
Kirche, an der er als Pfarrer wirkte, ist mit originaler
Einrichtung heute Museum (untere Bildreihe).

Die Trompeterstadt Säckingen mit dem Wahrzeichen des St.-Fridolin-Münsters ist durch die einzige erhaltene Holzbrücke am Hochrhein mit dem Schweizer Ufer verbunden (oben). – Waldshut, eine Gründung der Zähringer, gilt mit seinen stolzen Bürgerhäusern aus dem 18. Jh., die auch den Einfluß der Schweiz zeigen, als Glanzpunkt jeder Fahrt am Hochrhein (unten).

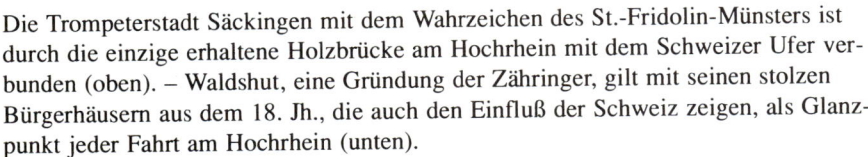

Straßburg

die Hauptstadt des
Elsaß, geht als Ort
auf das Militärlager
Argentoratum zurück,
das die Römer im
1. Jh. n. Chr. an den
Ufern der Ill gründe-
ten. Wo heute der
mächtige Bau des
romanisch-gotischen
Münsters über die
Fachwerkhäuser der
Altstadt emporragt,
lag einst das römische
Forum. Vor der West-
fassade mit der be-
rühmten Fensterrose
und den reich mit Fi-
guren geschmückten
Portalen drängen sich
zu jeder Jahreszeit die
Besucher.

Der Marientod im Tympanon des Südportals des Straßburger Münsters (oben) ist noch von der deutschen Spätromanik geprägt (um 1220). – Das Tympanon des Mittelportals der Westfassade mit Szenen der Passion Christi zeigt die Formen der französischen Kathedralgotik.

Der berühmt-
berüchtigte Kardinal
Armand Gaston de
Rohan-Soubise
ließ in den Jahren
1732 - 1742 das
Château Rohan er-
bauen (oben), in
dem die Bischöfe
von Straßburg bis
1803 residierten.
Heute sind im
Schloß verschiedene
Museen unter-
gebracht.

Zur Verteidigungs-
anlage Straßburgs
gehören die drei
mächtigen Türme,
die durch die
„gedeckten
Brücken" über die
Ill verbunden sind.

Das schönste Fachwerkgebäude Straßburgs mit reichstem Schnitzwerk (links) ist das Haus Kammerzell (16. Jh.) an der Place de la Cathédrale.

Im Nordosten Straßburgs bei der Place de la République, einem Rondell, das früher Kaiserplatz hieß, spiegeln sich im Wasser der Ill, die die Stadt ringförmig umfließt, die Gebäude des Europazentrums, in denen der Europäische Gerichtshof und das Europäische Parlament ihren Sitz haben.

Die Elsässische Weinstraße

zieht sich von Straßburg nach Süden zwischen Rheinebene und Vogesen hin. Unser Bild zeigt Weinanlagen bei Ribeauvillé.

Die Orte der elsässischen Weinstraße bezaubern die Besucher durch immer neue überraschende Ansichten von Häusern, Plätzen und Straßenzügen: Marktbrunnen und Rathaus von Dambach-la-Ville (oben links); Straße und Torturm in Riquewihr (oben rechts, unten links); Winzerhof in Eguisheim, dem Geburtsort des Grafen Bruno von Egisheim, des späteren Papstes Leo IX. (unten rechts), und ein Andenkenladen in Eguisheim mit typisch elsässischer Keramik (rechte Seite).

Bei Kaysersberg, einem der eindrucksvollsten Orte des oberen Elsaß, begegnen sich Wald- und Rebgelände. Über der Stadt, die im Mittelalter ein wichtiger Stützpunkt der Staufer Dynastie war, liegt die Burg der kaiserlichen Vögte, die von den Schweden im Dreißigjährigen Krieg zerstört wurde. Zentrum der Stadt, die von der Weiss durchflossen wird, ist die Pfarrkirche zum Heiligen Kreuz, eine romanisch-gotische Anlage mit kostbarer Ausstattung, deren heutiger Turm 1827 errichtet wurde.

Vor dem ehemaligen Franziskanerkloster erhebt sich das Denkmal des berühmten Johann Geiler von Kaysersberg (1445 - 1510), der Professor und Rektor der Universität Freiburg war und dann 32 Jahre als wortgewaltiger Prediger am Straßburger Münster wirkte.

Der „Große Herrgott von Kaysersberg", eine spätgotische Schnitzgruppe, beherrscht den Raum der
Pfarrkirche. – Im Geburtshaus Albert Schweitzers
(unten) erinnert heute ein Museum an den weltberühmten Urwalddoktor von Lambarene.

Über Eguisheim, einem weiteren Weinort mit erhaltenem mittelalterlichem Stadtbild und Mauerring, erheben sich die „Drei Exen", Turmruinen von drei Burgen,
die zusammen mit der benachbarten „Pflixburg" und der „Hochlandsburg" den
Eingang ins Münstertal bewachten.

Auch die Stadt Turckheim am Ufer der Fecht (unten) hat viel von ihrem spät-
mittelalterlichen Erscheinungsbild bewahren können. Von der Ummauerung der
Stadt stehen noch drei Tortürme und Teile des Remparts. Im Sommer geht hier
noch der Nachtwächter durch die Straßen und singt sein Lied.

Die Weinstraße im Vor-
land der Vogesen beglei-
tet die Burgenkette. Hier
ein Blick auf den Ort
Bliensch-Viller (rechts).

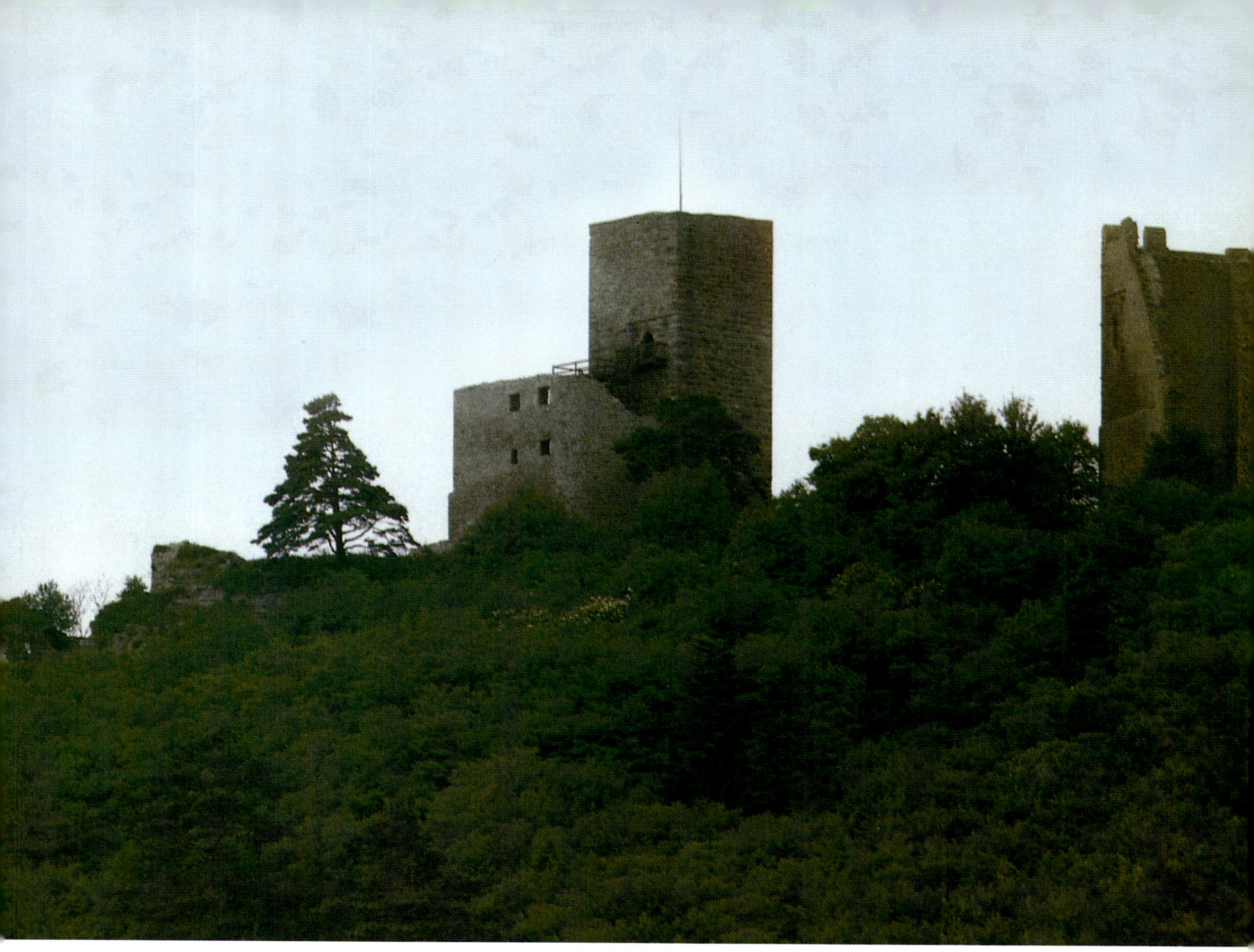

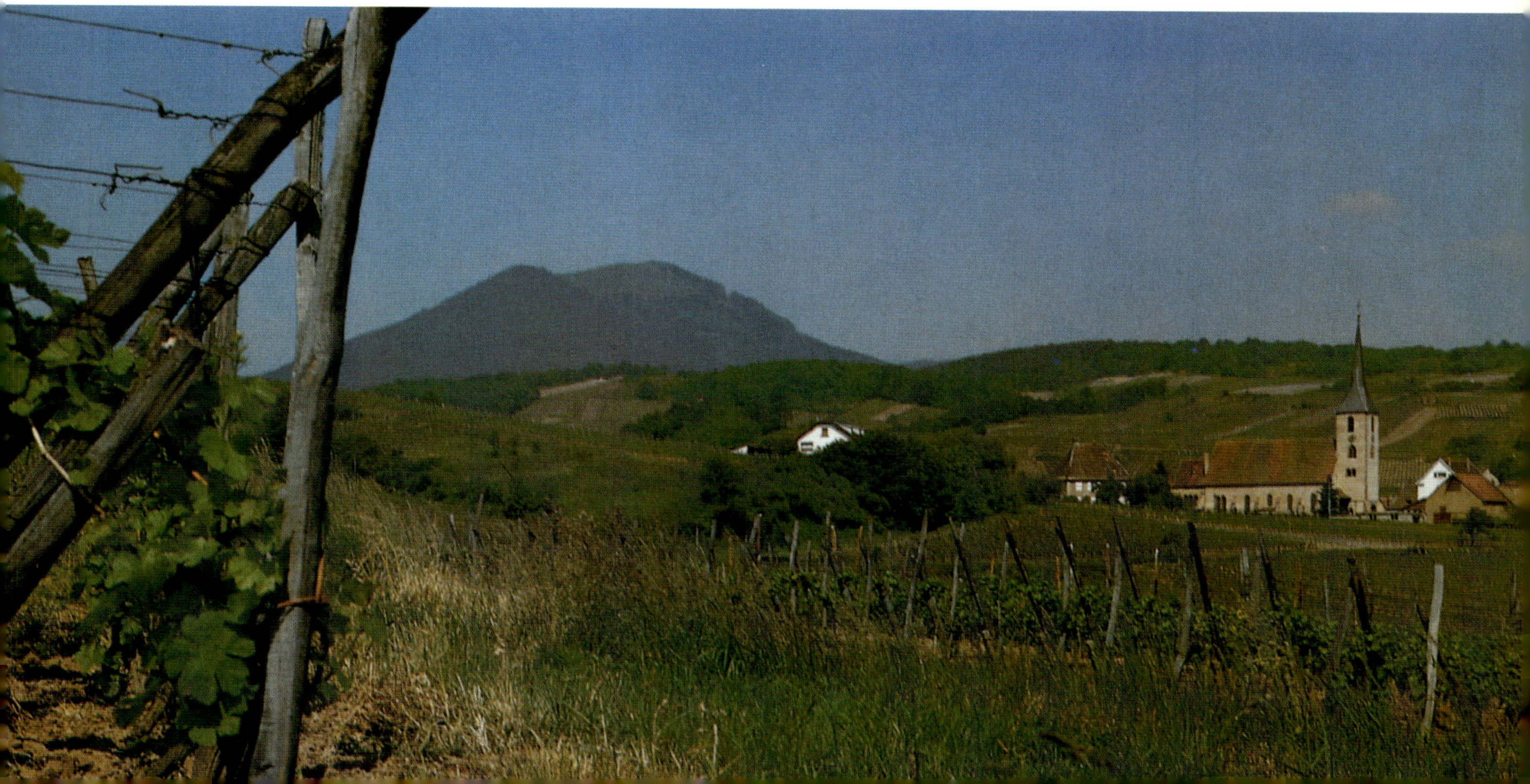

Ähnlich wie die Vorberge des Schwarzwalds sind auch die Vorberge der Vogesen mit Burgen besetzt. Sie bezeugen die Bedeutung dieses Landes, das im 12. Jahrhundert zum Herzogtum Schwaben gehörte und in der Politik der Staufer eine gewichtige Rolle spielte.

Oberhalb von Ribeauvillé liegen die Ruinen der Burgen Girsberg, Saint Ulrich und Le Haut-Ribeaupierre (rechts).

Die Hochkönigsburg (unten), eine Gründung der Staufer, die im Dreißigjährigen Krieg von den Schweden zerstört wurde, ist heute die imposanteste Burganlage des Elsaß dank der Restaurierung und Erneuerung durch den deutschen Kaiser Wilhelm II.

Die Stadt Colmar

Hauptstadt des Oberelsaß, mit ihren romantischen Straßenzügen und einem der schönsten geschlossenen mittelalterlichen Stadtbildern Europas, ist vor allem durch das Unterlindenmuseum mit dem Isenheimer Altar des Matthias Grünewald weltberühmt.

Weitere Glanzpunkte dieses Museums im ehemaligen Dominikanerinnenkloster sind die Gemälde von Martin Schongauer mit Szenen aus der Passion Christi (rechts: Christus begegnet Maria Magdalena).

Durch Colmar fließen die Ill, die Lauch, die Thur und die als Mühlbach bezeichnete Fecht, und diese verschiedenen Wasser-
straßen geben der Stadt einen weiteren reizvollen Akzent, wie er etwa im Straßenzug am Ufer der Lauch, Klein Venedig genannt, sichtbar ist.

Daß Colmar eine Stadt des Weines ist, beweisen kostbar beschnitzte Fässer und eine alte Trotte, die im Unterlindenmuseum ausgestellt sind. Die Gestalt des Lazarus Schwendi auf einem Brunnenstock (Place de l'Ancienne Douanne), der Rebzweige und Trauben in der Rechten hochhält, erinnert daran, daß dieser Schwabe und Feldobrist der Habsburger die Tokajerrebe ins Land brachte (rechter Bildstreifen).

Die Vogesen

werden durch die Route des Crêtes erschlossen. Diese Hochstraße von 75 km Länge, die im Grand Ballon bis auf 1424 m ansteigt, bietet immer wieder großartige Ausblicke. Eine Seitenstraße führt zum Ehrenmal an dem im Ersten Weltkrieg hart umkämpften Hartmannsweiler Kopf.

Verglichen mit dem
Schwarzwald, bilden
die Hochlagen der
Vogesen mit ihren
kahlen Kuppen einen
rauheren Anblick.
Doch schon im zeiti-
gen Frühjahr sind die
Bergwiesen dieser Re-
gion in ein Blüten-
meer gelber Narzissen
verwandelt, ein Natur-
wunder, das alljähr-
lich Besucher aus
ganz Frankreich und
dem benachbarten
Deutschland zum
kostenlosen Blumen-
pflücken anzieht.

Wie im Schwarzwald
sind auch in die Hoch-
vogesen zahlreiche
Seen eingestreut. Hier
ein Blick von der
Route des Crêtes auf
den Lac Fischbödle.

Folgende Seite:
Vom 1361 m hohen
Hohneck, der an
klaren Tagen eine
grandiose Fernsicht
ermöglicht, kann man
im Tal den See von
Longemer sehen.

In den mittleren Vogesen liegt in der Nähe von Obernay auf einem Felsvorsprung der Wallfahrtsort Ste-Odile, ein Klosterbereich, dessen Bauten bis ins 7. Jh. zurückreichen. Die Gründerin Odilia, Tochter des Herzogs Eticho, wird als „Patrone d'Alsace" verehrt. – Aus prähistorischer Zeit stammt die „Heidenmauer" in der Nähe des Klosterbezirks.

Die Romanik ist der prägende Baustil der Kirchen im Elsaß.
Meisterwerke dieses Stils sind die Klosterkirche von Murbach (oben), die Kirche St. Leodegar in Guebwiller (oben
rechts) und die Kirche St. Peter und Paul in Rosheim
(unten). Großartige Steinmetzarbeiten zeigen die Kirche von
Lautenbach (rechts, Mitte) und die Arkaden am Turm von
St. Fides in Sélestat/Schlettstadt (rechts unten).

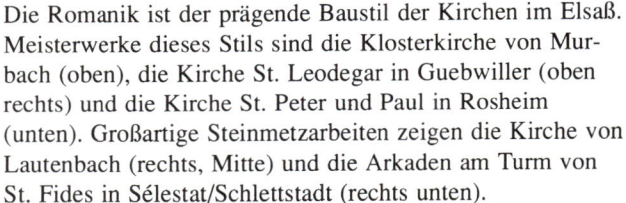

Neben romanischen Bauten in der Nachfolge des karolingischen Oktogons im Münster von Aachen, wie der Kirche von Ottmarsheim (unten links), findet sich im Elsaß in der Benediktinerkirche Ebersmünster (oben) ein Kleinod der Barockbaukunst mit einer unversehrten Silbermannorgel. – Die Liebfrauenkirche von Guebwiller mit der Himmelfahrt Mariä des Bildhauers Fidelis Sporer im Choroval ist vom Stil des französischen Klassizismus geprägt (unten rechts).

Das Münster von Thann, dem Ortspatron St. Tiébaut geweiht, wirkt mit seinem hochragenden spätgotischen Chor wie ein Reliquienschrein. Die Westfassade ist mit über 500 Figuren eines der reichsten Steinmetzensembles in Frankreich. Thema der Szenen des Mitteltympanons ist das Marienleben.

Der Rhein fließt bei Breisach im Grand Canal (oben rechts), während im eigentlichen Flußbett nur noch das Restwasser des sogenannten Altrheins verblieben ist.

Neu-Breisach mit seinen wuchtigen Festungsmauern (rechts) ist eine von Marschall Vauban unter König Ludwig XIV. erbaute, auf dem Reißbrett entwickelte Festungsstadt, die als Bollwerk Frankreichs gegen Deutschland und die Festung von Altbreisach gedacht war.

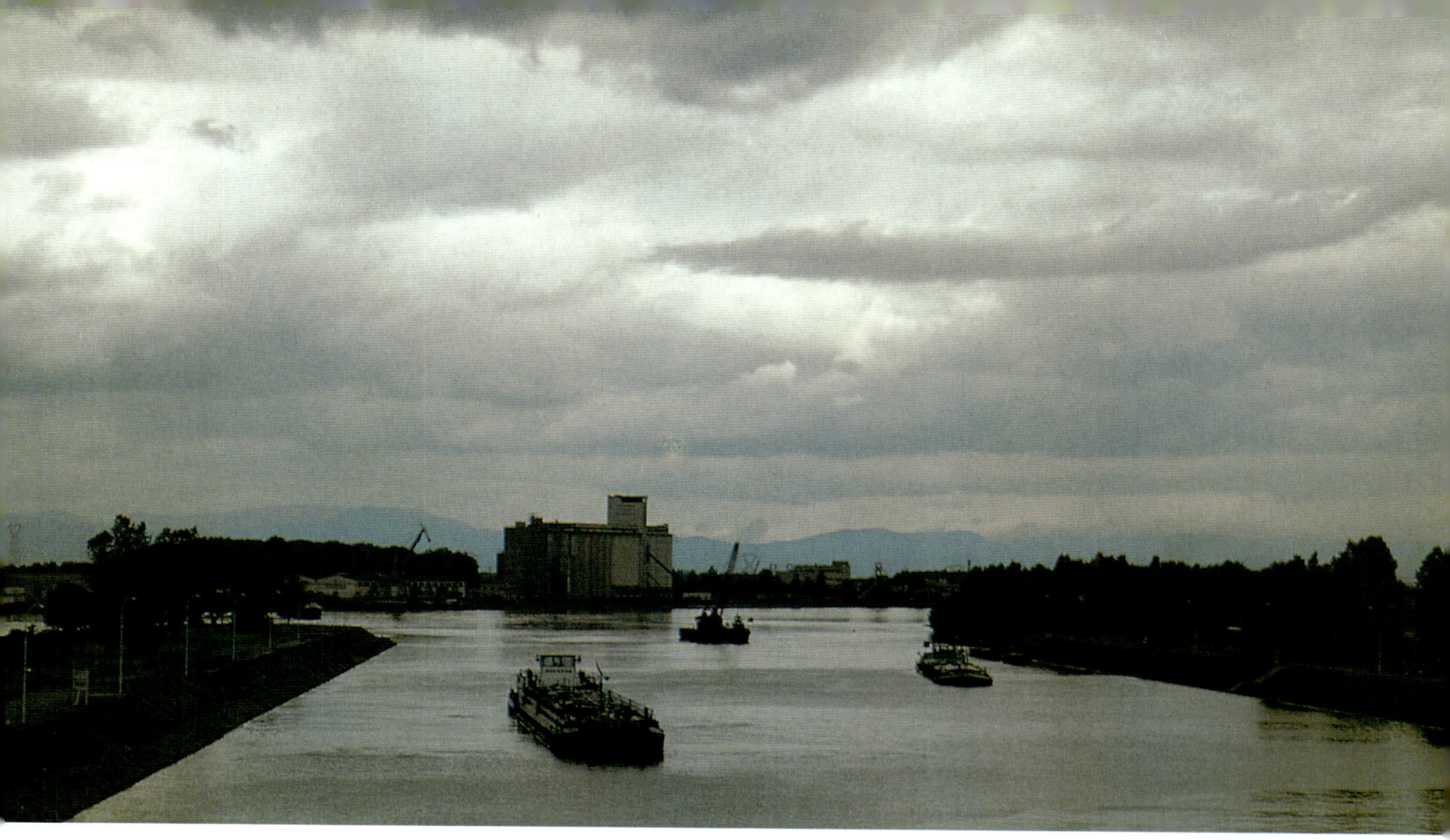

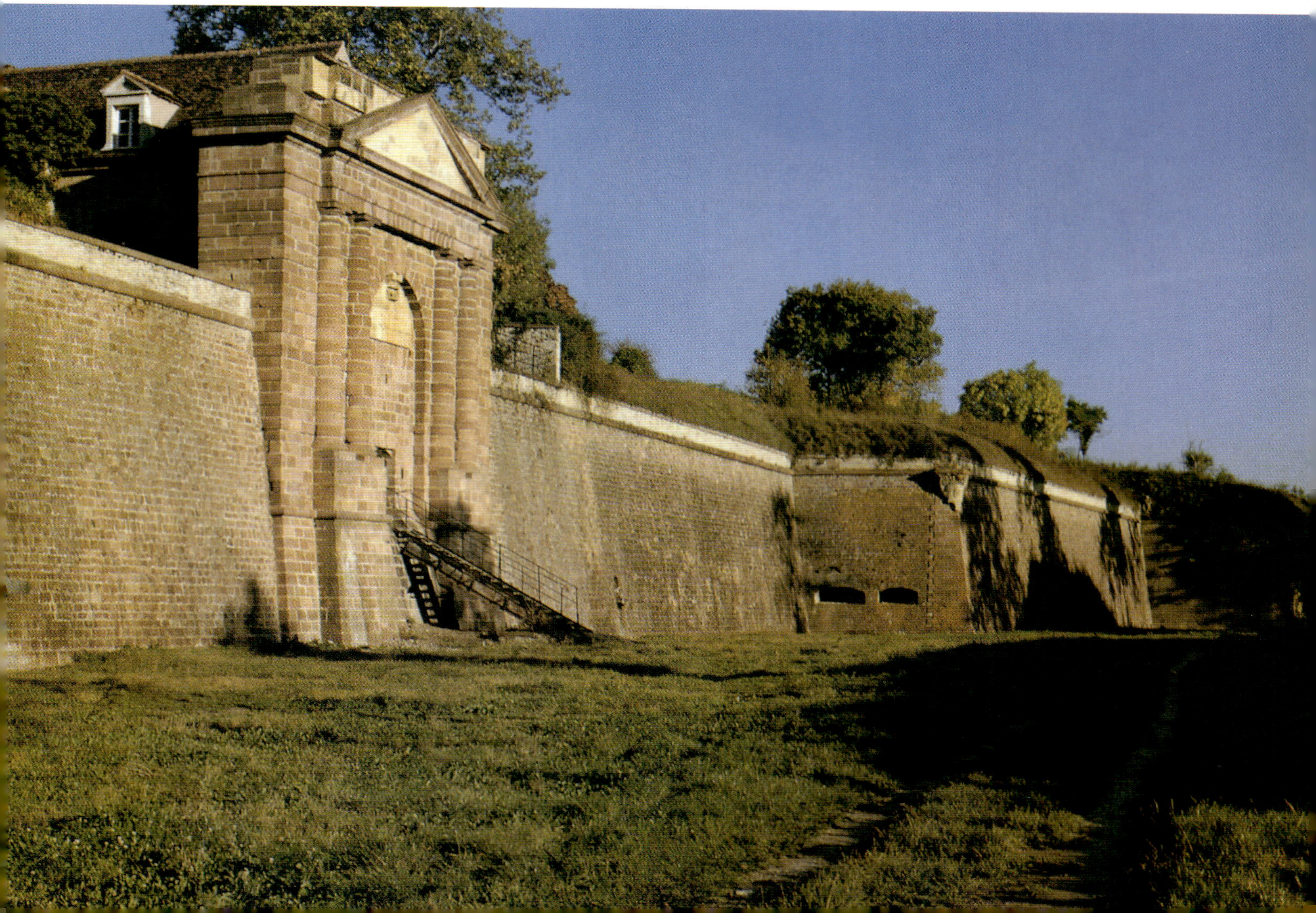

Der Sundgau

bildet den Abschluß des Elsaß im Süden.
Das Gebiet zwischen Belfort und dem Rheinknie gehörte im frühen Mittelalter den Grafen von Ferette. Unterhalb der Ruine von
Hohenpfirt, einst eine der wichtigsten Burgen im elsässischen Jura (links), liegt das
Städtchen Ferette (Pfirt).

Die Grafen von Ferette waren auch die
Stifter des Benediktinerinnenklosters in Feldbach, dessen Kirche in schönen Romanik-
formen beeindruckt.

Altkirch, der Hauptort des Sundgaus, geht
zwar auf eine Burg der Grafen von Ferette
zurück, das heutige Stadtbild ist jedoch
meist von klassizistischen und neugotischen
Bauten bestimmt.

Von Mulhouse lohnt sich ein Abstecher zur Burgundischen Pforte, die von der Festungsstadt Belfort, die bis zum Krieg von 1870/71 zum Elsaß gehörte, bewacht wird. Wahrzeichen der Stadt ist der 11 m hohe „Löwe von Belfort" (links), ein Werk des Colmarer Bildhauers Bertholdi.

Die Wallfahrtskapelle Notre-Dame-du-Haut in Ronchamp, 21 km westlich von Belfort auf einem Vogesenausläufer gelegen, kann krönender Abschluß einer Fahrt durch das südliche Elsaß sein. Die Betonkirche von Le Corbusier ist als überzeugendes Beispiel moderner Kirchenarchitektur weltberühmt.

In der Schweiz

markiert im Rheinhafen von Basel der Pylon mit den Zeichen von Frankreich, der Schweiz und Deutschland die Stelle, an der die Grenzen dieser drei Länder mit alemannischer Sprache und Kultur sich treffen.

Am Rheinhafen liegen auch die Gebäude der großen Schweizer Chemie- und Pharmaziefirmen.

Wahrzeichen der Basler Altstadt sind die Doppeltürme des Münsters oberhalb des linken Rheinufers. Während die Westfassade gotische Formen zeigt, ist das weit ausladende Mittelschiff noch von der Romanik geprägt.

Basels Altstadt hat viele Gesichter. Den Gemsbergplatz schmückt ein Brunnen mit dem Bronzebild der Gemse. Das Spalentor ist ein Rest der mittelalterlichen Stadtbefestigung. Den Marktplatz beherrscht das spätgotische Rathaus mit seiner Fassadenmalerei aus dem 17. Jh.

Der Spiesshof mit seiner reichen Gliederung ist der schönste Renaissancebau Basels und des ganzen Oberrheingebietes. In diesem Stadtpalast spiegeln sich ebenso wie in der stolzen Fassade des Wildtschen Hauses am Petersplatz (rechts) der Reichtum und das Selbstbewußtsein Basler Patrizierfamilien.

Rodins Bronzegruppe der „Bürger von Calais" ist ein Glanzpunkt des Basler Kunstmuseums. – Die Barfüßerkirche (heute historisches Museum) besitzt den höchsten gotischen Chor der städtischen Kirchen.

Der Wenkenhof (links) zeigt besonders an seiner Rheinfront
klassizistische Formen. – Das Theater ist ein Werk moderner
Stahlbetonarchitektur (1975).

Basel war immer eine wohl-
habende Stadt. Im Mittelalter
entsprang der Reichtum der
Patrizier und Kaufherren der
Bedeutung der Stadt am Rhein
als wichtigem Handels- und
Umschlagplatz. Heute prägen
vor allem die großen Chemie-
konzerne wie Sandoz, Ciba
Geigy und Hoffmann La Roche
die Wirtschaft der Stadt. Die imponierenden Stahlbetonbauten
der Verwaltungs- und Fabrika-
tionsanlagen dieser Firmen in
unmittelbarer Nähe des Rheins
bedeuten eine latente Gefahr
für den Strom, dessen Rein-
haltung inzwischen auch den
Konzernen ein Anliegen ist.

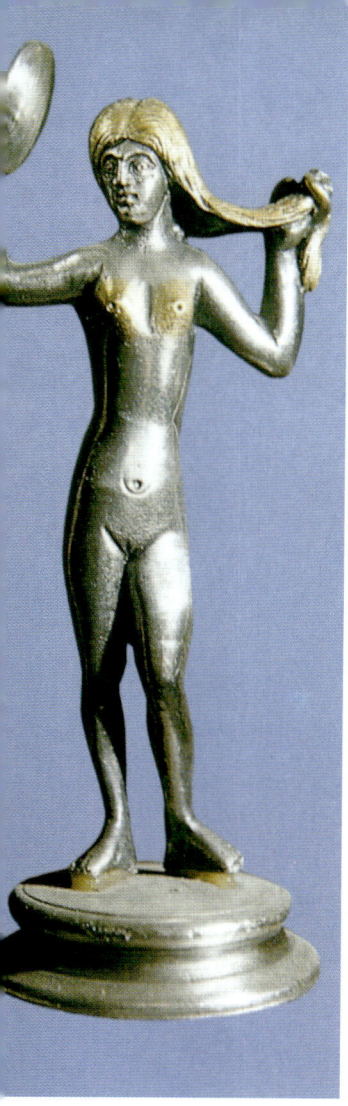

Die römische Vergangenheit
des Basler Gebietes präsentiert
sich eindrucksvoll in den Theater- und Tempelanlagen von Kaiseraugst (Augusta raurica), dessen Museum
vor allem durch die Stücke des spätrömischen Silberschatzes berühmt ist.

Von der reichen Vergangenheit des Basler Umlandes zeugen auch seine Burgen. Die Habsburg, Stammsitz und Ausgangspunkt der Habsburger, ist nur als Ruine erhalten; die wahrhafte Anlage der Lenzburg (rechts) läßt erkennen, wie die Burg durch Jahrhunderte immer wieder verändert wurde.

Die Kyburg (links und unten) mit der freskengeschmückten Burgkapelle war einst Aufbewahrungsort der Kleinodien des Heiligen Römischen Reiches Deutscher Nation.

Das Wasserschloß Bottmingen (17./ 18. Jh.), der barocke Dom (17. Jh.) von Arlesheim und das malerische Liestal mit seinen bemalten Häuserfassaden sind lohnende Ausflugsziele im Gebiet von Basel-Land.

Im Aargau hat sich in
Städten wie Zofingen,
mit seinem
Nicolas-Thut-Brunnen,
viel von der alten
Bausubstanz an Häusern
mit den für das Gebiet
charakteristischen
Walmdachgiebeln
erhalten.

Oberhalb der Aare, die dem Gebiet den Namen gab, liegt Aarau mit seiner malerischen Altstadt. Vor dem Rathaus mit seinem typischen Giebel steht als Brunnenfigur eine „Justitia".

Das Aarekraftwerk bei Aarau (links) nutzt den Fluß zur Stromerzeugung.

Der Blick auf die Stadt Laufenburg, die der Hochrhein
als Landesgrenze in einen deutschen und Schweizer Stadtteil
trennt, ist ein bei Fotografen wie bei Malern,
z.B. Hans Thoma, beliebtes Motiv.

Das Turmhotel in Bad Zurzach ist ein Wahrzeichen dieses
größten Thermalbads Europas.

Ein zweiter Anziehungspunkt von Bad Zurzach ist die Wallfahrt zur hl. Verena, deren Grab die Wallfahrtskirche mit dem hochragenden gotischen Chor birgt. Der barocke Hochaltar paßt sich harmonisch in den Rahmen der gotischen Gewölberippen ein.

Die Stadt Schaffhausen besitzt eine malerische Altstadt, deren von reichgeschmückten Bürgerhäusern gesäumte Straßen und Plätze mit ihren Brunnen zu geruhsamem Schlendern förmlich einladen.

Überragt wird der Ort von der Stadtfestung Munot (unten), während der Rheinfall vor der Stadt (folgende Seite) einen besonderen Anziehungspunkt für jeden Besucher und einen Höhepunkt jeder Hochrheinfahrt bildet.

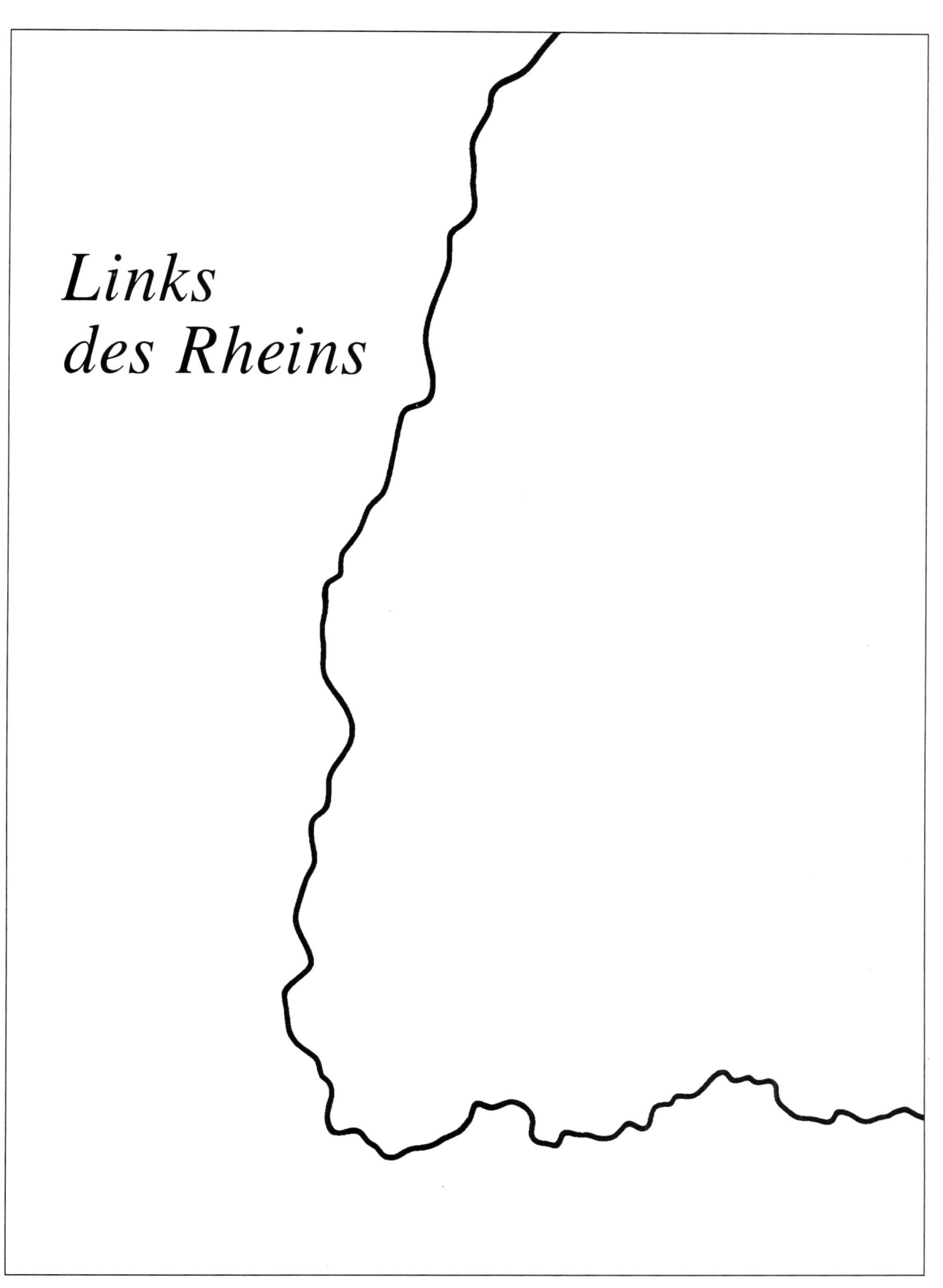

*Links
des Rheins*

Geschichtsträchtiges Colmar

Dem Kreis Freiburg-Hochschwarzwald gegenüber liegt das Département Haut-Rhin (Oberelsaß), das von der Schweizer Grenze bis Sélestat (Schlettstadt) reicht. Hauptstadt ist Colmar, dem auf der gegenüberliegenden Rheinseite Freiburg entspricht; verbunden sind beide Städte durch die „Grüne Straße", die führende Querverbindung des Oberrheintales. Colmar ist die schönste Stadt des oberen Elsaß, reich an Geschichte und Kunst.

Die Hauptstadt des Oberelsaß liegt in der Mitte zwischen Straßburg und Basel. Im Westen berührt ihr Weichbild die rebenbedeckten Ausläufer der Vogesen; im Osten blickt man auf die Ebene in Richtung Neu-Breisach, das der Festungsbaumeister Vauban gegenüber Alt-Breisach auf elsässischem Boden angelegt hat. Durch neuere Industrieviertel gelangt man in die Colmarer Altstadt, die den ehemaligen Reichsstadt-Charakter immer noch bewahrt. Durch die Stadt fließen mehrere Wasserläufe, die das Gesicht Colmars mitbestimmen. Neben der von hier aus schiffbaren Ill sind es die aus dem Gebweilertal kommende Lauch und die aus dem Thannertal kommende Thur. Die Fecht aus dem Münstertal fügt den Mühlbach bei.

Blick in die Altstadt

Als Hauptverkehrsweg durchquert die Grand'Rue die historische Mitte Colmars. Vorbei am Geburtshaus des napoleonischen Generals Rapp (er hatte den Kaiser vor dem Rußlandfeldzug gewarnt) erreicht man einen der schönsten Plätze der Stadt, die Place du Marché aux Fruits (Obstmarkt), an welcher der prächtige Bau des Koifhüs (Kaufhaus) steht, auch Ancienne Douane (Altes Zollhaus) genannt, 1480 errichtet und einst politischer und wirtschaftlicher Mittelpunkt Colmars. Der mächtige Rechteckbau trägt ein hohes Walmdach mit buntglasierten Ziegeln, die ein Rautenmuster wiedergeben, wie man sie in den Ländern Österreichs liebte, zu denen auch Colmar einst gehörte.

Die Hauptportale zeigen denn auch den Doppeladler. Eine Halle im Erdgeschoß diente als Warenlager und Gebührenzahlstelle. In der oberen Etage tagten die Stadtverwaltung und das Gericht, dort war auch der Versammlungsraum für die Abgeordneten der „Dekapolis", deren Wappen die Fenster zieren. Die Dekapolis war ein Zehnstädte-Bund und fühlte sich nur dem Kaiser des Heiligen Römischen Reiches verpflichtet. Zum Zehnstädte-Bund, den man mit der Hanse vergleichen könnte, gehörten als Interessen-Gemeinschaft außer Colmar die Städte Weißenburg, Hagenau, Rosheim, Oberehnheim, Schlettstadt, Kaysersberg, Türkheim, Münster und das heute pfälzische Landau.

Im 16. Jahrhundert wurden dem Koifhüs zwei weitere Baukomplexe angegliedert, die dem Handel dienten: die Große Metzig und das Eisenhaus (Münzanstalt). Das Dach der Metzig ist über einer kunstvollen Treppe baldachinartig vorgezogen. Im Winkel steht eine Siegessäule Karls V., gekrönt von einer Kugel nebst Vorrichtung für eine Leuchte. Ein Anbau auf drei weitausgreifenden Arkaden trägt eine Holzgalerie, flankiert von einem Treppenturm, dessen Obergeschoß aus Fachwerk gebildet ist.

Geht man durch die „Laube" hindurch, so kommt man auf die unregelmäßige Place de l'Ancienne Douane, die ringsum von historischen Gebäuden umgeben ist. Der Blick fällt auf einen der zahlreichen Brunnen, die der Colmarer Bartholdi geschaffen hat, den Schwendi-Brunnen. Das 1898 errichtete Denkmal eines bärtigen Mannes in der Montur des 17. Jahrhunderts steht auf einer Steinsäule inmitten des Brunnenbeckens; die eine Hand ruht am Degenknauf, die andere hält dem Beschauer Zweige mit Weinblättern und Trauben entgegen. Es handelt sich bei dem Dargestellten um den Kaiserlichen Feldhauptmann Lazarus von Schwendi, einen Schwaben, der den Tokajer an den Oberrhein und ins Elsaß gebracht hat, eine Schlüsselfigur also für einen der weingesegnetsten Landstriche Europas. Der Geharnischte mit den Rebzweigen wird dem Gast Colmars nicht nur

Lazarus von Schwendi. Kupferstich 17. Jh.

durch Bartholdis porträtechte Statue hinter dem Koifhus nahegebracht. Auch ein volkstümliches Weinlokal nahe der Rue des Tripier (Straße der Kuttelmetzger) erinnert an den kaiserlichen Feldherrn und Diplomaten: die Wistub (Weinstube) Schwendi.

Die Auffassungen der „Wein"-Gelehrten über die Tat des Feldhauptmanns gehen allerdings auseinander. Manche behaupten, Schwendi halte auf dem Colmarer Denkmal gar nicht die Tokajer-, sondern die Ruländertraube in der Hand. Diese wird im Elsaß tatsächlich als „Tokajer" bezeichnet, eine Edelweinsorte des Oberrheins von Schwere und Aroma, die aus Frankreich kam. Andererseits pflanzte man im 18. Jahrhundert im Elsaß eine geringwertige Rebe namens „Tokajer" an, die 1766 wegen ungenügender Qualität amtlich verboten wurde.

Die Rue des Marchands (Straße der Kaufleute), die von der Grand'Rue abzweigt, ist eine der großartigsten Kulissen im Stadtbild Colmars. Die Häuser, jedes eine Individualität, sind reizvoll gegeneinander versetzt und scheinen sich an Originalität übertrumpfen zu wollen. Hier vereint sich Wohlhabenheit mit Bürgerstolz, handfeste Tüchtigkeit mit ausgewogenem Kunstsinn, und all dies auf elsässische Manier. Die Erdgeschosse sind immer aus Stein. Das Fachwerk der darüberliegenden Stockwerke ist mit „Strohlehm" angefüllt, ei-

ner Mischung von Stroh und Lehm, die meist um die innerhalb des Fachwerk verkeilten Eichenscheite „gewickelt" wurde; vielfach bildet das Gebälk das Andreaskreuz. Die Architrave sind mit figürlichen und vegetabilen Schnitzereien verziert. Auf stattliche Portale wird Wert gelegt. Türsturz und Pfosten sind meist reich dekoriert; das gleiche gilt von den Fensterumrahmungen. Beliebt sind Holzgalerien im Oberstock, gewissermaßen hölzerne Loggien, außerdem vielgestaltige Erker und bei besonders aufwendigen Häusern Treppentürme. Auch auf die Gestaltung der Innenhöfe, in die man von außen Einblick hat, wird großer Wert gelegt. Im Sommer dürfen die Blumen, meist Geranien, nicht fehlen.

In der Rue des Marchands gelangt man dort, wo die Straße sich nach platzartiger Ausweitung verengt, zu einem Gebäude, besser: zu einem Gebäude-Konglomerat, das in der vielfältigen Gestalt seiner Außenansicht alle anderen Bürgerhäuser übertrumpft. Dieser erste und schönste Bau der Frührenaissance im Elsaß (1537), das berühmte Pfisterhaus, besteht eigentlich aus drei eng aneinandergerückten Bautrakten. Rechter Hand, an der Ecke der Rue Mercière, steht auf einer Reihe von Rundbögen das erste Haus des Terzetts mit steilem Dach und Dachreiter. Als zweiter der drei Bauten schmiegt sich ein achteckiger Treppenturm an, mit Fachwerk im obersten Teil und darüber einem glockenförmigen Helm. Als dritter und ältester Trakt folgt eines der üblichen elsässischen Fachwerkhäuser. Geradezu als Wahrzeichen des Hauses ist am äußeren Eck ein holzgeschnitzter bärtiger Mann angebracht. Als Erbauer des Pfisterhauses wird der Hutmacher Ludwig Scherer genannt. Handwerk hatte damals wirklich einen goldenen Boden.

Gegenüber dem Pfisterhaus zweigt die Schongauergasse ab, gleich am Anfang steht das Huselin zum Swan, in dem der Maler Martin Schongauer gewohnt haben soll. Einige Schritte weiter steht man vor dem Geburtshaus des Bildhauers Friedrich August Bartholdi (1834-1904), des Schöpfers der Freiheitsstatue in New York. Das Haus ist heute Museum mit den originalen Wohnräumen und einer reichen Dokumentation von Bartholdis Schaffen. Von der Rue des Marchands ist der Weg nicht weit zur Rue des Têtes (Kopfstraße), genannt nach dem Haus der Köpfe (1605), deren viele masken- und fratzenhaft an der Fassade zu sehen sind. In der Maison des Têtes befindet sich ein weithin renommiertes Restaurant mit elsässischer Küche.

Drei Großkirchen

Wahrzeichen Colmars ist der 76 Meter hohe Südturm des Martinsmünsters. Der wuchtige Turm hatte ursprünglich einen gotischen Spitzhelm, doch nach einem Brandunglück erhielt er eine Renaissance-Haube mit zweifachem Kranz zierlicher Wasserspeier, einer Krone ähnlich.

Das Martinsmünster steht am Platz einer spätottonischen Basilika, deren Fundamente 1971 entdeckt wurden. Nach einer Nachfolgekirche im 12. Jahrhundert schufen Bürgerschaft und Stiftskapitel den noch heute im wesentlichen erhaltenen frühgotischen Baukörper. Als Meister wird ein gewisser Humbret angesehen, der, wahrscheinlich in Frankreich ausgebildet, auch am Straßburger Münster mitgearbeitet hat. Man will ihn in der Statuette eines Mannes mit Winkelmaß und Reißbrett erkennen, die man als vierte von links neben 13 weiteren Bildnisstatuen am Säulenportal des südlichen Querhauses sieht. Im Giebelfeld ist eine Nikolauslegende festgehalten. Der hl. Bischof von Myra schenkt armen Mädchen goldene Kugeln für die Aussteuer; die Freude drückt sich in ihren Mienen aus. Das Hauptportal des Martinsmünsters zeigt im Tympanon die Anbetung der Könige sowie das Jüngste Gericht. Die den Portaltrakt krönende Reiterfigur des hl. Martin ist Kopie; das gotische Original steht im Colmarer Museum Unterlinden.

Das feierliche Innere der Kirche ist dreischiffig. Pfeiler und Säulen tragen abwechselnd die Arkaden. Ohne das sonst übliche Zwischenglied einer Zwerggalerie öffnen sich darüber die Lichtgaden. Meister Humbret besorgte hier vor allem die gotische Einwölbung. Von ihm sagt man, er habe der Gotik in Colmar zum Sieg verholfen. Der ungewöhnlich lange Chor besitzt hinter dem Umlauf einen Kapellenkranz, wie ihn bereits die Normannen zu romanischer Zeit in den Großkirchen der Normandie eingefügt hatten.

Das einstige Prunkstück des Martinsmünsters, die 1475 von Martin Schongauer gemalte „Maria im Rosenhag", war (ein Parallelfall zum Raub der „Mona Lisa" aus dem Louvre) gestohlen worden

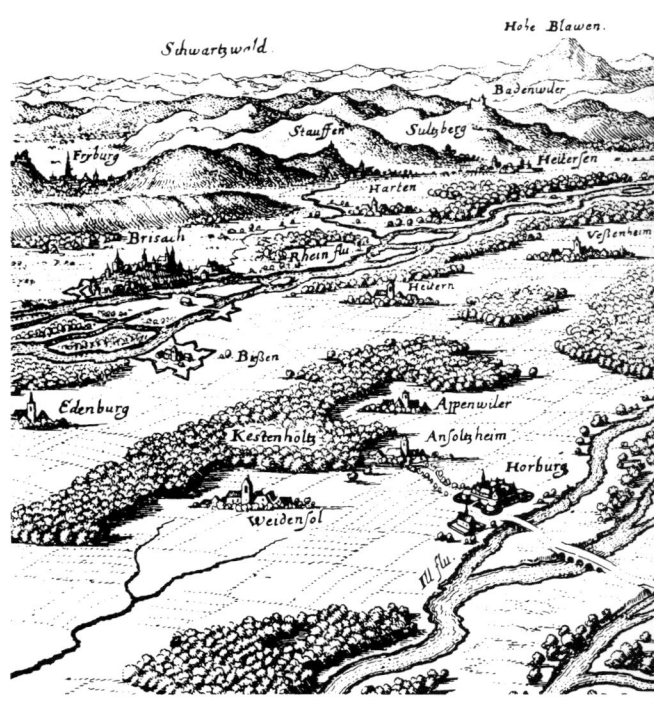

und blieb 16 Monate verschwunden, bis man das Bild 1973 glücklicherweise in Lyon wiederfand. Jetzt ist es in der Dominikanerkirche zu besichtigen.

Die in der Nähe befindliche Dominikanerkirche hält sich an die bei den Predigerorden geltende Regel der Einfachheit und Klarheit. Doch trotz – oder gerade wegen – der Sparsamkeit der Bauformen ist die einstige Klosterkirche von außen wie von innen von großer Wirkung. Das dreischiffige Innere gleicht in seiner Großräumigkeit einer Halle. Die sechs Arkaden ragen auf schlanken Säulen ohne Kapitele bis zur Flachdecke auf.

Zum Teil erhalten sind Farbfenster, die zu den bedeutendsten des Elsaß zählen und sich mit denen Straßburgs messen können. Über dem Südportal sieht man Themen aus dem „Hortus Deliciarum" (Garten der Wonnen) der dichtenden Äbtissin Herrad von Landsberg, u.a. das Bildnis Agnes' von Hergheim, der Mitbegründerin von Unterlinden, der einstigen Behausung der Dominikanerinnen.

Zur Zeit kann man nur den Chorraum der Kirche besichtigen, in dem sich die nach hier verbrachte „Maria im Rosenhag" Schongauers befindet. Das Bild war ursprünglich breiter und höher, wurde aber später für einen barocken Rahmen zugeschnitten und 1865 neugotisch umrahmt. Zum

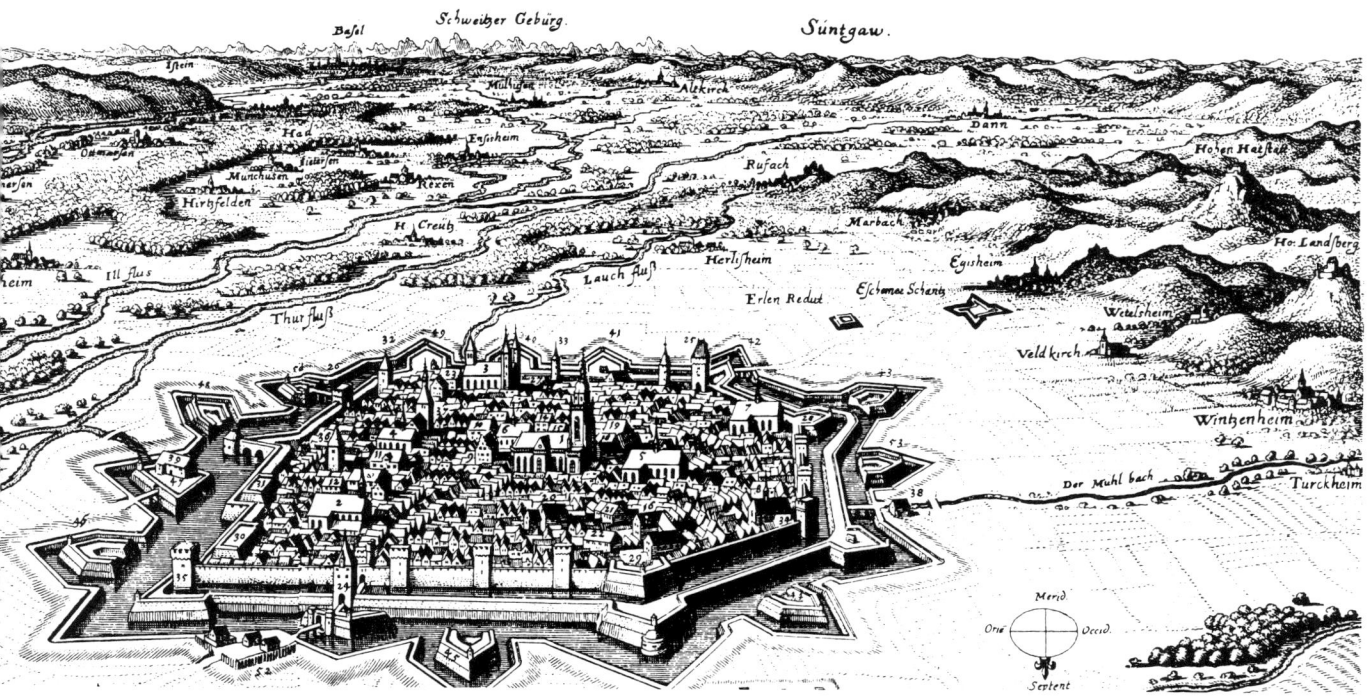

Glück gab es in Boston eine Kopie, so daß man zumindest weiß, wie das Bild ausgesehen hat. „Maria im Rosenhag" ist 1473 entstanden. Die Gottesmutter mit dem Kind auf dem Arm sitzt auf einer Steinbank vor einem Rosenhag mit buntgefiederten Vögeln in prächtigem rotem Mantel, dessen Saum sich auf einem Erdbeerbeet ausbreitet. Zwei blaugekleidete schwebende Engel, stilistisch schon der Renaissance nahe, halten eine kunstvoll gefertigte, mit Preziosen bedeckte Goldkrone über das Haupt der Madonna. Der Hintergrund prunkt in Gold. Das Marienbild ist das bedeutendste vor Dürer, Grünewald und Holbein, auf die es nicht ohne Einfluß geblieben ist. Man hat von der „deutschen Sixtinischen Madonna" gesprochen.

Die ehemalige Franziskanerkirche Saint-Mathieu, die heute dem evangelischen Gottesdienst dient, liegt an der Grand'Rue. Der schmuckarme Bau, 1292-1350 entstanden, hat respektable Ausmaße. Das schlichte Äußere ist durch lange, schmale Spitzbogenfenster gegliedert. Im Innern gehen Achteckpfeiler in Arkaden über, ähnlich der Dominikanerkirche. Ein großes, aus einem Stück Holz geschnittenes Kruzifix wird Peter von Andlau zugeschrieben, der auch das Kaysersberger Kruzifix gefertigt hat. Eine Bereicherung für Saint-Mathieu stellt die 1734 eingebaute Silbermannorgel dar.

Ansicht von Colmar mit Blick ins Oberelsaß und auf den Breisgau. Kupferstich (1644) von M. Merian

Museum Unterlinden

Unter den zahlreichen Kunststätten des Elsaß, die ein vorrangiges Interesse finden, stehen an der Spitze das Straßburger Frauenhausmuseum und das Colmarer Museum Unterlinden. Dieses wiederum verdankt seine Anziehungskraft in erster Linie dem Isenheimer Altar von Matthias Grünewald. Von vielen anderen Sammlungen unterscheidet sich Unterlinden dadurch, daß die Exponate in einem Gebäude untergebracht sind, das als ehemaliges Frauenkloster selbst ein Kunstwerk ist und noch dazu von sakralem Charakter. Das Museum beschränkt sich nicht auf bildende Kunst, sondern bietet Beispiele der verschiedensten künstlerischen Sparten und archäologische Funde. Nach dem Louvre in Paris hat die Colmarer Sammlung unter den Museen Frankreichs den meisten Zulauf.

Der berühmte Isenheimer Altar ist unter dem Spitzbogengewölbe des Kapellenchors aufgestellt, und zwar ohne andere Objekte, so daß gleich beim Eintreten der Blick auf die herrlichen Tafeln fällt.

Da man den Altar, ein aus mehreren Teilen beste-hendes Polyptichon, für das Publikum nicht ständig auf- und zuklappen kann, um alle Motive sichtbar zu machen, hat man ihn auseinandergenommen und die Tafeln hintereinander separat angeordnet, zu jeweils einzelner Betrachtung. Einen guten Gesamtüberblick gewinnt man von der Empore aus.

Der Altar hat seinen Namen von dem ehemaligen Antoniterkloster in Isenheim (heute Issenheim), etwa 30 km südlich von Colmar, für das er angefertigt wurde. Das dortige Kloster, von dem nur einige Reste erhalten sind, hatte seine größte Bedeutung im späten Mittelalter unter den Hofmeistern (Präzeptoren) Jean d'Orliac aus Savoyen (1460-1490) und Guido Guersi aus Sizilien (1490 bis 1516).

Die Antoniter waren ursprünglich eine Laienbrüderschaft, die unter der Protektion Papst Urbans II. stand, des Erweckers der Kreuzzugsbewegung. Der Orden, der sich der Krankenpflege widmete, unterhielt Hospitale für die Bedauernswertesten der damaligen Menschheit: die Pestkranken. Die Seuche forderte mehr Opfer als die Kriege und entvölkerte ganze Landstriche. Das Schlimmste für die Betroffenen: von den Gesunden wurden sie gemieden, ja ausgestoßen. Die Antoniter nahmen sie, bei eigener Ansteckungs- und Lebensgefahr, auf und betreuten sie ärztlich. Eine medizinische Ausbildung war für sie obligatorisch.

Der Orden nannte sich nach dem im Jahre 250 in Oberägypten geborenen Eremiten Antonius, der als der früheste Einsiedler gilt. Er hat der bildenden Kunst Europas mit seinem tapferen Widerstand gegen die Versuchung ein dankbares Motiv geboten. Ihm, dem Patron der Haustiere, ist das Schwein zugeordnet, weswegen die Antoniter das Privileg hatten, aus öffentlichen Mitteln ein Schwein zu unterhalten. So ist das Schwein auch auf dem Isenheimer Altar dem Heiligen beigegeben.

Zur Therapie des Isenheimer Hospitals gehörte der heilsame Schock, den man durch die plötzliche Konfrontation mit der Darstellung des Leidens erreichen wollte. Doch zugleich sollte die Hoffnung auf Erlösung durch die christliche Heilserwartung erweckt werden. Da die irdische „Genesung" bei dem furchtbaren Gebrechen kaum zu erwarten war, wiesen die Antoniter weniger auf das Heil im Diesseits als vor allem im Jenseits

hin. Darauf sollte die grandiose Bilderfolge des Altarwerkes hinzielen, und Guersi konnte hierfür keinen genialeren Maler verpflichten als Matthias Grünewald. Der Auftraggeber ließ dem zuvor in Aschaffenburg tätigen Meister freie Hand. Und dieser hat für Isenheim etwas geschaffen, was es in der Malerei und in der bildlichen Wiedergabe christlicher Thematik bisher nicht gegeben hat.

Bei der Schöpfung Grünewalds handelt es sich um einen sogenannten „Wandelaltar", d.h. man konnte die verschiedenen Tafeln des Polyptichons einem mehrfachen Wandel unterziehen, entweder geschlossen, halboffen oder offen zeigen, wie es die liturgischen Gegebenheiten jeweils erforderten. Ein kleines Modell an der Fensterwand des Ausstellungsraumes macht dies deutlich.

Geschlossen blieb der Altar an Wochentagen. Da sahen die Kranken, die man vor die Bilderwand geführt hatte, den Gekreuzigten, und zwar in einem nie dagewesenen krassen Naturalismus, dem sie entnehmen sollten, daß ihre eigenen Leiden von denen des Gottessohnes noch weit übertroffen würden. – Bei der ersten Öffnung des Altars, die man an Sonn- und niederen Feiertagen vornahm, treten anstelle apokalyptischer Stimmung Bilder von strahlender Freude: nicht mehr die Mater Dolorosa vor ihrem gemarterten Sohn, sondern die liebreizende Gottesmutter mit dem Kind in paradiesischer Landschaft, über ihr Engelscharen, die jubelnd zu Gottvater hoch über den Wolken emporschweben. Während der linke Seitenflügel die Verkündigung zeigt, wiederum ganz unkonventionell, sieht man auf dem rechten als triumphalen Höhepunkt Christi Auferstehung, die mit Himmelfahrt und Verklärung zu einer einzigen Apotheose wird, eingefaßt in eine riesige Gloriole in den Farben des Regenbogens. – Die zweite Öffnung, die für hohe Festtage und vor allem auch für den Kalendertag des Schutzpatrons der Antoniter galt, ließ Schnitzfiguren des Straßburger Hagenauer, darunter die Statue des hl. Antonius Eremita, in Erscheinung treten. Die seitlichen Tafeln bringen wiederum Kompositionen Grünewalds. Der Akt der Verführung auf dem rechten Seitenflügel zeigt nicht das Motiv der Betörung des Heiligen durch Sinnenlust, wie es vor allem die Maler des Rokoko darboten, sondern eine fast schon surrealistische Szene: den Überfall abstoßender Höllengeister, vor deren vehementem Ansturm der Heilige zu Boden sinkt. Und dann als Gegenstück des gemalten Mysterienspiels: Antonius begegnet in der Einsamkeit einer imaginären Landschaft einem anderen Eremiten; zwischen beiden kauert eine Hirschkuh, Zeichen des Friedens. Antonius im blauen Gewand der Antoniter stützt sich auf einen Krückstock, den „Antoniusstab".

Aus der Fülle weiterer Ausstellungsstücke von Unterlinden, allesamt erster Güte, sind Tafelbilder Schongauers vom Orliac-Altar (1470) zu nennen. Man findet sie unter der Empore der Kapelle. Ein zweiter großer Beitrag Schongauers ist der Altaraufsatz der Dominikanerkirche Colmars ungefähr aus der gleichen Zeit. Beachtung verdienen auch neun erhaltene Tafelbilder Caspar Isemanns, des-

sen Haus in der Rue des Marchands noch gezeigt wird. Er ist der dritte der drei Großen der in Colmar vertretenen Maler.

Man darf von Colmar nicht scheiden ohne einen Besuch im Viertel Klein-Venedig (Petite Venise). Von der St.-Peter-Brücke blickt man auf die von Weiden und Büschen umrahmte Lauf, eine Vue romantique. Die dörflich wirkenden Häuser und die Fischernachen spiegeln sich im Wasser. Als Hintergrundprospekt sieht man die hohen Dächer der Altstadt sowie den Turm von St. Martin. Das Hôtel du Maréchal bietet auf seiner Rückseite den bezaubernden Blick auf La Petite Venise.

Südliche Weinstraße

Der Reiz Colmars liegt auch in seinem westlichen Umland, dort, wo der Anstieg der Vogesen beginnt und ausgedehnte Rebfelder sich an den Fuß des Gebirges schmiegen, gewissermaßen das Spiegelbild des badischen Anbaugebiets jenseits des Oberrheins. Der südliche Teil der Elsässischen Weinstraße, die bereits in Bas-Rhin (Unterelsaß) beginnt, führt ins Gebirge der Regio, wobei die Weindörfer sich um Colmar häufen, Ribeauvillé (Rappoltsweiler), Riquewihr (Reichenweiher), Eguisheim (Egisheim) und viele andere.

Die älteste Anbauweise des Weins im Elsaß war die Laubenerziehung, bei der man die Reben über Pergolen ranken ließ wie heute noch zum Teil in Südtirol. Später verwendete man Rebstöcke wie im Rheinland oder man zog die Rebgirlanden über Drähte, die man von Pfahl zu Pfahl spannte. Den Abtransport der Ernte besorgten Esel. Die Fässer waren im 18. Jahrhundert zugleich Kunstwerke mit Verzierungen an der vorde-

ren Faßwandung, die Bezug nahmen zu Rebe und Trinkvergnügen, wie man im Colmarer Museum Unterlinden sehen kann, oder auch im Elsässischen Wein- und Weinbau-Museum im Château de la Confrérie Saint-Etienne in Kienzheim. Man hielt bereits etwas auf Güte des Rebensaftes. Der Stadtrat von Oberehnheim verbot „gemeine Sorten". Daß gefiederte Traubendiebe ein Problem darstellten, beweist ein Relief der romanischen Abteikirche von Andlau: Ein Winzer vertreibt mit einer Schleuder einen Star.

St. Urban und seine Weine

Über die elsässischen Weinbauern wachte von jeher St. Urban, ein Papst aus der Zeit der Verfolgung der Kirche und Schutzpatron der „Jünger des Bacchus". Man trifft sein Bild in vielen elsässischen Weindörfern an; besonders eindrucksvoll ist

Sankt Urban, Patron der Winzer

eine Skulptur des 18. Jahrhunderts im Elsässischen Museum zu Straßburg; Urban trägt oft die Tiara und hat ein Buch in der Hand, auf dem Trauben liegen. Dem Wein-Heiligen sind Volksfeste und Flurgänge gewidmet. Der Winzer der Weinstraße sieht im Wetter des Urbanstages (25. Mai) noch heute ein Vorzeichen für die Güte des Rebjahres. Man hält sich an den Spruch: „Het Sankt Urwe Sunneschin, / Git's im Herbscht e guete Win."

Besonders typisch für die im Elsaß angebauten Weine ist der wuchtige Gewürztraminer mit seinem eigenwilligen Bouquet. Er entstammt einer kleinbeerigen Traubensorte. Besonders eignet er sich für eine Trockenbeerenauslese von hoher Qualität. Auch der bereits um 500 im Elsaß nachgewiesene Muskateller nimmt am Fuß der Vogesen einen besonderen Rang ein. Mit seinem feinen Fruchtgeschmack ist er ein delikater Begleiter zu einem anderen Landesprodukt: dem Käse. Was man im badischen Markgräflerland Gutedel nennt, heißt linksrheinisch Chasselas: ein leichter, bekömmlicher Tischwein. Den Chasselas vermischt man mit dem frischen, fruchtigen Silvaner zum

Edelzwicker, der auch in der Bundesrepublik sehr gefragt ist. Er kommt auch in anderen Verschnitten vor, ist aber rein und immer durchgegoren (= herb). Der Clevener heißt im Elsaß Pinot, wobei man den herben, ausgeglichenen Pinot blanc vom kraftvollen Pino gris unterscheidet, jenem gleichfalls weißen Spitzenwein, der auch als Tokay d'Alsace bekannt ist. Ein ‚Vetter' des Pinot blanc ist der Auxerrois, der Schwere und Geschmeidigkeit miteinander verbindet. Im 18. Jahrhundert erschien der Riesling, ein geradezu feuriger Wein, der sich im Geschmack vom rechtsrheinischen Riesling sehr unterscheidet. Spitzenweine, die auf bestimmten Böden wachsen, erhalten von der Appellation d'Origine Controllée das Prädikat „Alsace Grand Cru" (Elsaß großer Jahrgang).

„Ein willkommener Atem durch's ganze Land, Trauben mit jedem Schritt und Tage besser. Jedes Bauernhaus mit Reben bis an das Dach, jeder Hof mit einer großen, vollhangenden Laube, Himmelsluft, weich, warm, feuchtlich, man wird auch wie die Trauben rein und süß in der Seel." Diese Worte Goethes von 1779, adressiert an Frau von Stein, haben auch heute ihre Gültigkeit.

Die Elsässische Weinstraße schlängelt sich durch einen Streifen trockenen Lößbodens von 150 km Länge und 20 km Breite, der sich am Hang der Vogesen entlangzieht, Höhen bis zu 450 m erreicht und über den in kurzen Abständen freundliche Ortschaften mit Fachwerk und Erkern, Holzbalkonen und immer wieder Blumenschmuck und Rebgirlanden ausgestreut sind. In über 100 Gemeinden widmen sich etwa 50 000 Familien

Der Kellermeister. Holzschnitt (1493) in dem in Straßburg gedruckten Buch „Vom Nutz der Dinge"

144

dem Rebgeschäft; etwa 30 000 Winzer bearbeiten 13 000 Hektar Rebfläche, bis zu 11 Monaten im Jahr. Den fast ausschließlich weißen Wein „schönen" sie nicht durch Zusätze. Sie halten auf Reinheit und auf einen herb-würzigen Charakter. Die schlanken grünlichen Flaschen (Flûtes d'Alsace) werden von großen und kleinen Privaterzeugern in allen Weindörfern feilgeboten. Manche Hersteller präsentieren als Verpackung für mehrere Flaschen eine Papphülle in Form eines Elsaßhauses.

Zentrum und Hauptmarkt der elsässischen Weinlandschaft ist Colmar. Die rege besuchte Weinmesse findet in der 1. Augusthälfte statt. In der heutigen Hauptstadt des Oberelsaß verkaufte man schon im 16. Jahrhundert jährlich etwa 93 000 Hektoliter Wein, den man auf der Ill verschiffte und der u.a. nach England, Skandinavien, Polen, Bayern, Württemberg und in die Rheinlande ging.

Die südliche Weinstraße beginnt bei Saint-Hippolyte, das im 14. Jahrhundert Stadtrechte erhalten hat. Der Ort ist reich an Häusern des 16. und 17. Jahrhunderts, vor allem in der Mittelgasse. Zu den Resten der Ummauerung gehört auch ein Rundturm. Die dem Namengeber geweihte Kirche stammt aus der späten Gotik, hat aber einen klassizistischen Glockenträger. Von einer Silbermannorgel aus Kloster Murbach ist das Gehäuse noch vorhanden. Im Unterlindenmuseum steht aus Saint-Hippolyte ein hölzerner Reliquienschrein mit Walmdach, dessen Firstkamm mit Fialen bekrönt ist; die den Schrein zierenden Strichmalereien auf Goldgrund zeigen biblische Szenen und die Legende des Ortsheiligen.

Im Gewann „Fröhnle" des Weinortes Bergheim hat man den römischen Mosaikboden einer Villa gefunden, den man jetzt im Lapidarium des Unterlindenmuseums sieht. Bergheim hat viel Mittelalter bewahrt, darunter fast die ganze Stadtmauer mit den Wehrtürmen. Eine malerische Kulisse mit Fachwerkhäusern bietet der langgestreckte Markt mit barockem Rathaus und Brunnen. Die Kirche Nôtre-Dame entstammt dem 18. Jahrhundert. Heinrich VII., einer der Interregnum-Herrscher, die auf die Staufer folgten, belehnte das vermögende elsässische Haus Rappoltstein mit dem 1312 zur Stadt erhobenen Weinort. Das Colmarer Museum besitzt ein Tafelbild aus der abgebrochenen Templer-Kapelle Bergheims; es stellt den Drachentöter St. Georg dar.

Stadt der Pfeiferbrüder

Das weitaus größere und vielbesuchte Rappoltsweiler (Ribeauvillé) trägt den Namen „Stadt der Pfeiferbrüder", da sich im Mittelalter Pfeifer, Bänkelsänger und Gaukler jeweils am 1. Septembersonntag hier eingefunden hatten. Die „varenden Liute" traten auf Kirchweihfesten auf, boten aber auch ihre Kunst den hohen Herren an. Da es schon damals so etwas wie ein Berufsethos gab, strebten die Zünftigen unter ihnen nach einem zunftmäßigen Zusammenschluß, nach einer „Fachschaft der Fahrenden", und zwar in Form des in der Ritterzeit üblichen Lehnswesens.

So gründeten die rechtlosen, sich aber für ehrlich haltenden Spielleute des Elsaß im 14. Jahrhundert eine „Pfeiferbruderschaft", der sich nach und nach fahrende Leute aus dem ganzen Oberrheingebiet zwischen Vogesen und Schwarzwald, Basel und Hagenau angliederten. Sie schlossen sich zu einem großen Verband zusammen, wobei sie sich als Lehnsherrn den mächtigen Grafen von Rappoltstein (Ribeaupierre) erkoren. Die Rappoltsteiner trugen nun jahrhundertelang den Titel „Pfeiferkönig".

Den Rappoltsteinern unterstellten sich die fahrenden Leute vertrauensvoll, wodurch sie höheres Ansehen und Schutz erhielten. Der am längsten regierende Habsburger, Kaiser Friedrich III., sanktionierte 1481 den Lehnsvertrag. Das Grundgesetz der Pfeifer (so nannte man die Fahrenden insgesamt) enthielt 26 Artikel mit der Präambel: „Kein Blas-, Saiten- oder irgendein anderer In-

Rappoltsweiler/Ribeauvillé. Kupferstich (1644) von M. Merian

145

strumentenspieler kann gegen Lohn spielen, solange er nicht in die Brüderschaft der Musikanten des Elsasses aufgenommen worden ist."

Das Hauptquartier der Fahrenden in Rappoltsweiler war das heute noch am Sinnplatz stehende Hotel zur Sonne mit Holzgalerie und Treppenturm im Hof. Unter Glockenläuten zog man zur Pfarrkirche, voran Trompeter und Trommelschläger, dann der Fahnenträger der Bruderschaft und hinter ihm der vom Grafen ernannte König-Stellvertreter, eine Krone auf seinem Hut. Es folgten – auf Distanz – die Mitglieder des Zunftgerichts. Nach feierlicher Messe begab man sich hinaus in die Waldeinsamkeit der Marienkapelle von Dusenbach (heute steht dort ein späterer Bau), um der Schutzherrin der Pfeifer eine pfundschwere Kerze zu überbringen. Das Gnadenbild war von dem kreuzfahrenden Kapellengründer Egenolf von Rappoltstein 1221 aus dem Orient mitgebracht worden. Nach dem weihevollen Gang bewegte sich der Zug zur Burg hinauf, dem gräflichen Pfeiferkönig Reverenz zu erweisen, wobei reichlich ausgeschenkter Wein floß.

Die Französische Revolution beendete die Einrichtung des Pfeifertags. Doch im 20. Jahrhundert erstand sie wieder neu, als Volksfest mit historischem Hintergrund. Jedes Jahr, am traditionellen Tag (erster Sonntag im September), spielt sich am Ort die älteste Festlichkeit des Elsaß ab, der Rappschwihrer Pfifferday (Fête des ménétriers). Die Plätze, Straßen und Gassen sind flaggengeschmückt, aus den vier Rohren des Renaissancebrunnens vor dem Rathaus fließt Wein. Besucher von beiden Oberrheinseiten drängen sich in der Grand'Rue zusammen, um den Festzug zu sehen, der genau der Anordnung des historischen Pfeiferzugs entspricht, wobei der heutige Graf selber (wohl wegen der gebotenen Gelegenheit prächtiger Kostümierung) mit seinem Gefolge beteiligt ist. Schneidig die Gruppe der Bogenschützen von Rappoltstein. Musikvereine, Fanfarenzüge und Schalmei-Gruppen vertreten neben elsässischen auch schweizerische und südbadische Orte, im Sinne der in der Regio Basiliensis freundschaftlich vereinten Gebiete. Es versteht sich, daß die Partnerstadt von Rappoltsweiler, Landau in der Pfalz, einst eine der Reichsstädte der Dekapolis, mit von der Partie ist. Die angereisten Gruppen zeigen danach ihre artistische Kunst.

Die zahllosen Gäste feiern in den Gaststätten von Rappoltsweiler mit Riesling und Traminer. Mittelpunkt ist die Wistub zum Pfifferhüs in der Grand'Rue; die Frontseite weist einen Erker auf, den eine fast vollplastische Verkündigungsszene ziert. Neben diesem bilden zahlreiche weitere Fachwerkhäuser mit überhängenden Obergeschossen den äußeren Rahmen des Pfeifertags. Von der alten Stadtumgürtung zeugt der Metzgerturm, obenauf eine Balustrade von filigranartigem Maßwerk (13. Jahrhundert), sowie zwei Storchentürme. Durch Zucht sorgte man dafür, daß das elsässische Wappentier nicht nur aus Stoff in den Schaufenstern vertreten ist. Eine Flügelhaube, wie sie, ähnlich der des rechtsrheinischen Markgräflerlandes, in der 1. Jahrhunderthälfte noch zur weiblichen Tracht gehörte, krönt ein spätgotisches Madonnenbild in der 1282 erbauten Pfarrkirche.

Neben dem Pfeifertag gibt es in Rappoltsweiler auch das „Napfkuchenfest" (Fête du Kougelhopf) im Juni und den Weinmarkt im Juli. Ein Winzer mit Bütte heißt als Denkmalfigur am östlichen Ortseingang die Festbesucher willkommen. Übrigens schrieb der Komponist Max von Schillings 1899 eine Oper „Pfeifertag" mit dem Schauplatz Rappoltsweiler und dem symphonischen Zwischenspiel „Von Spielmanns Lust und Leid".

Die Perle des Reblandes

Riquewihr (Reichenweier), an einer Krümmung der südlichen Weinstraße gelegen, ist der Ort, der am schönsten und in sich geschlossensten den Typus des elsässischen Weinstädtchens vertritt und auch am stärksten besucht wird. Man nennt ihn „Perle des Reblandes". Kein überragendes Bauwerk macht seinen Reiz aus, sondern die Totalität der Bürgerhäuser, die zum großen Teil von Winzern bewohnt werden und in vielen Varianten die besonderen Bauformen der oberelsässischen Weinorte aufweisen: ein massiver steinerner Unterstock, darüber vorkragende, mit Fachwerk versehene Stockwerke mit viel Schnitzwerk, Erker und Treppentürme, Höfe mit Holzgalerien und schönverzierte Brunnen.

Den Grundriß Reichenweiers bildet ein Rechteck, das sich nach Westen hin sanft anhebt. Es gibt keinen historischen Stadtkern; denn die ganze Stadt, umgrenzt von den alten Remparts, ist historisch, ein einziges belebtes „Freilichtmuseum".

In den Orten der südlichen Weinstraße findet man sich leicht zurecht, weil jeweils eine Hauptstraße das Gassengewirr durchschneidet. Diese Straßen sind jedoch nicht schnurgerade, sondern weisen leichte Krümmungen auf, oder die Häuser sind gegeneinander versetzt, so daß jegliche Einförmigkeit vermieden wird. Das trifft für Rappoltsweiler ebenso zu wie für Reichenweier.

Die aus dem Mittelalter überkommene „Lange Straße" heißt heute Rue du Général de Gaulle. Sie ist ein städtebauliches Schmuckstück, wie es deren wenige gibt. Der Straßenzug verfügte in früheren Jahrhunderten an beiden Enden über Stadttore, wie man es auch in Marktorten rechts des Rheins wahrnimmt (Waldshut!). Das Obertor im Westen ist das schönste Tor im Elsaß. Der Torturm, „Dolder" genannt, stammt aus der Zeit des Interregnums (1291) und läßt an den Außenseiten noch die Schlitze erkennen, durch die die Ketten der Zugbrücke liefen.

Eigentlich könnte man in Reichenweier jedes Haus vorstellen, wegen der allgemein elsässischen Bauart, doch auch wegen mancher Besonderheit. Sie alle zeugen von Wohlstand seit Jahrhunderten, erklärbar aus dem Fleiß der Winzer, doch auch aus den guten Lagen der Rebflächen. Ein beliebter Wein Reichenweiers ist der „Sporen", den ein alter Elsässer Spruch hervorhebt: „Zu Thann im Rangen, / Zu Gebweiler in den Wannen, / zu Türkheim im Brand, / Wächst der beste Wein im Land. / Aber gegen den Reichenweier Sporen / Haben sie alle das Rennen verloren."

Das Haus Preis-Zimmer (1686) hieß ehemals Haus zum Stern. Im Hof zeigt man noch die historische Trinkstube. Ursprünglich waren Trinkstuben ein Privileg des Patriziats. Beim Erstarken des Handwerks setzten die Gilden trotz Widerstands ihre eigenen Stuben durch. Das war damals im kommunalen Bereich schon eine Art Revolte, und so versteht man auch, daß sich die Reichenweier Winzer am Bauernkrieg zugunsten des „Armen Konrad" beteiligten, was dem Weindorf nach Niederwerfen der Rebellion durch den Herzog von Lothringen schlecht bekam.

Kurz vor dem Obertor hat man linker Hand den großen Komplex der Zehntscheuer vor sich. Ein Gebäude mit dem Namen „Storchennest" (1535) in der Langen Straße ist besonders reich ausgestattet. 1603 fügte man einen Hof hinzu, in dem gedrehte Säulen einen Galerie-Umlauf tragen. Im

Reichenweier. Kupferstich (1644) von M. Merian

malerischen Geviert steht ein Ziehbrunnen, außerdem eine museal aufgestellte Weinpresse. Die abzweigende Rue du Cerf präsentiert in der Hotellerie du Cerf von 1566 die Kopie eines Hirsches in Naturgröße; das Original befindet sich, wie so vieles, im Museum Unterlinden in Colmar. In den vier Stockwerken des Obertor-Turmes ist ein Museum untergebracht, das dem Leben des Weinortes mit all seinen Aspekten gewidmet ist. So sieht man u.a. die Werkzeuge des Faßbinders.

Ein Volksspruch besagt: „Drei Städte in einem Tal / Hat das Elsaß überall." Gewiß trifft dies mehrfach zu, doch besonders dort, wo die Weiß aus Gebirge und Rebhügelland austritt und wo man die Weinorte Kienzheim und Ammerschwihr

Kienzheim, Ammerschwihr, Kaysersberg. Kupferstich (1644) von M. Merian

antrifft. Die dritte der „drei Städt", Kaysersberg, liegt etwas flußabwärts, wo das Tal sich noch nicht zur Ebene hin öffnet.

Der klassische Weinort an der Route du Vin ist Egisheim (Eguisheim) am Fuß der Vogesen und ihrer Vorberge, mit kreisrundem Grundriß, so daß man gesagt hat, es sei wie auf der Töpferscheibe gedreht. Mit dem doppelten Häuserkranz, der dem alten Stadtgemäuer folgt, ist Egisheim konserviertes Mittelalter. Die Gassen zwischen den einstigen Remparts sind ein allseits beliebter Spazierweg mit vielen reizvollen Einzelheiten in der Gestaltung der Hausfronten. Die ehemaligen Zehnthöfe der Klöster bilden heute Zentren der elsässischen Weinkultur.

An der Spitze der Egisheimer Weine stehen Gewürztraminer, Sylvaner, Pinot, Muscat und Riesling. Im „Caveau d'Eguisheim", einer Versuchsstube am Markt, werden diese Sorten, die als berühmteste der großen Weine des Oberelsaß gelten, ausgeschenkt, wobei inmitten des rustikalen Probierraumes, wie auch an anderen Orten, eine riesige historische Weinpresse steht. Mit Wettolsheim konkurrierend, beansprucht auch Egisheim das Prädikat „Berceau du Vignoble Alsacien" (Wiege des elsässischen Weinbergs).

Oberelsässische Baudenkmäler

Das Elsaß insgesamt und namentlich das Oberelsaß ist ungemein reich an Baudenkmälern, und dies vor allem entlang der Orte an der südlichen Weinstraße. Romanik, Gotik und Renaissance sind stark vertreten, während das Barock zurücktritt und nur eine einzige von diesem Stil geprägte Kirche aufweist. Sie gehört dem einstigen Benediktinerkloster von Ebersmünster (Ebersmunster) an; Architekt war der im Schwarzwald vielfach vertretene Peter Thumb. Häufiger findet man den klassizistischen Stil, der, von Frankreich geprägt, anfangs als Régence und später als Empire in Erscheinung tritt. Als das Elsaß Kernland des mittelalterlichen Herzogtums Schwaben und damit ein Teil des Reiches war, traten die Staufer als Bauherren im Stil der Romanik auf, daneben der regionale Hochadel und die Klostergemeinschaften. Später kamen die Städte hinzu.

Am Anfang elsässischer Baugeschichte steht die Klosterkirche von Ottmarsheim im Oberelsaß, nahe dem Rhein-Seitenkanal, ein steinernes Dokument, das innerhalb der europäischen Architekturgeschichte einen führenden Rang einnimmt. Was das Bauschema betrifft, hat die Pfalzkapelle Karls des Großen in Aachen als Vorbild gedient. Ottmarsheim präsentiert sich als „Aachen en miniature" und steht, im verkleinerten Maßstab, an großartiger Konzeption der Pfalzkapelle nicht nach. Die Erhaltung des baulichen Kleinods ist übrigens Prosper Mérimée, dem Autor der „Carmen", zu danken.

Um das achteckige, kuppelbedeckte Innere des Zentralbaus verläuft in drei Ebenen jeweils ein überwölbter Umgang. Die beiden oberen Stockwerke weisen an jeder der Achteckseiten, die zur Mitte des Innenraums offen sind, zwei Säulen auf. Wie in karolingischer Zeit üblich, waren die Wände, Gewölbe und Pfeiler nicht unverputzt, sondern mit Bildern versehen. Petrus, dem zusammen mit

Ottmarsheim. Kupferstich (1644) von M. Merian

Paulus die Kirche geweiht ist, erscheint mehrfach auf teilweise erhaltenen Fresken.

Wegweisend für die Romanik links des Rheins wurde die Säulenbasilika des 981 geweihten Reformklosters von Cluny. Die cluniazensische Bewegung breitete sich überall aus, wo mönchisches Leben praktiziert wurde. Um das Jahr 1000 unterstanden bereits etwa 2000 Klöster mit mehr als 10 000 Insassen dem Mutterkloster und waren regelmäßigen Visitationen durch die Ordensoberen unterworfen. Als cluniazensisches Priorat wurde 1145 von Graf Friedrich von Pfirt die im südlichsten Elsaß gelegene Klosterkirche von Feldbach gegründet, bestimmt zur Grablegung seiner Familie. Die Arkaden im Innern stützen sich teils auf Säulen, teils auf Pfeiler. Der Turm wurde im vorigen Jahrhundert romanisierend erneuert. Hingegen ist in dem Weinort Gebersweiler (Gueberschwihr) das Kirchenschiff „neu", während sich daneben ein viergeschossiger Turm mit Zwillings- und Drillingsfenstern erhebt, der ursprünglich über der Vierung stand und als der schönste romanische Kirchturm des Elsaß gilt.

Das Prädikat des ältesten Kirchturms verdient das Gotteshaus des ehemaligen Benediktinerklosters in Weißenburg, das allerdings im Unterelsaß dicht an der pfälzischen Grenze liegt. Über Türme aus romanischer Epoche verfügen im Oberelsaß Gebweiler, Murbach, Schlettstadt und Kaysersberg. Neben den größeren Kirchen sind auch Kapellen wahre Kleinodien der Romanik, wie die Margarethenkapelle von Epfig (12. Jahrhundert).

Das Lebensgefühl zur Zeit der großen Kaiserdynastien mit ihrer starken Gläubigkeit manifestiert sich auch in einer reichen, phantasievollen Architekturplastik. Hier lassen sich regionale Eigenarten erkennen, geschöpft aus dem Formenschatz der Volkskunst, diesseitig-lebensfroh oder voll Dämonie, expressiv und grotesk. Lehrmeister der Bildhauer waren die Goldschmiede. Doch läßt sich an elsässischer Romanik neben einheimischem ernstem und schalkhaftem Fabulieren die gemeinsame Wurzel christlich-abendländischer Baugesinnung erkennen. Die Bauplastik der Stiftskirche von Andlau verweist auf ähnliche Beispiele der Provence, der Kerbschnitt des Lauterbacher Westportals auf byzantinische Vorbilder, die Blendarkaden Murbachs auf die Toscana.

Eine Besonderheit romanischer Bauten im Elsaß ist die Verwendung verschiedenfarbenen heimischen Sandsteins: rot, gelb und grau. Auch wählte man gerne die Kombination unterschiedlicher Farben und gab damit dem Gemäuer eine eigentümliche Lebendigkeit.

Das Grab der staufischen Stammutter

Eine besondere Vorliebe hegten die Staufer für das Elsaß, u.a. weil ihre Stammutter Hildegard von Egisheim (ca. 1025-1094) einem führenden elsässischen Grafengeschlecht angehörte. Sie war mit Friedrich von Büren, einem kleinen schwäbischen Adligen verheiratet. Beider Sohn Friedrich stieg zum Herzog von Schwaben auf. Die Bergkuppe, auf der er seine Burg erbaute, hatte die Form eines umgestülpten Pokals (althochdeutsch: „Stauf"), wonach er sich „von Staufen" nannte. Die Nachkommen trugen die römisch-deutsche Kaiserkrone, als bekanntester Friedrich Barbarossa.

1892 entdeckte man in Schlettstadt (Sélestat) das Grab der Stammutter Hildegard. Nach dem Tod ihres Gemahls kehrte sie 1054 ins Elsaß heim, starb in Schlettstadt und wurde in der dort von ihr gestifteten Kirche St. Fides (Sainte-Foy) beigesetzt. Im Chor fand man ihre Begräbnisstätte.

Die sterblichen Reste Hildegards waren mit Kalk überstreut, wie es damals bei Opfern der Pest üblich war; dadurch weiß man von ihrer Todesart. Beim Kalküberzug des Leichnams entstand eine Hohlform, die man bei der Entdeckung 1892 ausgoß (ähnlich wie bei den Toten des Vesuvausbruchs 79 n. Chr.) und somit ein lebensechtes Kopfbild Hildegards gewann. Der Abguß des Antlitzes ist von starker Innerlichkeit geprägt. Die Bildnisbüste, die sich heute in Schlettstadts Historischer Bibliothek befindet, gewährt einen Blick auf die Züge eines Menschen der Stauferzeit; nichts Ebenbürtiges ist über die Zeiten hinweg überliefert.

Über der Vierung der Basilika St. Fides erhebt sich ein achteckiger, zweigeschossiger Turm mit einem zuckerhutförmigen Steinhelm. Die Westseite ist zweitürmig, wobei der Südturm vom Blendarkadengeschoß an neueren Datums ist, während man dem Nordturm einen neuen, leicht gebauchten Helm aufgesetzt hat. Das dreischiffige Langhaus endet in drei Apsiden. Dort sieht man neben einem Rollen- einen Bogenfries mit stets wechselnden Konsolenmasken.

Initiale S aus der Handschrift (11. Jh.) mit den Wundern der hl. Fides. Schlettstadt, Humanistenbibliothek

Findet sich am Außengemäuer auch keine Großplastik, so entdeckt man an Portalen und Fenstern doch eine Fülle kleinfigürlichen Dekors, welcher der Gedrungenheit des Gemäuers entspricht. An den Kapitellen, den Gesims-Konsolen, den Kragsteinen der Rundbögen erscheinen archaisch wirkende Skulpturen; manche sind von der Realität so entfernt, daß sie geradezu modern wirken. Die Säulen beiderseits des Hauptportals ruhen auf den Rücken kauziger, etwas verdrossener Löwen, Wappentiere der Staufer (Originale in der Humanisten-Bibliothek). Die Mittelsäulen der Zwillingsfenster sind mit Fabelwesen dekoriert, Ausgeburten böser Träume. Da hält einer in jeder Hand ein Ungeheuer. Ein herabstürzender Dämon legt Vergleiche mit Steinfiguren der altamerikanischen Kulturen nahe. Die kurzgestauchte Figur eines männlichen Engels mit aufgeschlagenem Buch befindet sich in ähnlicher Form an der Abteikirche in Neuweiler (Bas-Rhin). Eine der Säulen ist rundum mit fratzenhaften Köpfen besetzt.

An der Nordseite von St. Fides liegt der Fischmarkt (Marché aux Poissons), in dessen Pflaster Motive von Fischen eingelassen sind. Fachwerkfassaden tragen auf vorkragenden Galerien prachtvollen Blumenschmuck, ortsgemäß in einer Stadt, die sich eines berühmten Blumencorsos (2. Sonntag im August) rühmen kann, mit dem Hauptaugenmerk auf Dahlien. Inmitten des Fischmarkts steht einer der hübschen, ebenfalls blumengeschmückten Rundbrunnen des Elsaß. Im Blickfeld liegt bereits die weiter nördlich aufragende Hauptkirche von Schlettstadt, St. Georg geweiht.

Die Kirche nimmt wahrscheinlich den Standort der ehemaligen karolingischen Palastkapelle ein, in der Karl der Große 775 das Christfest gefeiert hat. Ausgräber haben im Ostteil eine Mauer von 22 Metern Länge freigelegt, von der man glaubt, daß sie zu dieser Kapelle gehörte. St. Georg wurde um 1200 erbaut, erlebte aber manche Veränderung. Man kann Einflüsse der Straßburger Bauhütte feststellen, etwa was die hohen und schlanken Turmfenster betrifft. Die dreischiffige Pfeilerbasilika hat an der Westseite einen 60 Meter hohen Turm. Er wurde öfter erneuert und besitzt gleich St. Martin in Colmar einen Aufsatz mit dem umrahmenden Kranz von Fialen.

Im Innenraum lastet die Steinkanzel von 1552 auf dem Rücken Samsons. Am Kanzelstuhl sieht man vier Kirchenväter; auf der obersten Stufe sitzt, namensgleich mit der Stifterin von St. Fides, die hl. Hildegard, auf den Knien die Bibel und die

Der Humanist Beatus Rhenanus. Kupferstich (16. Jh.) von Tobias Stimmer

Tiara. – Von den 260 ursprünglichen Glasbildern sind 52 erhaltengeblieben; sie waren während des Kriegs auf der Hohkönigsburg ausgelagert und befinden sich jetzt am südlichen Schiff der Kirche. Aus den Jahren 1420-1470 stammend, gehören sie zu den wertvollsten Farbfenstern des Elsaß. Sie erzählen die Legenden der hl. Katharina, Helena und Agnes. – Die Decke der Krypta, Relikt des ersten Bauabschnitts und heute restauriert, ruht auf einer einzigen Mittelsäule, deren Rippen zur pilzartigen Decke ausstrahlen.

Neben den beiden hervorragenden mittelalterlichen Kirchen kommt Schlettstadt besonders wegen der Humanistischen Bibliothek ein hoher Rang zu. Was an bibliographischen Schätzen angesammelt wurde, bezeugt, daß in der Epoche des Humanismus diese Stadt ein führendes geistig-literarisches Zentrum gewesen ist. Im Jahre 1547 erhielt die Bibliothek eine ansehnliche Bereicherung, da der in Schlettstadt geborene Humanist Beatus Rhenanus (1485-1547) kurz vor seinem Tod der Anstalt seinen gesamten Bücherbestand vermachte, darunter 188 Werke, die er von der Sorbonne erworben hatte.

Nordwestlich von Schlettstadt gelangt man am Ufer der Ill in Illhäusern zu einer Oase „Auberge de l'Ill" mit einem idyllischen Park dahinter, der sich am Fluß entlangzieht. Die Eigentümer Haeberlein, zwei Brüder, haben einem der Gerichte ihren eigenen Namen gegeben: Pêce Haeberlin.

Kaysersberg und Turckheim

Kaysersberg, wo sich Wald- und Rebland begegnen, bietet eine der eindrucksvollsten Stadtkulissen des Elsaß, in einem Atem zu nennen mit Reichenweier, Rappoldsweiler und Egisheim, doch durch seine Tallage noch pittoresker als jene. Man ist in der Grand'Rue (heute Rue du Général de Gaulle), die sich durch die ganze Stadt schlängelt, sowie in deren altstädtischen Nebengassen entzückt von Fachwerkhäusern der Gotik und der Renaissance mit geschnitzten Türstützen und (für Kaysersberg bzeichnenden) Fensterbrettern. Von Holzgalerien mit gedrehten Säulchen quillt üppiger Blumenschmuck. Die wechselnde Breite der Straßen und Gassen und das unterschiedliche Dachgefälle von Haus zu Haus, das Nebeneinander von patrizischen Plätzen und lauschigen Win-

keln bewirken eine anmutige Vielfalt in diesem altelsässischen Städtebild. Die Weiß sprudelt munter durch das Kleinstadtareal, unter Brücken und durch Mühlengräben.

Das „goldene Zeitalter" Kaysersberg war das 15. und 16. Jahrhundert, die Scheide zwischen Mittelalter und Neuzeit; damals entstanden die wichtigsten Werke der Architektur und Kunst, die man bei einem Rundgang bewundert. In der Ortsmitte erhebt sich der Turm der Pfarrkirche zum Heiligen Kreuz. Er geht auf den späten Klassizismus (1827) zurück. Ältere Veduten geben den Vorgänger-Turm mit einem spitzen Helm wieder, heute trägt er eine stumpf gewölbte Haube. Die Kirche selber vereint Romanik und Gotik. Das Westwerk bietet einen bedeutenden kunsthistorischen Akzent mit dem romanischen Portal: zierliche Säulen mit Kompositkapitellen tragen die dreifach gestufte Archivolte; im Giebelfeld darunter krönt Christus seine Mutter, eine im Umkreis des Oberrheins häufige Darstellung, so auch im Breisacher Münster. Der Meister Conradus ist in der linken Ecke klein wiedergegeben. Früher hielt man ihn für den kaiserlich-staufischen Kirchenstifter; und von den Rauchfaß-Engeln des Tympanons nahm man an, daß sie in ihren Gefäßen das Geld für den Bau des Gotteshauses darboten. In einer Nische über dem Portal erscheint in „nazarenischer" Süße die Kaiserinmutter Helena, die das Kreuz in Jerusalem aufgefunden hat.

Welcher Reichtum im Innern der dreischiffigen Kreuzkirche! Der goldprunkende Hochaltar, gefertigt von dem Bildhauer Bongart aus Colmar, kennt im Elsaß kaum seinesgleichen. Auf 14 Relieftafeln entfalten sich Passion und Auferstehung. Die Predella zeigt vollplastisch Christus und die Apostel; wie einen Feldherrnstab hält Petrus seinen Schlüssel. Auf die Rückseite der Altartafeln hat Matthis Wuest 1622 die „Kreuzauffindung" gemalt. Unter dem Triumphbogen vor dem Chor mit seinem gotischen Netzgewölbe schwebt ein 4 Meter großer Kruzifixus, der „Große Herrgott von Kaysersberg". Man hatte früher vermieden, das auf 1500 datierte monumentale Bildwerk hier aufzuhängen, da man meinte, es habe „mehrfach Unglück hervorgerufen durch die Wirkung auf schwangere Frauen". Von der übrigen Ausstattung sei vorrangig die Steingruppe des hl. Grabes genannt. Eine Öffnung auf Christi Brust war für die Aufnahme des Sakraments während der Karwoche gedacht. Die „Klagenden Frauen" von Jakob Wirth wurden 1514 hinzugefügt. Trotz gotischer Stilmerkmale ist eine Sitzfigur Jakobus' d.Ä., der die Hände prätentiös ausbreitet, individuell geprägt. Daß man ihn hier findet, liegt nahe; denn Kaysersberg lag auf dem Pilgerweg vom Rhein nach Santiago de Compostela, Jakobs Wallfahrtsheiligtum.

Hinter der Pfarrkirche steht die Michaelskapelle von 1463 mit gotischer Ausstattung, in Fresken und Figurenschmuck, sowie Zunftstangen, die man zur Fronleichnamsprozession einsetzte. Da der zugehörigen Gottesacker nicht ausreichte, hat man die Gebeine in einem Schädelhaus verwahrt, das die Inschrift trägt: „So isch's recht. / Da liegt der Meister bei seinem Knecht."

Im sehenswerten Heimatmuseum wird eine Schreinmadonna von 1380 verwahrt, die man öffnen konnte; das Innere ist hohl und mit Engeln bemalt. Der Schrein diente zur Aufbewahrung von Reliquien. Das Tridentiner Konzil (1545-1563) hat diese Darstellungsform verboten, da man auch ungeweihte Gegenstände hineintat; seither sind die Schreinmadonnen verschwunden.

Am Ausgang des Fecht-Tales liegt Turckheim (Türkheim), eine der zehn ehemaligen Reichsstädte. Von der Ummauerung sind noch Reste erhalten; auch stehen noch drei Tortürme. Der verträumte Ort konnte viel von seiner historischen Kulisse bewahren. Um den Eindruck noch zu unterstützen, lassen die Verantwortlichen an jedem Sommerabend ab 22 Uhr einen Nachtwächter mit Laterne, Horn und Stab die Runde machen, mit dem Ruf: „Han Sori (Sorge) zu Fier und Liacht."

Man fährt auf breiter Straße mit Grünanlagen der Fecht entlang, in Richtung des Münstertales und der Käsestadt Münster. Zunächst hat man noch Rebgelände um sich. Türkheim ist ein führender Weinerzeuger, wobei die Sorte „Brand" einen besonderen Ruf genießt. Rechter Hand liegt dann die langgezogene Stadtmauer, im Sommer belebt durch Tische und Stühle vor Restaurants und Brasserien.

In der Mitte der Mauer lädt einer der Tortürme, die Porte de France, zum Eintreten ein. Hat man den Durchgang passiert, so ist man entzückt von der Ortsansicht, die sich hier bietet. Über die Place Turenne hinweg erblickt man, vom Rathaus angeschnitten, den stattlichen Bau der dreischiffigen Basilika aus dem 12. Jahrhundert, deren Langhaus

klassizistisch ist, da es nach dem Brand von 1839 ein neues Gesicht mit nur einigen alten Zügen bekam. Originales Mittelalter ist der wuchtige Viereckturm mit gotischen Biforien und einem steilen Helm, der sich nach oben achteckig verjüngt und mit einem grüngelben Rautenmuster dekoriert ist.

Das in südlicher Richtung gelegene Pfaffenheim bietet einen Kirchentorso von einmaliger Bedeutung, nämlich den aus dem 13. Jahrhundert stammenden Chor, der sich als reines Zeugnis der Romanik mit Gebersweiler messen kann. An der südöstlichen Außenmauer sieht man merkwürdige Rillen: Dort haben die Winzer ihr Werkzeug gewetzt, nicht nur, um es brauchbarer zu machen, sondern auch als Schutz gegen den vernichtenden Einfluß des Teufels.

Notre-Dame in Rouffach

Die Straße wendet sich nun der Ebene zu und stößt fast an die Lauch, die aus dem Gebweiler Tal kommt. Schon aus der Ferne sieht man die Silhouette des kleinstädtischen Rouffach (Rufach) mit der Kirche Notre-Dame-de-l'Assomption (Mariä Himmelfahrt), die zu den größten Gotteshäusern des Landes und in Teilen auch zu den ältesten gehört; die Querschiffarme mit seitlich angebauten Apsiden gehen ins 11. Jahrhundert zurück. Von den Fassadentürmen ist nur der nördliche fertiggestellt, und dies in der Epoche der Gotik. Über hohen Fenstern schließt er ohne Haube mit einer Galerie ab. Der Vierungsturm mit Spitzdach ist nur im Unterteil original. Beachtenswert am Außengemäuer der Kirche sind teilweise kuriose Figuren. Der hochstrebende Innenraum ist dreischiffig, wirkt aber beim Eintreten wie ein einziges Schiff, weil die Arkadenbögen auf kräftigen Säulen ruhen und die Seitenschiffe stark verdecken. An der nördlichen Arkadenreihe steigt eine Marienleuchte gleich einem Sakramentshäuschen dreistöckig fast bis zu den Lichtgaden auf. Kleine Meisterwerke sind die Konsolenfiguren der Chorrippen.

Von der West- und Südseite der Marienkirche hat man eine bezwingende Sicht auf die anschließende Place de la République mit einem aneinandergereihten Gebäude-Ensemble: Das Alte Rathaus besteht aus zwei parallelen Bauten, das eine mit Voluten-, das andere mit Stufengiebel. Beide Bauten könnten Geschwister sein, doch der eine

Bau stammt aus dem Jahre 1581, während der andere angleichend 1617/18 entstanden ist. Dahinter ragt der Hexenturm (Tour des Sorcières) empor, in dem die unglücklichen, als Hexen angeklagten Frauen bis zum Verhör eingesperrt waren. Rechts etwas vorgerückt steht das stattliche Kornhaus von 1559 mit einem instruktiven kleinen Museum zur Stadtgeschichte.

An der Nordflanke von Notre-Dame erinnert ein Denkmal an den Rufacher Müllerssohn François-Joseph Lefèbre, der unter Napoleon zum Marschall und Herzog von Danzig aufstieg. Bekannt blieb der Rufacher durch seine Heirat mit der gleichfalls elsässischen Catherine Hubscher, die durch Sardous Lustspiel „Madame Sans Gêne" populär geworden ist.

Die Rufacher hatten sich im 16. Jahrhundert einen besonders teuren Gemeindegalgen geleistet. Als die Pfaffenheimer darum baten, dort einen Dieb aufzuhängen, erhielten sie die abschlägige Antwort: „Dieser Galgen wurde mit dem Geld unserer Stadt errichtet. Er dient also nur unseren Bedürfnissen und denen unserer Kinder!"

Die Stadt im „Blumental"

Wo die Lauch das Gebirge verläßt, liegt Guebviller (Gebweiler), die sogenannte „Stadt im Blumental" (Florival). Dem Talausgang folgend, zieht sie sich über eine lange Strecke hin, geteilt in Unter- und Oberstadt, mit zahlreichen alten Häusern. Die Textil- und Maschinenindustrie hat den historischen Charakter des Orts verändert und statt des geschlossenen Stadtbildes von einst eher Traditionsinseln zurückgelassen. Die Rebhänge sind unübersehbar, wo neben den gängigen Sorten ein ortseigener Wein gerühmt wird, der „Kitterle", den man wegen seiner Schwere auch „Wadenbrecher" nennt.

Gebweiler, einst Vogtei der im gebirgigen Hinterland gelegenen Abtei Murbach, wurde oft mit Krieg überzogen. Im 15. Jahrhundert suchten es die „Armagnacs" heim, „arbeitslos" gewordene Söldner des Hundertjährigen Krieges zwischen Frankreich und England. Als sie mit Bombarden und Feldschlangen Gebweiler berannten, war es eine Frau namens Bridt Schikhin (Brigitte Schick), die die Gefahr zuerst wahrnahm, ein Strohfeuer entzündete und die Stadt vor der Zer-

Blick auf Guebwiller. Lithographie (um 1820)

störung bewahrte. Die Armagnacs zogen sich fluchtartig zurück und hinterließen ihre zusammenlegbaren Strickleitern. Diese hängen nun im Innern der Hauptkirche St. Leodegar in Gebweilers Oberstadt.

St. Leodegar (St.-Léger) gehört zur großen romanischen Hinterlassenschaft im Elsaß. Bei der Gotisierung der dreischiffigen Pfeilerbasilika wurden den Pfeilern Halbsäulen angefügt, und Dienste führen nun zur spitzbogig gewölbten Decke hinauf. Die Beifügung weiterer, gotischer Seitenschiffe haben den Innenraum nun fünfschiffig gemacht. Die Kirche hat neben einem mehrgeschossigen Vierungsturm mit achteckigem Steinhelm zwei Fassadentürme, deren südlicher eine Inschrift aus der Französischen Revolution erkennen läßt: „Frei leben oder sterben. Im dritten Jahr der Freyheit 1791."

An der Rue des Dominicains liegt die Klosterkirche des gleichnamigen Ordens als zweiter bedeutender Sakralbau der Stadt. Das dreischiffige Gebäude ist als Schwesterkirche der Église des Dominicains in Colmar leicht erkennbar, schon durch die Arkaden ohne Kapitelle, die weit in die Höhe bis zu den Lichtgaden unter dem hölzernen Flachdach reichen. Die Kirche besitzt einen Glockenturm mit vierzackiger Krone (Ende 15. Jahrhundert). Das Interieur mit idealer Akustik dient im Sommer zu musikalischen Veranstaltungen.

Die Liebfrauenkirche in der Unterstadt ist die dritte wichtige Kirche Gebweilers, Frankreichs klassizistischer Beitrag zur Innenstadtkulisse. Der Architekt Ignaz Ritter aus Bregenz hat die mächtigen übereinandergestellten Säulen der Fassade antiken Vorbildern nachempfunden. Zwischen den Säulenfüßen des darüberliegenden Bauteils stehen lebensgroße allegorische Figuren. Fidelis Sporer aus Weingarten schuf die im Halboval des Chors emporschwebende Jungfrau, noch ganz im bewegten Stil des Rokoko gehalten. – Ein repräsentativer Schloßbau neben der Kirche, Residenz des Fürstabtes von Murnau, stammt von dem im Regio-Raum so vielfach vertretenen Peter Thumb, errichtet 1715/20.

Burgen und Schlösser

Von der Oberrheinebene links des Stroms erblickt man, ähnlich wie auf der rechten Rheinseite, eine Kette von Burgruinen, die über den Weinorten die Höhen der Vorberge krönen. Sie legen Zeugnis ab von der Herrschaft großer und kleiner Herren und deren Bedürfnis, sich durch Mauern zu schützen. Jede Veste hat auch ihre Sage. Am bekanntesten ist hierin die Burg Nideck, vor allem durch Chamissos Ballade vom Riesenspielzeug. Doch die Burg liegt im Unterelsaß, weit nördlich vom Einzugsgebiet der Regio. Das obere Elsaß hingegen nennt die gewaltigste, meistbesuchte Burganlage sein eigen, die Hohkönigsburg (Haut-Koenigsbourg), die man von der Ebene aus, etwa in der Gegend von Schlettstadt, hoch am Gebirgsrand thronen sieht.

Neben den Adelsnestern spielten die Reichsburgen eine besondere Rolle, auf denen die Ministerialen ihren Sitz hatten, die für Kaiser und Könige die Verwaltung des Landes besorgten.

Denkmal der Kaiserherrlichkeit

Ein Musterbeispiel der hoheitlichen Repräsentanz einer Reichsburg bietet die genannte Hohkönigsburg. Die auf der Ostspitze eines 270 Meter hohen Rückens gelegene Veste aus Sandsteinquadern geht auf die Stauferzeit zurück. Als Gründer wird Herzog Friedrich, der Vater Barbarossas, genannt, von dem es hieß, die Burg sei eine der vielen, die er „am Schweife seines Rosses nach sich zog".

Unter wechselnden Eigentümern ging die Burg zweimal in Flammen auf, zuletzt durch die Schweden im Dreißigjährigen Krieg. 1865 kaufte die Stadt Schlettstadt die Trümmer. Kaiser Wilhelm II. plante, nachdem er die Ruine 1899 von der Stadt Schlettstadt zum Geschenk erhalten hatte, aus ihr durch Renovierung ein Denkmal der Kaiserherrlichkeit zu schaffen. Ein Konsortium beriet, welche Zeitschicht man wählen sollte, und man einigte sich auf das 15. Jahrhundert, da aus dieser Epoche noch die meisten Fundamente und sonstige Baureste vorhanden waren. Dem Ergebnis der Wiederherstellung durch den Architekten Bodo Ebhardt, einem Kenner mittelalterlicher Bauweise, kann man die Achtung nicht versagen. Dennoch versteht man das Für und Wider, das die Rekonstruktion entfachte, zumal die erhaltene Bausubstanz auch als Ruine imponierend war.

Man betritt die Anlage durch das Zwinger- und Haupttor. Insgesamt verfügt die Burg über sechs Tore mit Fallgattern und Zugbrücken, die dem bereits eingedrungenen Feind das Fortschreiten erschweren sollten. Durch das Löwentor gelangt man in den eigentlichen Burgbezirk mit dem Burghof, über dem sich weithin sichtbar der Bergfried erhebt. Vollkommen neugestaltet ist der Festsaal im Westbau. Am Kamingitter des Saales liest man die von Wilhelm II. im Jahre 1917 angebrachte Inschrift „Ich habe es nicht gewollt", womit er den Ersten Weltkrieg meinte.

Nahe der Burg befindet sich eine Tierstation des Barons von Turckheim, in der Berberaffen aus Marokko zu sehen sind, die gleiche Art, die man vom Felsen in Gibraltar kennt.

Burgen nördlich von Colmar

In der Nachbarschaft der Hohkönigsburg fällt eine trutzige Veste ins Blickfeld, die noch ihre ursprüngliche Gestalt aufweist: die Burg Ortenberg. Sie hebt sich aus der Vielzahl der Wehrbauten am Vogesenrand durch die atemberaubende Sicht auf Schmalseite, Schildmauer und Bergfried hervor. Die aus Granitquadern gemauerte Burg war um das Jahr 1000 von einem Nachkommen Etichos, des ersten elsässischen Herzogs, erbaut worden, war danach im Besitz der Staufer, der Habsburger und Peters von Hagenbach, des berüchtigten Statthalters Karls des Kühnen von Burgund. Auch diese wurde im Dreißigjährigen Krieg zerstört. – Der hochaufragende, außen fünf-, innen viereckige Bergfried ähnelt auf seinem bergigen Postament einem spitzen Keil. Man denkt, er stürze jeden Augenblick ein. Der Mauerschild schmiegt sich eng um den Burgkern.

Mancher Weinort hat seinen burgengekrönten Hausberg. Rappoldsweiler, die Stadt der Pfeiferbrüder, kann gleich deren drei sein eigen nennen: die Ulrichsburg (nach dem Patron von Augsburg und Mitkämpfer der Schlacht auf dem Lechfeld benannt), den Giersberg und Hohrappoltstein. Letzter Herr von Rappoltstein war Maximilian I. Joseph, der erste König Bayerns. – Als den Herren der Burgen diese zu unbequem geworden waren, bezogen sie in dem malerischen Städtchen unterhalb ihrer Hochsitze ein Schloß, dessen geräumiger Festsaal drei Öfen benötigte. Der Sonnenkönig hat hier im Sommer 1673 zwei Nächte verbracht.

Von zwei Brüdern aus dem Geschlecht der Ribeauvillé, deren einer auf der Ulrichsburg, der andere auf Burg Giersberg hauste, wird erzählt, sie hätten eines Abends ausgemacht, am nächsten Morgen gemeinsam zu jagen. Der zuerst Erwachende sollte den andern mit einem Pfeil in dessen Fensterladen wecken. Der Ulrichsburger, schon früh auf den Beinen, ergriff seine Armbrust, öffnete den Laden, und der Bolzen seines Bruders traf ihn mitten ins Herz.

Auch in Reichenweier hat ein schloßartiger Herrensitz die Zeiten überdauert, ein Renaissancebau mit Treppenturm. Am Gemäuer erinnert ein Wappen daran, daß der Ort und mit ihm Horburg östlich von Colmar zum württembergischen Herzogtum Mömpelgard (Montbéliard) südlich von Belfort (heute Département Doubs) gehörte, ein

Die Hohkönigsburg. Lithographie (1828)

Erwerb durch Heirat im Jahre 1397. In Reichenweier sieht man an alten Mauern und Brunnenstöcken heute noch das Enblem der drei Hirschgeweihe des württemberger Wappens. Die linksrheinischen Besitzungen Stuttgarts waren mit dem Stammland so stark verbunden, daß in der Karlsschule Karl Eugens zur Zeit Schillers auch „französisch sprechende Württemberger" eingetragen waren, nämlich die aus Montbéliard; die aus dem Elsaß sprachen elsässisch.

Burg Kaysersberg

Eine Stauferburg, Sitz der kaiserlichen Vögte, hat Kaysersberg den Namen gegeben. Hoch über dem linken Ufer der Weiß zieht sich die Silhouette der Veste mit ihrem hochragenden runden Bergfried (auf dem heute die Trikolore weht) über den Häusern hin. Das Burggemäuer umschloß einst auch die Stadt; ein Stück davon ist im Westen Kaysersbergs zu sehen. Da das Elsaß Kernland im staufischen Herzogtum Schwaben war, lag es im Interesse der Dynastie, den topographisch wichtigen Stützpunkt im Tal der Weiß zu gewinnen. Reichsschultheiß Wölflin baute im Auftrag der Staufer Veste und Stadt auf und umgürtete beide: „Woelflin construxit Kaysersberg".

Von der Burg aus blickt man auf die Hauptstraße der Stadt, an deren westlichem Ende sich das Geburtshaus Albert Schweitzers befindet: „Ich wurde am 14. Januar 1875 in dem Städtchen Kaysersberg in Ober-Elsaß geboren, in dem Häuschen mit dem Türmchen links am oberen Ausgang des Ortes." Das „Häuschen" mit seinem geschindelten Spitzturm ist heute Museum und erinnert an den Pionier der Menschlichkeit, Urwaldarzt und weltweit bekannten Nobelpreisträger. Ein Rundbogen führt in den kleinen Hof. Dort steht die bescheidene Kirche, in der Schweitzers Vater als Pfarrverweser der evangelischen Diasporagemeinde wirkte, ehe er nach Günsbach im waldigen Münstertal versetzt wurde. Man hat vielleicht mit dem sinnigen Bezug auf Afrika, Palmen aufgestellt. Der Wanderer zwischen zwei Welten, der seine Kraft aus den rauhen Bergen und stillen Tälern schöpfte, hat von sich gesagt: „Ich bin eine hohe Fichte der Vogesen."

Burgen südlich von Colmar

Mittelalterliche Wehrbauten in großer Zahl nimmt man am Vogesenrand südlich von Colmar wahr. Von der Weinstraße, doch auch von der Fernstraße Colmar-Mühlhausen sieht man auf der Höhe drei bezeichnende Türme aufragen, die ursprünglich zu einer einzigen mächtigen Burg gehörten, dem Sitz der Grafen von Egisheim. Zu ihrer Zeit waren sie das vermögendste elsässische Adelsgeschlecht, von dem sich, ähnlich den Rappoltsteinern, auch europäische Fürstenhäuser herleiteten. Die Turmtorsi haben alle eigene Namen, als ob sie nie zusammengehört hätten: Dagsburg, Wahlenburg und Weckmund; man nennt sie auch die „Drei Hexen" oder „Drei Exen". In unmittelbarer Nähe gesellen sich zwei weitere Ruinen einstiger Adelssitze hinzu: Die Hohlandsburg, der viele Ortschaften im Oberelsaß lehnspflichtig waren, steht mit doppelt unmauerten Burggeviert etwa 6 km von den „Exen" entfernt auf einer Hügelkuppe. Kaiser Maximilian hatte die Herrschaft Hohlandsburg dem Heerführer Lazarus von Schwendi zu Geschenk gemacht. Ganz nahe steht die Pflixburg, die einst den Eingang des Münstertals überwachte und bereits im 15. Jahrhundert der Zerstörung anheimfiel.

Aus dem Haus der Grafen von Egisheim kam Leo IX., der einzige Elsässer Papst. Er erblickte 1002 unter dem Namen Bruno in einer Wasserburg im Herzen des Weinortes das Licht der Welt. Nur ein achteckiger Mauerkranz aus Buckelsteinen zeigt den ehemaligen Grundriß an. Von der Bebauung im Innern ist ein Mauertorso, mit Ankern armiert, übriggeblieben. 1903 hat man ihn ergänzt.

Leo hing der Reformbewegung von Cluny an und trat auf Synoden in Italien, Deutschland und Frankreich für die moralische Reinigung der Kirche ein. In der Sache unbeugsam, galt er persönlich als milde gestimmt. Man nannte ihn den „guten Bruno".

Leo/Brunos Leben war bewegt. Er verlor bei Civitate am Monte Gargano eine Schlacht gegen die Normannen und geriet in deren Gefangenschaft. Ein weiteres unglückseliges Datum fällt in das Ende von Leos fünfjährigem Pontifikat: die bis heute fortbestehende Trennung von Ost- und Westkirche, das sogenannte Schisma von 1054. Nach seinem Tod setzte man den Egisheimer Papst neben dem Grab Gregors I. bei, später sprach man ihn heilig.

Das romantisch empfindende 19. Jahrhundert hat seiner verehrend gedacht. 1889 erbaute man neben dem Grafenschloß eine Leo-Kapelle, Romanik aus zweiter Hand auch hier. Ein vergoldeter Silberschrein birgt einen Teil der Hirnschale des hl. Papstes. Das Schloß ist ebenso zum „Monument Historique" erklärt worden wie die etwas oberhalb stehende Kirche (13. Jahrhundert). Bei deren Erneuerung hat man das frühere Westportal an anderer Stelle eingebaut, die bedeutendste kunstgeschichtliche Hinterlassenschaft Egisheims.

Neben Burgen und Schlössern befinden sich am Saum der Vogesen auch ein Schlößchen, mit dem eine merkwürdige Geschichte verbunden ist. Auf halbem Weg von Gebweiler nach Sulz gelangt man zum Herrensitz der Barone von Heerckeren d'Anthès, deren einer nach abenteuerlichem Leben in die Dienste des Zaren Nikolaus I. trat. Er verliebte sich in die schöne, aber dumme Frau eines der größten russischen Dichter, Puschkin. Es kam zum Duell zwischen beiden, bei dem Puschkin den Tod fand. Der Baron floh nach Sulz und machte schließlich noch Karriere unter Kaiser Napoleon III.

Sulz, 700 erstmals erwähnt, war einst mit starken Mauern versehen, von denen noch Reste zeugen. Ein Rundturm läßt die Stückpforten für die Geschütze erkennen. Der Militärorden der Johanniter, der in Sulz eine Kommende unterhielt, ist gleichfalls noch durch Fragmente seines Schlosses aus dem 13. Jahrhundert gegenwärtig. Das gleiche gilt von der Ruine der straßburgisch-bischöflichen Burg in der Nordwestecke der Stadtmauer.

Die Hochvogesen

Schwarzwald und Vogesen erreichen an ihren südlichen Enden ihre größte Höhe. Die Mehrzahl der Geologen nimmt an, daß der Anstieg der Alpen einen Druck nach Norden ausgeübt habe und der gewaltige Schub den nächstliegenden Bereich der beiden Mittelgebirge beiderseits des Oberrheins emporsteigen ließ. Im Südteil der Vogesen trifft man gleich dem Schwarzwald Urgestein an, namentlich Granite und Gneise, während der Nordteil Buntsandsteinschichten aufweist, dazu etliche Porphyrfelsen. Die Vergletscherung von einst hat eine Reihe von Seen entstehen lassen, die zum Bild der Vogesenlandschaft gehören. Auch hier liegt der Vergleich zum Schwarzwald nahe.

Trotz dieser gemeinsamen Strukturelemente zeigen die verschwisterten Gebirge auch erhebliche Unterschiede. Während die Silhouette des Schwarzwalds von Höhe zu Höhe schwingt, stellen die Vogesen sich als langgezogenes Kammgebirge dar, das sich auf einer durchschnittlichen Linie zwischen 1250 und 1300 Metern hält. Auch zeigen sich erhebliche Unterschiede in der Stimmung des Landschaftsbildes. Die Vogesen sind herber, elementarer, an vielen Stellen von erhabener Einsamkeit. Zwar sind sie ebenfalls waldreich, doch in den höhergelegenen Zonen kahl. Die nackten Höhenrücken, auf denen heute noch Sennhütten stehen, verwandeln sich allerdings im Sommer in ein einziges Blumenmeer, wobei der Blick auf teilweise subalpine Pflanzen fällt: blauen und gelben Enzian, Baldrian, Habichtskraut, Rosenwurz, Lupinen und vor allem Narzissen.

Diese sind geradezu typisch für das Elsaß, auch für das Rebland, das den Vogesen vorgelagert ist. Dort gelten sie fast als Unkraut. Als ein Fremder einen Weinbauern zaghaft fragte: „Darf ich ein paar pflücken?", erwiderte dieser: „Nehme Se nur alles mit, des Gelump!" Am Nordostufer des Gerardmer-Sees, des größten der Vogesen, sprießen im Frühjahr Narzissen in Fülle und bilden einen großen gelben Teppich.

Während die Vogesen zum Oberrheintal steil abfallen, gehen sie im Westen sacht ins lothringische Hügelland über. Sie wurden durch gute Straßen erschlossen. Einige sind gleich der Schwarzwaldhochstraße klassische Touristenrouten geworden, so die Route Joffre zwischen Thur- und Dollertal ganz im Süden, die Route Verte im mittleren Vogesenbereich, die Colmar mit Gerardmer verbindet, und als Königin der Straßen die Route des Crêtes.

Route des Crêtes

Französische Truppen haben während des Ersten Weltkriegs die Straße als Munitions-Nachschubweg geschaffen. Sie verläuft von Cernay zum Höhenpaß Col du Bonhomme (949 Meter) und folgt in etwa dem Niveau des Gebirgskammes. Bei Cernay befindet sich ein Deutscher Soldatenfriedhof. Man hat die Gefallenen vom Hartmannsweiler Kopf (956 Meter), dem eigentlichen Gebiet erbitterter Nahkämpfe, nach hier umgebettet. Der Hartmannsweiler Kopf (Vieil Armand) kann von der Route des Crêtes aus auf einer Seitenstraße erreicht werden. Hier und am Col de Linge (986 Meter) hatten sich die Fronten versteift, und noch heute sind Reste der Laufgräben, der Stacheldrahtzäune, der Unterstände zu sehen. Das damals verwüstete Gehölz wuchs nicht mehr nach. Auf dem Soldatenfriedhof Silberloch sind 60 000 Opfer jener Kämpfe beigesetzt. Darüber erhebt sich das von Robert Danis gestaltete Nationaldenkmal „Altar des Vaterlandes", und auf dem Berggipfel steht ein riesiges eisernes Kreuz als Mahnmal des Friedens.

Die Route des Crêtes – insgesamt mißt die Hochstraße 75 km – windet sich durch romantische Waldgebiete zum höchsten Gipfel der Vogesen empor, dem Großen oder Sulzer Belchen, auch Grand Ballon genannt. Mit seinen 1424 Metern muß er zwar dem höheren Feldberg jenseits des Oberrheins den Vorrang lassen, doch wirkt er entschieden „alpiner" als jener. Vom waldlosen Gipfelterrain, das eine Raststätte trägt, blickt man über die hochgelegenen Matten und das Wäldermeer der südlichen Vogesen hinweg auf die Bergkette des Jura jenseits der Burgunder Pforte und an besonders klaren Tagen sogar auf die Alpen, manchmal sogar auf deren höchste Erhebung, den Montblanc. Die Nordseite des Grand Ballon stürzt 483 Meter zu einer Waldschlucht ab, in der sich zwischen Tannen ein Bergsee gebildet hat. Vauban, der Festungsbaumeister des Sonnenkönigs, ließ das Wasser stauen, um damit den Kanal zu speisen, auf dem die Steine zur Errichtung Neu-Breisachs herangeführt wurden.

Um den majestätischen Grand Ballon reihen sich seine Paladine, der Ballon d'Alsace (1250 Meter), der Klintzkopf (1329 Meter), der Hohneck (1361 Meter) der ebenfalls eine großartige Fernsicht bietet. Georg Büchner, der frühverstorbene Autor des „Woyzeck", hat diese höchste Region der Vogesen erwandert und darüber Tagebuch geführt: „Der dritte Tag gewährte uns den herrlichsten Anblick. Wir bestiegen nämlich den höchsten Punkt der Vogesen, den an 5000 Fuß hohen Bölgen (= Belchen). Man übersieht den Rhein von Basel bis Straßburg, die Fläche hinter Lothringen bis zu den Bergen der Champagne, den Anfang der ehemaligen Franche Compté, den Jura und die Schweizer Gebirge, vom Rigi bis zu den entferntesten Savoyischen Alpen ..."

Von Markstein zum Col du Bonhomme

Ein im Winter stark besuchter Höhenort ist Markstein beim gleichnamigen Gipfel (1177 Meter) mit seinen Hotels und Skiliften. Die nach Norden weiterführende Route beschert den Anblick von Tannen- und Fichtenwäldern, von schroff abstürzenden Schluchten und stillen Seen. Manchmal liegt Nebel in den Senken, und nur die Baumkronen schauen hervor.

Kleine Abstecher von der Route des Crêtes führen zu Bergseen von teils freundlich-idyllischer, teils düsterer Stimmung. Die bei Markstein entspringende Lauch ist nach mehreren Kurven zum Lac de la Lauch aufgestaut. Ebenso wurde bei Burg Wildenstein die Thur durch eine Stauwehr zu einem langgestreckten Bergsee erweitert, eine Oase für Angler. Das Seeufer bietet bezaubernde Aspekte auf Wald, Felsen und Wasser. Auch vergesse man nicht, südlich vom Hohneck die hochgelegenen, intimen Seen Schießrot und Fischbödle zu besuchen. Den Rocher Belmont (1272 Meter) umgeben der Weiße und der Schwarze See in einem Höhenunterschied von 100 Metern, geheimnisvolle glaciale Reste. Bizarre Granitwände überragen den Weißen See. Der abgelagerte Quarz am Brund bringt bei hellem Wetter die luzide Färbung hervor, die ihm den Namen gegeben hat. Auch hier hat sich Büchner aufgehalten und eine Impression vermittelt, die an Caspar David Friedrich, Büchners malenden Zeitgenossen, erinnert: „Wir gelangten auf eine über 3000 Fuß hohe Fläche zum sogenannten Weißen und Schwarzen See. Es sind zwei finstere Lachen in tiefer Schlucht unter etwa 500 Fuß hohen Felswänden. Der Weiße See liegt auf dem Gipfel der Höhe. Zu unseren Füßen lag still das dunkle Wasser. Über die nächsten Höhen hinaus sahen wir im Osten die Rheinebene und den Schwarzwald, nach West und Nordwest das Lothringer Hochland; im Süden hingen düstere Wetterwolken, die Luft war still. Plötzlich trieb der Sturm das Gewölke die Rheinebene hinauf; zu unserer Linken zuckten die Blitze, und unter dem zerrissenen Gewölk über dem dunklen Jura glänzten die Alpengletscher in der Abendsonne."

Die Markierungspunkte der Vogesenhochstraße sind die Höhenpässe, vor allem der Col de la Schlucht und der Col du Bonhomme. Der 1159 Meter hohe Schlucht-Paß ist fast ganz von Hochwald umgeben. Eine mächtige Felswand, nach Sankt Martin genannt, stürzt in eine tiefe Schlucht hinab. Hier überquert die Route des Crêtes die Route Colmar-Gérardmer, die in Richtung West den Teufelsfelsen durch einen Tunnel passiert und den Blick auf den vielbesuchten See von Longemer freigibt. Col du Bonhomme, der Endpunkt der Route des Crêtes, ist einer der Vogesengipfel und zugleich ein Luftkurort und Wintersportplatz, von felsigen Hängen umrahmt, und Ausgangspunkt zum Abstieg ins Rebgelände um Kaysersberg.

Man könnte sagen: Alle Vogesenbäche fließen in die Ill. Denn tatsächlich stürzen sie, ob Thur, Lauch, Fecht, Andlau, Gießen oder Bruche, auf die Ill zu, die von der Schweizer Grenze bis Straßburg die Rheinebene durchmißt und das ihr zufließende Wasser in ihrem Bett auffängt. All diese Täler haben ihren besonderen Charakter.

Der bedeutendste Wasserlauf, der sich von den Höhen der Vogesen, nahe dem Col de Hahnenbrunnen (1180 Meter), ostwärts in die Ill ergießt, ist die Fecht mit ihrem anmutigen Tal. An ihrem Ufer liegt ein Ort, der einen Gütebegriff für elsässische Käseherstellung darstellt: Munster (Münster). Die in ganz Europa bekannte Käsesorte, wird teils in den Käsereien der Hochalmen, teils am Orte selbst in dickbauchigen Kupferkesseln schmackhaft hergerichtet. Münsterkäse ist bereits 1532 nachgewiesen. Der Ulmer Prediger Konrad Sohn dankte für die Übersendung einiger Münsterkäse, „die den zu dem seltenen Genuß eingeladenen Freunden so wohl schmeckten, daß sie von dem trefflichen Geschenk nichts übrig ließen".

Unter den kleineren Höhenstraßen der Umgebung findet sich auch eine Rue du Fromage (Käsestraße), die über 30 Molkereien des oberen Münstertals verbindet. Es heißt, der berühmte Käse verdanke sein ausgeprägtes Aroma neben dem besonderen Rezept der typischen Flora der Hochvogesen. Südlich von Münster, zwischen Fecht und Lauch, erhebt der „kleine Bruder" des Grand Ballon sein Haupt: Le Petit Ballon oder Kahler Wasen (1268 m), zu dem man auch von der Straße Gebweiler-Markstein abzweigen kann.

Vogesen-Klöster

Statt der Kulturlandschaft zwischen den Rebhügeln und in der Ebene herrscht in den Vogesen die Naturlandschaft vor. Man erlebt den Zauber einer sich stets wandelnden Bergwelt. Dennoch hat auch der ehemalige Wasgenwald – die früher oft gebrauchte Benennung des Waldgebirges – Zeugnisse der Kultur aufzuweisen, vor allem der sakralen Baukunst, und dies in Form versteckter Klosterkirchen. Sie liegen in Talgründen – Lautenbach und Murbach – oder auf der natürlichen Kanzel eines Bergvorsprungs (St. Odile).

Im Lauchtal zwischen Markstein und Gebweiler verlohnt die romanische Kloster- und danach Stiftskirche von Lautenbach ein Verweilen. Die klösterliche Anlage war zur Zeit Karls des Großen von schottischen Mönchen gegründet worden. Die Mönche widmeten sich neben den geistlichen Pflichten der Bearbeitung des Bodens, legten Wege und Fischteiche an, rodeten Forste und betrieben Mühlen. Während des Investiturstreites im 11. Jahrhundert stand Lautenbach auf der Gegenseite des salischen Kaisers Heinrich IV. Kurz vor dessen Canossagang 1077 zerstörten seine Krieger

die mönchische Klause im Vogesental. Das wiederhergestellte Kloster bestand weiter als Kollegiatsstift bis zur Revolution.

Einzigartig ist die Vorhalle der Kirche, eine der schönsten des Elsaß (1150). Zwei nach außen gerillte Pfeiler tragen die äußeren Bögen, darüber verläuft ein Schachbrettfries. Die Korbkapitelle der Pfeiler im Innern der Vorhalle weisen pflanzlichen Schmuck auf; das rechte Kapitell zeigt zudem vier Kopfskulpturen. Das Portal dahinter wird von spiralförmig und senkrecht gerillten Säulen flankiert. Die Kämpfer darüber bilden zusammenhängende Bänder mit archaisch wirkenden, schwer deutbaren Fabelwesen.

Abzweigend vom Tal der Lauch, bietet sich überraschend der feierliche Anblick der zweiten Klosterkirche. Sie gehörte zur ehemaligen Abtei Murbach. Trotz der Verstümmelung im 18. Jahrhundert bildet der erhaltene Rest ein in sich geschlossenes Ganzes. Dieses steinerne Credo geht auf die frühen Karolinger zurück; Gründer war der hl. Pirmin. Karl der Große nahm nach der Abtei in der Waldeinsamkeit der Vogesen, in deren Umfeld er öfter dem Jagdvergnügen nachging, den Titel „Pastor Murbacensis" an. Sein Vertrauter, der Brite Alcuin, als Vorstand der Aachener Akademie „Praeceptor Francorum", weilte ebenfalls in Murbach, wo er äußerte, er wolle immer dort bleiben.

Kloster Murbach während des Abbruchs. Lithographie (1836)

159

Nach dem benediktinischen Leitgedanken „Ora et labora" (Bete und arbeite) waren die Klosterinsassen unentwegt tätig, so als Goldschmiede und Teppichwirker, doch vor allem in der Fertigung illuminierter Handschriften. Berühmt ist die Niederschrift der „Murbacher Hymnen", die sich, mit kostbaren Bildern versehen, in der Bodleian Library zu Oxford befindet, übrigens eines der frühesten Zeugnisse deutscher Sprache.

Langsam erlahmte der Schwung der Murbacher Mönche. Das lebhafte Gebweiler zogen sie der Verlassenheit im abgelegenen Vogesental vor. Sie betrieben den Umzug in die Stadt und trugen zur Errichtung der dafür notwendigen Bauten das Murbacher Langhaus ab.

Was stehen blieb, ist großartig genug. Man sieht den rechteckigen Chor, die beiden Querschiffarme und auf ihnen zwei Türme; sie sind verschieden hoch und versinnbildlichen das Alte und Neue Testament. Toskanischen Einfluß kann man an hohen Blendarkaden der Chor-Außenseite erkennen, ebenso am Schichtwechsel der gemauerten Bögen. Eines der Kapitelle der das Portal rahmenden Säulen bietet das hübsche Motiv eines Trauben fressenden Fuchses. Eine der Grabtumben im Innenraum ist mit Flechtmuster, Ritztechnik und Kopfmedaillons ohne Gesichtszüge versehen. Der Sarkophag etwa aus dem Jahre 930 verewigt sieben Märtyrer des Ungarneinfalls, der vier Jahre früher stattgefunden hatte.

Mutter des Elsaß

Auf einem 763 m hohen Felsplateau der Vogesen liegt das größte Heiligtum des Elsaß: der Odilienberg, auch als „Heiliger Berg" bezeichnet. Die Geschichte des Wallfahrtsortes, der jährlich von Tausenden von Pilgern aufgesucht wird, beginnt mit einer Legende: Der elsässische Herzog Eticho wollte 622 seine blindgeborene Tochter Odilia töten lassen. Doch Bereswinde, die Mutter, ließ das Mädchen heimlich in ein burgundisches Kloster bringen, wo es bei der Taufe sehend wurde. Später ergriff den Herzog Reue; er schenkte der Zurückgekehrten die Burg Hohenburg (826 Meter) und erfüllte ihren Wunsch, dort ein Nonnenkloster zu gründen, das später den Rang einer Reichsabtei erhielt. Beim Tode Odilias (um 700) – sie war die erste Äbtissin – läuteten weithin die Glocken. Karl der Große und sein Sohn Ludwig der Fromme, die eine Pilgerfahrt zum Odilienberg unternahmen, stellten der Abtei Schutzbriefe aus. 1045 sprach der Egisheimer Papst Leo IX. Odilia heilig.

Die erste schriftliche Dokumentation über die Heilige entstand im 9. Jahrhundert in St. Gallen unter dem Titel „Vita Sanctae Odiliae". Sie wurde dort bereits als Patronin der Augenleidenden bezeichnet, und bei vielen Standbildern, auch auf dem Odilienberg, ist sie mit der aufgeschlagenen Hl. Schrift wiedergegeben, auf der zwei Augen eingeritzt sind. Unter den hochgestellten Besuchern des Odilienbergs war auch Kaiser Karl IV., der sich eine Reliquie von ihr beschaffte und mit nach Prag nahm. Am 6. Juni 1946 wurde der Heiligen durch Papst Pius XII. der Titel „Patronne d'Alsace" verliehen. So liest man auch über dem Eingangstor zur Klosteranlage ALSATIAE MATER. In der Odilienkapelle, in der sie gestorben sein soll, steht ihr Grabtrog.

Hinter Kirche, Kreuz- und Odilienkapelle zieht sich eine Terrasse in Windungen hin, von deren Steingeländer man zu den schroffen Felsen des Odilienberges hinabblickt, aber auch die Weite der Rheinebene mit ca. 150 Ortschaften überschaut, bis hin zu Rhein und Schwarzwald. An der Terrasse stehen zwei zum Kloster gehörende Bauten: zunächst die Tränenkapelle, in der Odilia täglich für das Seelenheil ihres Vaters gebetet haben soll, ein Stück dahinter die Engelskapelle mit modernen, byzantinisch nachempfundenen Engel-Mosaiken. Der kleine Bau „hängt" unmittelbar an einem der Felsabstürze und heißt daher auch „Hängende Kapelle". Aus dem Jahre 1924 stammt ein ans Kloster angelehnter Rundturm, der die 4 Meter hohe Statue der segnenden Heiligen trägt.

Von den Klosterbauten führt ein Weg abwärts zur Odilienquelle, welche die Heilige, wie es heißt, durch eines ihrer Wunder emporsprudeln ließ. Kranke mit schwindender Sehkraft pilgerten hierhin und benetzten ihre Augen.

Goethe hatte von Straßburg aus das Heiligtum auf dem Odilienberg besucht und später in „Dichtung und Wahrheit" berichtet, wie tief sich ihm Name und Erscheinung der Tochter Etichos eingeprägt hatten. „Beide trug ich lange mit mir herum, bis ich eine meiner späteren geliebten Töchter damit ausstattete." Er spielte damit auf Ottilie an, eine der vier Hauptfiguren der „Wahlverwandtschaften."

Zwischen Vogesen und Jura

Das Elsaß war im frühen Mittelalter in Nordgau und Südgau (Sundgau) eingeteilt. Der Sundgau gehörte zur Zeit des staufischen Schwaben allerdings nicht zum Elsaß, sondern zur Grafschaft Pfirt, heute Ferrette, dicht an der Schweizer Grenze. Die Bezeichnung für das Gebiet besteht heute noch, doch ohne präzise staatlich-politische Abgrenzung, mehr als Name einer lieblich-hügeligen Landschaft zwischen Vogesen und Jura, in welcher der Wein nicht mehr die dominierende Rolle spielt, im südlichsten Teil des Départements Haut-Rhin.

Die Vogesen neigen sich hier ihrem Ende zu, in Richtung der Burgundischen Pforte (Trouée de Belfort), doch noch einmal bilden sie eines der stattlichen Täler, die sich zur Oberrheinebene öffnen. Es ist das größte der Vogesentäler und wird von der Thur durchflossen. Nördlich steigt das Gebirge zu den höchsten Höhen auf bis hin zum Grand Ballon, doch auch südlich bemüht es sich nochmals zu einer Höhenlage, die die Tausender-Grenze übersteigt (Roßberg 1191 Meter).

Wo die Thur sich in die Ebene ergießt, liegt Sennheim (Cernay); Caesar schlug dort 58 v. Chr. nach alter Tradition auf dem Ochsenfeld den suebischen Häuptling Ariovist. Als Teil der Grafschaft Pfirt kam Sennheim im Mittelalter an das länderverschlingende Habsburg. Das im Ersten Weltkrieg stark mitgenommene Städtchen hat als Andenken an seine Vergangenheit nur ein Tor über die Zeiten retten können, mit einem Hauptdurchlaß und einer kleinen, schmalen Nebenpforte, die man als „Nadelöhr" bezeichnet. Die zinnenbewehrte Pforte trägt den Namen Thanner Tor, und man gelangt von hier thur-aufwärts zu einem der schönsten und traditionsreichsten Plätze des gesamten Elsaß: Thann.

Thann und sein Münster

Thann ist immer noch von Rebhängen eingekleidet – sein Hauswein heißt „Rangen" –, so daß der Platz manchmal noch der Weinstraße zugerechnet wird. Doch der Weinbau ist nicht das Eigentliche und Einzige, das der Stadt an der Thur ihren Rang verleiht; auch Industrie, Kunst und Touristik spielen eine bedeutende Rolle. Ähnlich wie Gebweiler zieht sich Thann langgestreckt in seiner Talsenke hin. Während auf den südlichen Anhöhen das weiße Lothringerkreuz an die Résistance im Zweiten Weltkrieg erinnert, erhebt sich auf dem nördlichen Schloßberg der Rest der Engelsburg, die 1673 von Turenne, der durch die Burgundische Pforte zum Rhein vordrang, zerstört wurde. Man sieht den Torso eines der gesprengten Türme, der als „L'Œil de la sorcière" (Hexenauge) bekannt ist.

Auch von der Stadtumgürtung drunten im Tal sind zwei Türme erhalten geblieben, der Hexen- und der Storchenturm. Am rechten Ufer der Thur steht die ansehnliche Kornhalle von 1519 mit dem auf vier Ebenen verteilten „Musée des Amis de Thann", das die Stadtgeschichte dokumentiert. Gegenüber dem Museum sieht man auf dem Stock des Winzerbrunnens das Standbild der Fortuna (1571) und das Thanner Stadtwappen.

Wenige Städte fühlen sich mit ihrem lokalen Heiligen so verbunden wie Thann. Ihm verdankt man eines der schönsten Gotteshäuser des Elsaß und Frankreichs: die Wallfahrtskirche St-Thiébaut, die auch als Münster bezeichnet wird. Von Sennheim kommend, sieht man schon von weitem den 76 Meter hohen Turm in den Himmel ragen. Der Bau des Münsters geht auf eine halblegendäre Geschichte zurück.

Anfang des 12. Jahrhunderts kam Bischof Theobald (Thiébaut) von Gubbio in Umbrien zum Sterben. Seinem treuen Diener vermachte er seinen Goldring, den er am rechten Daumen trug. Als der Diener nach dem Tod des Kirchenfürsten den Ring von dessen Finger ziehen wollte, hatte er zu seinem Schrecken auch das obere Glied des Daumens in seiner Hand. Indem er dies als Willen Gottes auffaßte, tat er Ring und Daumen in den Knauf seines Pilgerstabes und machte sich über die Alpen nach dem heimatlichen Lothringen auf den Weg. Ermüdet legte er sich in einem Wald zu Boden und lehnte den Stab an eine Tanne. Als er erwachte und den Weg fortsetzen wollte, ließ sich der Stab nicht fortbewegen, als habe er Wurzeln geschlagen. Auf der Engelburg sah der Graf von Pfirt beim Blick aus dem Fenster über einer riesigen Tanne im Waldtal drei hellglänzende Lichter. Mit seinem Gesinde eilte er zur Stelle der Lichterscheinung, fand den Pilger und sah dessen Stab. Er gelobte, am gleichen Ort eine Kapelle zu Ehren des hl. Theobald zu errichten, und sofort ließ der Stab sich aus dem Boden ziehen. In Gubbio untersuchte man den Leichnam des Bischofs Theobald und stellte fest, daß in der Tat ein Stück des Daumens fehlte.

Im Gedenken an das Wunder wird an jedem 30. Juni auf dem Thanner Münsterplatz ein Fest begangen, bei dem drei geweihte Tannen unter dem Gesang des Tedeums verbrannt werden; das verkohlte Holz soll vor Feuer und Blitz schützen. Im Gubbio veranstaltet man eine ähnliche Zeremonie zu Ehren Theobalds, indem man drei mächtige Kerzen in die dortige Kirche des Heiligen bringt.

Die hohe Verehrung, die man Theobald im Thurtal zuteil werden ließ, bildete den Anlaß zur Errichtung der ihm geweihten Großkirche. Von 1320 bis 1516 hat man an der dreischiffigen, gewölbten Basilika gebaut. Sie ist ein Werk der Spätgotik mit einem Maßwerk, das man wegen seiner „flammenden" Formgebung „flamboyant" nennt, ein Beitrag französischer Bauhütten zur Gestaltung der Details. St-Thiébaut besitzt einen Chor, der an Ausmaß fast der Meterzahl des Langhauses entspricht. Sein steiles Dach überragt dasjenige des übrigen Münsters. – Über die Bauarbeit an St-Thiébaut wird eine hübsche Geschichte erzählt: Die Thanner verwendeten zum Anrühren des Mörtels statt Wasser den jeweils besten Jahrgang ihres berühmten Weines „Rangen".

Das Hauptportal besteht aus einem hochragenden Spitzbogen, der zwei kleinere umfängt. Es ist mit 150 Szenen und 500 Figuren ausgestattet, nicht statuarisch, sondern bewegt. Im Grundton ist die Gestaltenfülle spätgotisch, läßt zugleich aber in ihrer Erzählfreude, ja Drolerie an die Schnitzfiguren am Gebälk der Winzerhäuser, an die bauchigen Fässer oberelsässischer Weinkeller denken. Inwendig ist die Ausstattung mit Figurenschmuck genauso reichhaltig wie am Außengemäuer. Die an einen Pfeiler gelehnte Winzermadonna (16.

Jahrhundert) wurde von der Rebmannszunft gestiftet, was motivisch dadurch zum Ausdruck kommt, daß das Christuskind im Arm Marias schelmisch eine Traubendolde hinterm Rücken versteckt. In der Théobald-Kapelle sieht man zweimal die Sitzstatue des Heiligen.

Mülhausen

20 km von Thann entfernt, liegt inmitten der südlichen Oberrheinebene an Ill und Rhein-Rhône-Kanal Mulhouse (Mülhausen), mit ca. 200 000 Einwohnern die zweitgrößte Stadt des Elsaß. Sie gilt weniger als Stadt der Kunst, sondern vorrangig als das größte Industriezentrum der beiden elsässischen Départements. Vor allem haben Textilherstellung und -bearbeitung (erstklassiges Museum!) seit 1746 Mülhausen weltweit bekannt gemacht und Wohlhabenheit beschert. „Do heert mer d'Räder suse und d'Webstüel schnurre", lautet ein Spruch, „drum di Lyt oi ebs!" (Darum haben die Leute auch was).

1515 war die Stadt als sogenannter „zugewandter Ort" in enge Beziehung zur Eidgenossenschaft getreten. Das Schweizerische ist latent noch spürbar, so auch in der Bauweise, was am Husslin zur Sunnen (15. Jahrhundert) an der Place de la Réunion zu erkennen ist. Die schweizerisch gesinnte Familie Mieg hatte am Oberstock als Fresko den Freiheitshelden Winkelried anbringen lassen, mit

Abstimmung der Bürger von Mülhausen über die Angliederung an Frankreich (1798)

162

den Worten „Freiheit und Eintracht". Die Miegs gehörten auch zu denjenigen, die bei der Abstimmung zur Angliederung an Frankreich 1798 für den Verbleib bei den Eidgenossen votierten.

Hat Mülhausen nur noch eingeschränkt Altstadtmilieu zu bieten, so kann sich die Stadt doch eines Rathauses rühmen, das zu den eindrucksvollsten des Genres zählt, von Montaigne 1580 als „prächtiger goldener Palast" bezeichnet. Die Fassade des Renaissance-Baus weist eine doppelläufige, gedeckte Treppe auf. Das Gebäude enthält ein mustergültiges Historisches Museum.

Bezeichnet man Mülhausen als Museumsstadt, so sind damit vor allem die technischen Sammlungen gemeint, die eine große, fast mit dem Louvre vergleichbare Besucherfrequenz aufweisen. Das Automobilmuseum präsentiert auf einer Fläche von über 20 000 qm mehr als 500 Fahrzeuge von den Anfängen bis zur Gegenwart. Sie sind in sinniger Weise unter Straßenlaternen der Belle Époque aufgestellt. – Das größte Eisenbahnmuseum Europas ist ein ausgedehnter und wuchtiger Komplex mit 1350 Metern Schienenweg. Zu bestimmten Zeitpunkten meint man, die stählernen Riesen der Loks seien im Begriff, gerade loszufauchen, und dann erschrickt man wirklich zutiefst: Plötzlich erfüllt ein stampfender, zischender Lärm die gigantische Halle, eine Pfeife schrillt, Dampf steigt auf. Die Triebwerke einer Lok setzen sich in Bewegung, die Räder drehen sich immer schneller. Die Lok ist nämlich angehoben aufs Gleis montiert, ohne daß sie die Schienen berühren, so daß man die Räder jederzeit in Rotation bringen kann. Ein Tonband spielt Betriebsgeräusche ab.

Während sich technisch Interessierte den Antriebssystemen widmen (ein Modell ist der Länge nach „aufgeschnitten"), fasziniert die kulturhistorisch Interessierten der Wagenpark: Das Design polierten Holzes aus der Epoche des Bürgerkönigs, die schmiedeeisernen und farbenfrohen Anstriche der Waggons des Zweiten Kaiserreichs und der Dritten Republik (zweistöckig wie Berliner Busse). Berühmte Namen tauchen auf: Die Lok „Sézanne" (1847) hat Napoleon III. auf seinen Inspektionsreisen durch das Kaiserreich gezogen. Der großherzoglichen Familie Luxemburgs stand 1895-1930 ein Salonwagen mit Intarsien und pompejanisch bemalter Decke zur Verfügung. Im Paris-Méditerranée-Expreß (Train bleu) zündete man noch 1929 den Fahrgästen Kerzen an.

Vom Sundgau zum Ried

Der südliche Teil des Sundgaus ist keine von Kultur gesättigte Landschaft wie der Nordteil und das übrige Oberelsaß. Hier wiegen Eindrücke der Natur vor, die sich dem Auge in sanften Hügeln, blütenreichen Auen, Obstgärten, kleinen Waldstücken darbieten. Zahlreiche Seen sind bekannt für ihren Reichtum an Karpfen. Im Osten bildet der Rhein, im Süden der Jura den Abschluß der anmutigen Gegend. Die Grenze zur Schweiz führt durch das Gebirge, eine eher imaginäre als reale Linie im meist waldigen Gelände, eine Grenze auf der Landkarte, aber keine politische Hürde. Bei einer Wanderung weiß man nicht, auf wessen Boden man gerade steht. Schon an der Schweiz, bei der Ortschaft Leymen, hatten die Grafen von Pfirt eine trutzige Burg namens Landkron erbaut, die später durch Teilung halb an die badischen Zähringer von Röteln im Wiesental, halb an die Habsburger gelangte. Der Sonnenkönig erwarb den badischen Teil und ließ ihn durch seinen Festungsspezialisten Vauban mit Bastionen versehen, die 1813 von den Verbündeten gegen Napoleon geschleift wurden. Die erhöht liegende Veste bietet heute noch ein großartiges Bild. Buschwerk umgibt weiche Bruchsteinmauern, bei denen man sich wundert, daß sie noch nicht eingestürzt sind. Noch immer erhebt sich stolz ein quadratischer, aus dem Felsengrund gerade herauswachsender Bergfried über der vielräumigen Anlage, mit angebautem zweistöckigem Treppenturm und einer Unterburg mit drei Rundtürmen.

Nicht allzuweit davon läßt die Regio, nahe der Rheinkrümmung und des Dreiländerecks, einen sichtbaren Zusammenklang erkennen: im Knotenpunkt des von der Schweiz initiierten, von den drei Anrainern genutzten Luftverkehrs, wie er im Flughafen Bâle-Mulhouse zum Ausdruck kommt.

Große Teile des Gebiets zwischen Belfort und dem Rheinknie gehörten im Mittelalter den Seigneurs von Ferrette (Pfirt), von denen bereits die Rede war. Ihr unabhängiger Landbesitz war umgeben von den Domänen der Habsburger, der Bischöfe von Basel und Straßburg sowie der Abtei Murbach. 1324 ging die Grafschaft durch Heirat an Habsburg über. Im Frieden von Münster 1648 gelangte Pfirt-Ferrette an Frankreich, 1659 an das französische Herzogtum Mazarins.

Altkirch, der Hauptort des Sundgaus, wurde im

Anschluß an eine Burg der Grafen von Pfirt 1215 begründet, die den kriegerischen Wirren des 17. Jahrhunderts zum Opfer fiel. Das Herrengeschlecht des Sundgaus residierte nicht in Altkirch, sondern in malerischem Gelände am Südhang des elsässischen Jura. Dort tragen zwei von Laubwald umgebene Burgruinen den Namen der Grafendynastie: Burg Hohenpfirt (613 Meter) war später öfter verpfändet, so 1525 an die Fugger, die sie neu befestigen ließen. Die Schweden äscherten sie 1633 ein. Erhalten blieb zumindest als Ruine der dreistöckige Palas und der Donjon, den eine Polygonalmauer umgibt. Vom unteren Schloß sind noch Relikte von drei Ecktürmen erhalten. Die Zerstörung von 1789 war noch nachhaltiger, da man damals schon über effektive Feuerwaffen verfügte. Um die untere Burg hat sich die kleine Stadt Ferrette entwickelt. Eine Kette älterer Häuser mit den Traufen zur Straßenseite führt von der unteren zur oberen Ruine. Den schönsten Blick auf das gesamte Panorama gewinnt man von der am Fuß des ansteigenden Geländes vorbeiführenden Straße.

Die Landschaft von Haute-Alsace nördlich des Sundgaus ist gekennzeichnet durch die Dreiteilung Gebirge, Rebvorland und Rheinebene. Sie ist das genaue Gegenstück zur Struktur der rechten Rheinseite. Die Ebene, das kulturell-touristisch unergiebigste Gebiet, war noch im frühen Mittelalter von riesigen Wäldern bedeckt, die aber im Lauf der Jahrhunderte abgeholzt wurden, um Boden für die einsetzende Acker- und Viehwirtschaft zu gewinnen. Reste des Waldes sind am Rand des Oberrheins erhalten geblieben. Man nennt die breiten Waldstreifen „Hardt". Die Hardtwälder waren beliebte Forste für die Jagdleidenschaft der Fürsten und Kaiser (Karl der Große, Friedrich Barbarossa). Die Ergiebigkeit der Wälder an Wild war mit ausschlaggebend für den Standort von Pfalzen.

Wo die Wälder verschwunden sind, ist fruchtbares Ackerland entstanden, das heute noch die Rheinebene des Oberelsaß auszeichnet. Man findet sämtliche Getreidesorten auf breitem Lößstreifen, daneben Mais, Tabak, Raps, Hopfen und Sonnenblumen. Die Schafherden gehören zum Bild der Landschaft.

Seit 1904 wird in der Oberrheinebene des Elsaß Kali gewonnen, zeitweise ein wichtiger Faktor für die chemische Industrie auch des Frankreich von heute; die Produktion betrug 10 % des Weltbedarfs. Die Landschaft südlich von Ensisheim ist geprägt durch Kalihalden und -berge. Am Rand der Straße vom Rhein zu genanntem Ort steht zur Anschauung für Vorüberfahrende ein altes Fördergerät, und im Ensisheimer Museum ist der Kaligewinnung um die Jahrhundertwende ein eigenes Geschoß gewidmet.

In manchen Gegenden der oberelsässischen Oberrheinebene spricht man vom „Ried", einem ehemals sumpfigen, von Sträuchern bedeckten Gelände, das heute weitgehend trocken ist. Der gleiche landschaftliche Begriff ist auch jenseits des Rheins für die Bodengestalt um Lahr am Rand des Schwarzwaldes bekannt. In der Ebene des oberen Elsaß bilden Hardt und Ried besonders herausgehobene Naturbilder. Weit blickt man über das flache Land hinweg, bis hin zum stets wechselnden Horizont der Bergkette.

Neben dem Rheinübergang zwischen Alt- und Neu-Breisach kann man weiter südlich vom badischen Neuenburg den spärlichen Oberrhein überqueren, um dann hinter dem mit dem Rhein parallel laufenden ansehnlich-breiten Seitenkanal den elsässisch-französischen Ort Chalampé zu erreichen. Die Bewohner verdingen sich in einem der größten Chemiewerke Frankreichs, dessen gelbliche Rauchfahnen der Westwind über die Grenze weht. Nun fährt man westwärts durch zeitweise beschnittene Pappel- oder Plantanenalleen, von denen es heißt, Napoleon habe sie anlegen lassen, um seinen Armeekolonnen Schatten zu spenden. Man sieht von weitem schon Bantzenheim mit seiner barocken Kirche, deren erneuerter Turmhelm, spitz wie eine Pickelhaube, weit in der Ebene als

Ensisheim. Kupferstich (1644) von M. Merian

164

Richtweiser erkennbar ist. Die Straße führt nun in gerader Linie durch dichten, struppigen Hardtwald, wegen seines niederen Wuchses zweifellos Sekundärwald. Einer der zahlreichen runden Wassertürme der Gegend zeigt an, daß man sich Ensisheim nähert, das mitten in der Ebene am Zusammenfluß von Ill und Thur liegt, dem Fluß, der in Thann aus dem Gebirge tritt. In dem ursprünglich „Angiseheim" genannten Ort war im Spätmittelalter der Verwaltungssitz der vorderösterreichischen Besitzungen Wiens, ehe die Stadt nach dem Dreißigjährigen Krieg französisch wurde. Von der habsburgischen Präsenz zeugt in der Hauptstraße noch einer der schönsten Renaissancebauten des Elsaß, das „Regimentshaus", in dem heute Rathaus und Museum untergebracht sind. Das Gebäude setzt sich aus zwei rechtwinklig aufeinanderstoßenden Flügeln zusammen. Das Untergeschoß des Hauptflügels ist eine offene Markthalle. Am Knick der beiden Flügel ist ein Treppenturm mit Spitzdach angefügt. Über dem Türsturz des Portals befindet sich die Büste des Egisheimers Jacob Balde (1604-1668), wegen seiner lateinischen Dichtungen „deutscher Horaz" genannt.

Jacob Balde. Zeichnung (1900) von Zettler

Der Meteor von Ensisheim

Im Vestibül des Museums steht man vor einem weltberühmten Exponat: dem Ensisheimer Meteorstein, einem der Steine, „die vom Himmel fallen." Nach Sebastian Brant kam er „anno 1492, den 7. November, zwischen 11 und 12 Uhr, mit Donnerschlag von oben herab aus dem Gewülk." Man hörte den Widerhall bis Luzern. Der Meteor hatte ein Gewicht von 130 kg und war der schwerste, den man bisher kannte. Die Planetenmasse schlug fast 1 Meter tief in die Erde neben einem

Einschlag des Meteors bei Ensisheim. Illustration im Bericht von Sebastian Brant (1492)

Schäfer ein. 15 Tage später begab sich Kaiser Maximilian I. an den Ort, da er sich lebhaft für den Meteoriten interessierte. Da Stücke abgespalten wurden, ist seine Größe heute reduziert. Er hat noch ein Gewicht von 53 kg. Ein kleineres Stück befindet sich im Besitz eines Bauern, der es als Gewichtstein in seinem Sauerkrautfaß verwendet.

Niemand sollte es sich entgehen lassen, im nahen Eco-Museum (Eco Musée d'Alsace) einzukehren, das dem Freilichtmuseum von Cloppenburg auf deutschem Boden entspricht. Man kann bei Begehung der zahlreichen, von ihrem Standort nach hier transponierten Häuser die Entstehung des elsässischen Dorfes vom Mittelalter bis in die Gegenwart verfolgen. Das Dorf ist von Leben erfüllt. Man sieht u.a. Korbflechter, Töpfer, Schmiede, Zimmerleute und Bäcker bei der Arbeit, wobei jedem Handwerk bestimmte Tage vorbehalten sind. Produkte sind käuflich. Eine behagliche Gaststätte ist in das Häuser-Ensemble einbezogen.

Man ging bei der Einrichtung der Anlage von der Überlegung aus, nicht Einzelobjekte auszuwählen, sondern charakteristische Beispiele großer Serien, Zeugnisse von Strukturtypen oberelsässischer Dörfer der Ebene, des hügeligen Vogesen-Vorlandes und des Sundgaus. Eigenarten der Konstruktion wiederholen sich bei vielen Häusern. So lasten Bauten, die über keinen Bruchstein-Sockel verfügen, auf „Schwellen", starken horizontalen Balken im Geviert, die durch keilförmige Pflöcke miteinander verankert sind.

Was man auf den Reiserouten an Elsaßhäusern zu sehen bekommt, ist im Eco-Museum konzentriert vereint.

Europastadt Straßburg

Die Stadt Straßburg (Strasbourg), ungefähr an der Schneide von Unter- und Oberelsaß gelegen, wurde nicht durch Zufall zum Sitz des Europa-Parlaments gekürt. Sie liegt geographisch in der westeuropäischen Mitte, besitzt ein übernationales Gesicht und eine geschichtliche Vergangenheit, in der sich sowohl Europas Größe als auch seine Tragik verkörpert. Als Argentoratum schon den Römern wichtig, sagte die spätere Benennung Stratisburgo (Burg an den Straßen) die Bedeutung eines Verkehrs- und Handels-Knotenpunktes aus. Im 13. Jahrhundert wurde Straßburg Reichsstadt, schloß sich aber nie dem Verband der anderen elsässischen Reichsstädte an. Die eigentliche Macht übte der Bischof aus, bis es den immer selbstbewußter werdenden Bürgern gelang, die bischöfliche Bevormundung abzuschütteln. Straßburg wurde eine Art „Freie Stadt", deren Panier den Platz vor allen anderen Reichsstädten unmittelbar hinter dem Kaiserbanner einnahm.

Im Dreißigjährigen Krieg hielt es Straßburg mit Gustav Adolf von Schweden, der auf seiten der Lutheraner stand. Dennoch ließ der Westfälische Friede die Stadt beim Reich, das die katholische Sache vertrat. Aber 1681 forderte François Michel Louvois, der Kriegsminister des Sonnenkönigs, vom französischen Hauptquartier in Illkirch die Stadt zur Unterwerfung auf. Der Rat entschloß sich zur Annahme. Am gleichen Tag zogen französische Truppen durch das Metzgertor ein.

Marseillaise und Münster

Wenige Jahre danach wurde das Amt eines Prätors (Prêteur royal) geschaffen, der den König vertrat. Stadtoberhaupt blieb der Bürgermeister. Die Stellung nahm 1789 Philippe Frédéric de Dietrich ein, in dessen Straßburger Haus im Winter 1792 die Marseillaise ihre Premiere erlebte. Rouget de Lisle, ein Artillerieoffizier der Straßburger Garnison, verkehrte in der Familie des Maire. Eines Nachts kamen ihm die Worte und die Melodie. Freunde wurden zusammengerufen, und der junge Offizier stimmte den Gesang an: „Allons enfants de la patrie / Le jour de gloire est arrivé." Dietrichs älteste Tochter begleitete ihn. Die Resonanz war ein Taumel der Begeisterung. Trotz dieses wichtigen Tages in der Geschichte der Revolution mußte der Bürgermeister wie so viele unter den Klängen der Marseillaise das Schaffott besteigen; denn er hatte sich für das Leben Ludwigs XVI. eingesetzt.

Die Grande Révolution ließ Straßburg nicht ungeschoren. Die Kirchen wurden verweltlicht, aus dem Münster machte man einen „Tempel der Vernunft". Der die Stadt überragende Münsterturm sollte abgebrochen werden, da er dem Prinzip der Gleichheit widersprach. Man rettete ihn dadurch, daß man ihm einen Jakobinermütze aus Blech aufstülpte.

Das Münster Unserer Lieben Frau (Cathédrale Notre-Dame) geht auf den Bischof Werinher von Habsburg zurück, der 1015 ein erstes steinernes Gotteshaus im ottonisch-romanischen Stil erstellen ließ, von dem heute noch der Ostteil der Krypta stammt. Auch die folgenden Bauherren in staufischer Epoche hielten sich an die Romanik. Davon zeugen heute noch Chor und Apsis sowie ein Teil des südlichen Querschiffs.

Inzwischen war die Betreuung der Bauhütte von Bischof und Domkapitel auf die Bürgerschaft übergegangen, die die Erträgnisse ihres Handels auch dem Münsterbau zukommen ließ. Im Jahre 1275, als Rudolf I., der erste habsburgische König, das Zepter trug, stand das Langhaus immer noch als Torso. Zwei Jahre später legte man die Fundamente für die Westfassade. Bei deren Bau tauchte 1284 ein neuer Name unter den Meistern auf: Erwin von Steinbach (Geburtsort ist wohl das gleichnamige Dorf bei Baden-Baden). Sohn und Enkel führten das Werk fort.

1365 war die Fassade bis zur Plattform aufgestockt. Nach dem ursprünglichen Konzept sollte das Münster zwei Fassadentürme erhalten, dafür plädierte auch der ab 1382 am Bau beteiligte Michael Parler aus der Schwäbisch-Gmünder Archi-

Straßburg. Kupferstich (1644) von M. Merian

tektenfamilie, die in Freiburg, Prag und Wien im Sinne der beginnenden Spätgotik tätig war. Von dem von Parler vertretenen Plan des zweiten Turms sah man später ab, wodurch das Münster seine Besonderheit erhielt, die man heute nicht missen möchte. Ulrich von Ensingen von der Ulmer Bauhütte schuf 1399-1419 den oktogonalen Unterbau des Nordturmes, auf den der Kölner Johannes Hültz 1419-1439 den vielbewunderten Turmhelm setzte und damit dem Münster eine Höhe von 142 m gab.

Das Münster ist 118 m lang und mit seinen drei Schiffen 38 m breit. Der Aufstieg zur Plattform erfolgt an der Südseite des nicht ausgebauten Turms auf 330 Stufen. Der fertiggestellte Nordturm ist nicht betretbar. Touristische Namensvermerke finden sich eingraviert in den Sandstein von Plattform und Turm, u.a. von Herder, Voltaire, Lavater und Schinkel. Der Berühmteste, der sich hinaufbemühte und oben verewigte, war Goethe. Er schildert bewegt seine Ausschau von der Höhe des Münsters: „Und so sah ich denn die schöne Gegend vor mir, in welcher ich eine Zeitlang wohnen und hausen durfte: die ansehnliche Stadt, die weit umherliegenden, mit herrlichen dichten Bäumen besetzten und durchflochtenen Auen, diesen auffallenden Reichtum der Vegetation, der, dem Laufe des Rheins folgend, die Ufer, Inseln und Werder bezeichnet."

Nähert man sich vom Gutenbergplatz durch die altstädtisch-historische Rue Mercière (Krämergasse) dem Münster, so ist der Überraschungseffekt vollkommen: Man hat unmittelbar die mächtig aufragende, vielgliedrige Westfassade vor sich, umrankt von Dekor und besetzt mit Figuren, darunter die berühmten klugen und törichten Jungfrauen. Da das Münster eng von Profanbauten umfaßt ist, fehlt die Distanz, aus der man sich wie bei anderen Großkirchen nähern könnte, was aber die Faszination der unmittelbaren Konfrontation erhöht. Das Münster ist plötzlich da, es überwältigt. Ein Wort Victor Hugos: „Ich habe noch nie etwas Erhabeneres gesehen."

Viele Teile des Figurenschmucks wurden vom Münster abgenommen und durch Kopien im gleichen Stein ersetzt. Dies gilt auch für die berühmten Statuen von „Ecclesia" (Kirche) und „Synagoge" am Doppelportal des südlichen Querschiffs. Die Originale befinden sich heute im Frauenhausmuseum (Musée de l'Œuvre Notre-Dame),

Reichhaltig ist die Innenausstattung des Münsters. Im südlichen Querschiff zieht ein Säulenbündel die Aufmerksamkeit auf sich, das sich in der Mitte zum Gewölbe hin verzweigt. Es ist der Engelspfeiler, auch Gerichtspfeiler genannt. Genial hat der Meister in das Säulenbündel von unten nach oben das Weltgericht hineinkomponiert, als einziges Beispiel so kühner Verflechtung von Statik und sakraler Kunst. Daneben bewundert man die 18 m hohe astronomische Uhr von 1547. Sie gibt mit einer komplizierten Apparatur über alles Kalendarische exakte Auskunft. Auch sieht man eine Silbermann-Orgel mit 40 Registern und 2602 Pfeifen. Unter den originalen Farbfenstern aus romanischer Zeit ragen die Kaiserbilder heraus, darunter die Darstellung Karls des Großen.

Rohan-Schloß und Altstadt

Südlich des Münsters breitet sich der ausgedehnte, hochherrschaftliche Dreiflügelbau der fürstbischöflichen Residenz aus, das Château des Rohan, das mehrere Museen vereint: die einstigen Reprä-

sentations- und Privaträume der Kardinal-Fürstbischöfe, das Musée Archéologique und das Musée der Arts Décoratifs sowie die Kunstsammlung, in deren Räumen die Besucher vorrangig vom Bild eines Salonmalers angezogen werden: das ganzfigürliche Porträt „Die schöne Straßburgerin" von Nicolas de Largillière (1656-1746). Die ansehnliche Dame trägt auf dem Gemälde des Jahres 1703 die Straßburger Patriziertracht, ein extravagantes Kostüm, wie es bis etwa 1730 geschätzt wurde. Das Auffallendste an dieser Tracht ist der auch das Bild (links) beherrschende große schwarze Zweispitz, den man „Zweimaster" und auf französisch „Chapeau à cornes" nannte.

Die prächtigsten Altstadtansichten bieten sich an einem Teilstück der Ill, die Straßburgs Kern oval umrundet. Dort befinden sich die von Wehrtürmen umsäumten „Gedeckten Brücken" und auch die von Vauban erbaute „Große Schleuse" (Grand'Ecluse). Man überschaut von hier die von mehrstöckigen Fachwerkhäusern umsäumte Ill auf eine weite Strecke hin. Das Viertel heißt Petite France (Klein-Frankreich), mit zahlreichen Oasen elsässischer Küche. Aus dichter Bebauung und mehrfach verzweigtem Wasser ist eine malerische Einheit geworden. Unter den berühmten alten Gaststätten des Reviers sei außer der Gerwerstub (Gerberstube) das „Gasthaus zum Lohkäs" genannt. Großstadt bietet sich in der zentralen Place Kléber an und in dem nach dem Zweiten Weltkrieg konzipierten Europazentrum mit dem Sitz des Europa-Parlaments.

Im Osten berührt Straßburg mit seinen Hafenvierteln den Rhein, den großen Übergang im Norden der Regio. Er hat Symbolcharakter. Straßburgs Bürgermeisterin Cathérine Trautmann sagte 1989 bei einem Freundschaftsbesuch in Freiburg: „Warum trennt uns der Rhein? – Damit wir Brücken bauen können!"

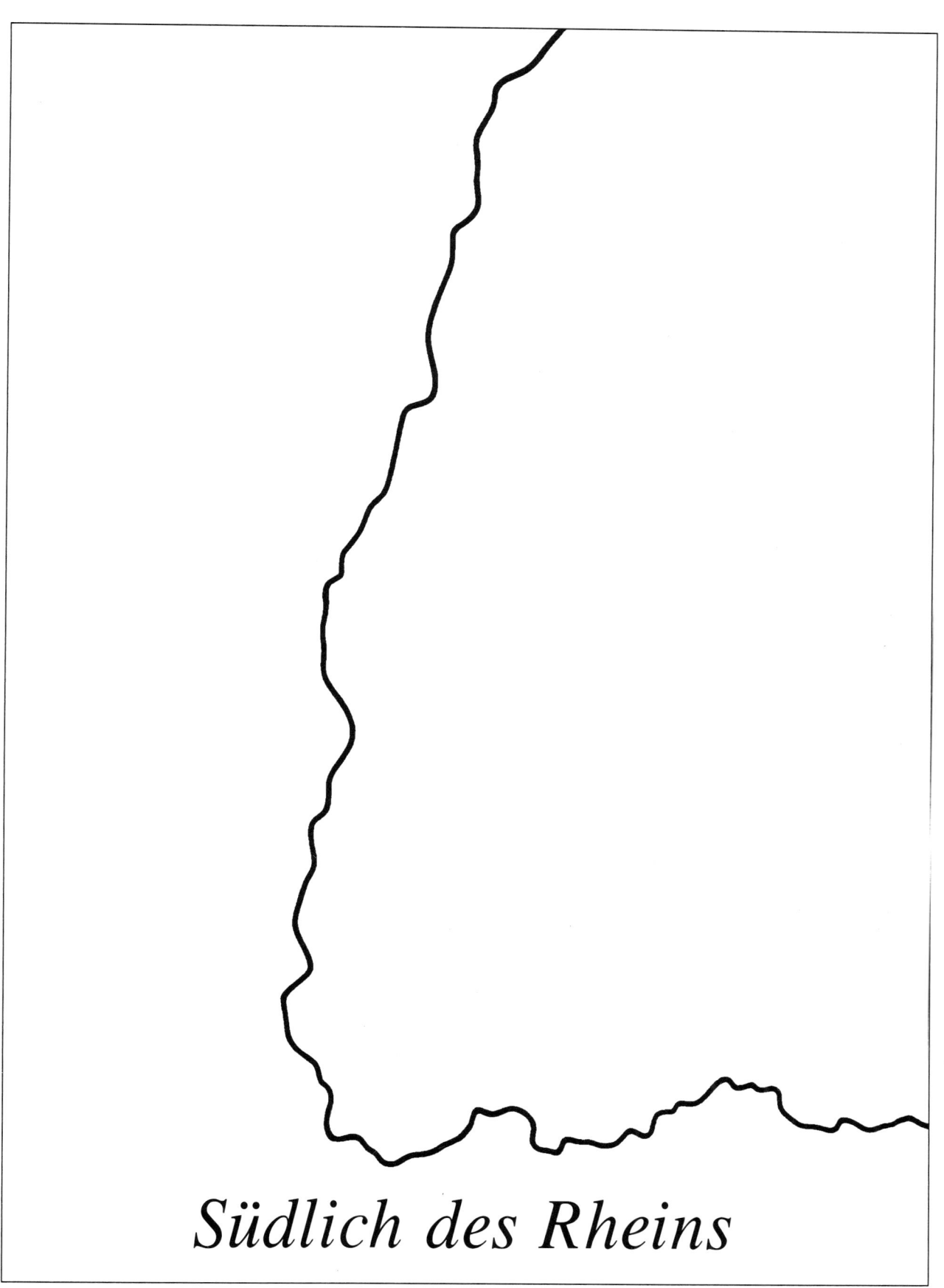

Südlich des Rheins

Basel – weltoffene Metropole

Die Metropole am Rheinknie war im 16. Jahrhundert die größte und reichste Schweizer Stadt. Mit über 200 000 Einwohnern ist sie heute die zweitgrößte und zugleich ein Zentrum von Industrie, Handel und Verkehr. Schon die ideale geographische Lage prädestiniert sie dazu. Zwar binnenländisch, aber doch durch den Rhein, der sie mit Schwung durchzieht, mit der Welt verbunden, ist sie Heimathafen für ca. 500 Rheinschiffe. Offen ist sie auch nach Ost wie nach West: durch den Hochrhein und die Burgundische Pforte. Sie ist ebenso Autobahn- wie Bahnknotenpunkt. Die jährliche Mustermesse hat internationalen Rang. Überregional ist ihre Ausstrahlung als Theater-, Musik- und Museumsstadt. Urbanität, Liberalität, Weltläufigkeit sind Kriterien, die man Basel zuschreiben kann.

Beiden Seiten des Hoch- und Oberrheins gleich zugehörig ist der alemannische Dichter Johann Peter Hebel. Immer wieder taucht sein Name in dieser Landschaft auf, als biedermeierlicher, volksnaher Repräsentant der „Regio": Dieser Begriff war damals allerdings noch nicht geprägt und hatte dennoch sichtbar Bestand.

Hebel war 1760 in Basel zur Welt gekommen. Trotz entbehrungsreicher Kindheit denkt er gemüthaft an „die schöni tolli Stadt." Rührend sein Dreizeiler: „Z'Basel an mi Rhi, / io dort möchti sy / an mi'm liebe Rhi." Er feiert die Stadt engagiert, doch ohne Pathos, das ihm fernlag, das auch den Eidgenossen fernliegt. Rolf Hochhuth, der Autor des „Stellvertreters", der sich in Klein-Basel niedergelassen hat, meinte ironisch, britisches Understatement sei, gemessen am baslerischen, noch Größenwahn. Tatsächlich unterbetonen die Basler, sind bürgerlich-gediegen und doch, auch wenn sie nicht auftrumpfen, sich ihres Wertes bewußt.

Ganz anders kann man die Bewohner der Stadt am Rheinknie erleben, wenn das auf seelische Urgründe zurückreichende Fastnachtstreiben herrscht, beginnend am Montag nach Aschermittwoch, an dem andere sich schon Asche aufs Haupt gestreut haben. Der phantastische Umzug beginnt frühmorgens um 4, bei Dunkelheit und manchmal Nebel. Man nennt diesen Auftakt „Morgestraich". Nach dem dumpfen, gespenstigen Auftritt erlebt Basel dann drei Tage lang eine entfesselte Fasnet, vielleicht als Gegengewicht zur gemessenen Haltung im übrigen Jahr. Standartfiguren unter den Masken sind der Leu, der Vogel Greif, ein wilder Mann, historisch konstümiert. Häufig sieht man „Waggis"-Masken; sie erinnern an die Bauern aus den Vogesen, die früher und auch heute noch zum Verkauf ihrer Waren in die Stadt am Dreiländereck kamen.

Bewegte Geschichte

Im Innenhof des Basler Rathauses am Marktplatz steht auf hohem Sockel die Statue des legendären Stadtgründers Munatius Plancus. Die Figur stammt nicht aus der Römerzeit, sondern ist ein Werk der Renaissance. Sie verdeutlicht, welchen Wert die Stadt ihrem römisch-antiken Ursprung beimißt, als die Cives Romani am Hochrhein standen und dicht bei Basilia ihr Lager Augusta Raurica unterhielten. Die Rauriker waren ein hier ansässiger keltischer Stamm. Römischem Staatsgefühl und Wirtschaftsdenken blieb Basel auch allzeit verpflichtet. Im Schutz des augusteischen Friedens entwickelte sie sich an so günstigem Standort zu einem Umschlagplatz zwischen der Garnison Augusta Raurica und Argentoratum, dem römischen Straßburg und wichtigsten Stadt am Oberrhein.

Als die Sicherheit Basilias durch die Alemannen bedroht schien, ließ Kaiser Valentinian I. im Jahre 374 ein Kastell errichten. Um jene Zeit brachten römische Soldaten und Kaufleute zugleich auch die Botschaft Christi an das Rheinknie.

Zunächst von den Alemannen eingenommen, deren Sprache das Latein im Alltagsleben verdrängte, fiel Ur-Basel nach dem fränkischen Sieg über die ersten Besetzer an das Frankenreich der

Basel. Kupferstich (1642) von M. Merian

Merowinger und die Nachfolge-Dynastie der Karolinger. Die Stadt wurde Königspfalz und später Bischofssitz. Damals entstand auf dem Burghügel auch das erste Bethaus, Vorläufer des Münsters. Nun erlebte Basel für 200 Jahre eine Periode des Friedens, bei gutem Verhältnis zum Herrscherhaus. Hatto, einer der frühen Bischöfe, war ein Freund Karls des Großen, der ihn mit diplomatischen Aufgaben betraute.

Im Teilungsvertrag von Verdun 843, in dem das Frankenreich in drei getrennte Gebiete aufgeteilt wurde, kam Basel an das Mittelreich Lotharingien und nach dessen Auflösung 870 an das Ostreich, aus dem das römisch-deutsche Reich hervorgehen sollte.

Inzwischen hatte Bischof Adalberto auf Basler Grund ein neues Gotteshaus geweiht. Stifter war der letzte Kaiser der ottonisch-sächsischen Dynastie, Heinrich II. Der später Heiliggesprochene war mit seiner Gemahlin Kunigunde bei der Feier anwesend. Basel erhob das Paar ein Jahrhundert danach zu Schutzpatronen. Als Bildnisstatuen sind sie an der Westfassade des Münsters verewigt. Auch mit der nachfolgenden salischen Kaiserdynastie blieb die Münsterstadt eng verbunden. Der Basler Bischof Burchard begleitete den vom Papst gebannten Heinrich IV. 1077 auf seinem winterlichen Bußgang nach Canossa. Basler Geschichte war nun zugleich Reichsgeschichte.

Mit der wachsenden politischen Bedeutung ging der Ausbau des Stadtbildes Hand in Hand. Basel erhielt seinen Mauerkranz, an den noch das Spalentor von 1400 erinnert. Das zweite Konzil auf deutschem Boden – nach dem Konstanzer – fand in der Stadt am Rheinknie statt (1431-1448), wo man um Reformen rang, allerdings mit nur geringem Erfolg. Zugleich erlebte das ausgehende Mittelalter einen Umbruch der soziologischen Ordnung. Die Geldwirtschaft führte zur wachsenden Bedeutung der Städte. Die Bürgerschaft Basels fühlte sich mündig und machte sich vom Bischof unabhängig, der sich auf sein weltliches Herrschaftsgebiet im Jura mit der Residenz Pruntrut (heute Porrentruy) zurückzog, wo er eine mächtig aufragende Burg hinterließ.

Die Stadt Basel tat damals einen entscheidenden Schritt ihrer Geschichte. Ebenso wie die Schweiz sah sie sich durch Habsburg bedroht und trat dem durch Beitritt zur Eidgenossenschaft entgegen (1501), nunmehr als Kanton. Dieser Schritt war für Basel schicksalhaft. Doch mehr noch stellte die 1529 erfolgte Entscheidung, sich der Reformation anzuschließen, für die Bürgerschaft eine Wende dar.

Gang durch die Innenstadt

„Der Ausblick von den Münstertürmen ist herrlich. Unter mir, 350 Fuß tief, der breite, grüne Rhein, mir gegenüber Klein-Basel; beide Basel sind durch eine lange Holzbrücke verbunden – der Rhein hat ihr oft bös mitgespielt –, sie hat nur noch an der einen Seite ihre Steinpfeiler, und in der Mitte steht ein reizendes Wachttürmchen aus dem 15. Jahrhundert. Beide Städte bilden beiderseits des Rheins einen hinreißenden Schmuckrahmen aus Staffelgiebeln, gotischen Fassaden, aus Dächern mit Wetterfähnchen, aus Türmchen und Türmen. Dieser Saum alter Häuser wiederholt sich umgekehrt im Rhein."

Jene Sicht Victor Hugos von 1839 hat sich nur wenig geändert. Die Holzbrücke ist freilich verschwunden; heute überqueren 6 begehbare Übergänge den Strom, daneben 3 Fähren. Diese Verbindungen waren die Voraussetzungen eines stetigen Anwachsens des Handelsvolumens und damit der Wohlhabenheit der Stadt, die erst die geistig-künstlerische Entfaltung ermöglichte.

Das Münster über dem Rheinknie ist eine dreischiffige Pfeilerbasilika aus rotem Vogesensandstein mit Blattornamenten an den Kapitellen, doch auch mythologischen Motiven; so entdeckt man im Chorumlauf Pyramus und Thisbe, das antike Romeo-und-Julia-Paar. Vom Gebäude des Stifters Heinrich ist nur wenig übrig, da 1185 ein Brand wütete. Der neu und größer errichtete Bau, darunter auch die beiden Türme, entstammt der späten Gotik. Die Galluspforte am nördlichen Querschiff gehört mit ihrem Figurenschmuck zu den großen Portalen der Kunstgeschichte (Straßburg, Autun, Santiago). Das Giebelfeld zeigt den thronenden Christus zwischen den Apostelfürsten und den Stiftern. Auf dem Türsturz sieht man die klugen und törichten Jungfrauen.

Hochrangige weitere Kirchen des Mittelalters verteilen sich im Areal der Altstadt. Am Barfüßerplatz steht die gleichnamige geräumige Kirche der Franziskaner, die heute das Historische Museum beherbergt, vorwiegend sakrale Kunst im sakralen Raum, ähnlich dem Augustinermuseum in Freiburg. Profane Kunst ist auf Emporen untergebracht. – Die Predigerkirche der Dominikaner weist einen 1261 begonnenen Chor auf, der dann von dem berühmten Scholastiker Albertus Magnus acht Jahre später die Weihe empfing. – Den am reichsten ausgestatteten Kirchenraum neben dem Münster besitzt St. Leonhard (1486-1526).

An weltlicher Architektur ist an erster Stelle das Rathaus am Marktplatz zu nennen, der zweiten wichtigen Platzanlage. Das mächtige, durch seinen Rotanstrich sofort erkennbare Gebäude, hat etwas vom Format toskanischer Palazzi an sich und entstammt ebenfalls der Renaissance, allerdings mit weitgehenden Erneuerungen; so ist auch der auffällige Turm neueren Datums. Akzente setzen im Straßenbild die historischen Brunnen, an erster Stelle der reichdekorierte Fischmarktbrunnen, an dem man die Parler-Schule des 14. Jahrhunderts erkennt. Ein Engel hält vor sich ein Wappen mit dem Basler Bischofsstab, in enger Verknüpfung von Regio und Religio.

Es verwundert nicht, daß das in Basel wahrnehmbare Klima geistiger Beweglichkeit zu verschiedensten Epochen Berühmtheiten von außerhalb angezogen hat oder auch solche, die hier zu Berühmtheiten geworden sind. Reich an erlauchten Namen des Geistes war vor allem die Epoche des Humanismus, wobei Basel sich mit Freiburg und Schlettstadt vergleichen läßt. In der bereits 1460 gegründeten Basler Universität lehrten Erasmus und Jacob Burckhardt; beide sind mit ihrem historisch-humanistischen Werk in die Weltliteratur eingegangen.

Als Kunststadt steht Basel den Wissenschaften nicht nach. Das Kunstmuseum läßt sich an Qualität und Zahl berühmter Namen mit anderen großen Sammlungen des Kontinents vergleichen. Beim Eintreten in das Gebäude fällt der Blick sogleich auf ein Meisterwerk der neueren Plastik: die im Vorhof aufgestellte großformatige Gruppe von Rodins „Bürger von Calais". 1967 beschloß die Stadt, zur Aufstockung der bereits vorhandenen Picasso-Bestände durch Abstimmung die beiden Werke „Arlequin assis" und „Les deux frères" zu erwerben. Der Meister schenkte der kunstfreudigen Stadt gleich vier weitere dazu.

Blick in den Jura

Die Bischöfe Basels trugen den Titel „Fürstbischof", wie die Äbte St. Blasiens sich „Fürstabt" nannten. Dies bezog sich nicht auf den geistlichen Rang, sondern auf den Umstand, daß sie auch weltlichen Territorien vorstanden, die sich nicht mit dem kirchlichen Amtsbezirk deckten, ja diesen weit überragten. Das weltliche Herrschaftsgebiet der Basler Kirchenfürsten dehnte sich auf große Teile der bergigen Landschaft aus, die sich im Südwesten an Basel anschließt, den Jura.

Wie bereits erwähnt, zogen sich die Bischöfe in die Hauptstadt ihres Fürstentums, Pruntrut (Porrentruy) zurück, als der Konflikt zwischen Krummstab und Bürgerschaft Basels ausgebrochen war. Sie blieben in Pruntrut von 1527 bis

1792. Der bedeutendste Fürstbischof war Christoph Blarer von Wartensee, „Évêque de Bâle et Prince de Porrentruy" (1575-1608). Er ist durch hervorragende Eigenschaften und vor allem als Kulturförderer dem Fürstabt Gerbert von St. Blasien vergleichbar.

Die reizvolle Kleinstadt Porrentruy ist das Musterbeispiel einer Klein-Residenz, deren es viele gibt: das Leben richtet sich ganz auf das Schloß aus, das an wuchtigem Format das bescheidene Ausmaß der Stadt zu seinen Füßen im Verhältnis weit überragt.

Im Stadtbild Porrentruys neigen sich zwei Schrägen einer Mulde zu, in welcher der kleine Fluß Allaine wegen gelegentlichen Hochwassers in ein Kanalbett eingeengt ist. Die Straßen sind noch reich an alten Gebäuden mit Steildächern. Vor dem spätbarocken Rathaus hockt auf dem Gehsteig ein klotziger Bronze-Eber, Wahrzeichnen Porrentruys. Der Eber tritt auch an einem Brunnen des 16. Jahrhunderts ins Bild, der auf einem der pittoresken Miniaturplätze steht und einen Schweizer Bannenträger darstellt. Die ehemalige Jesuitenkirche besitzt Stukkaturen der berühmten Wessobrunner Schule.

Als sich die Kantone konstituierten, kam das Jura-Gebiet samt Hauptstadt an Bern. Es war eine unglückliche Ehe, wobei auch die Sprach- und Religionsunterschiede eine Rolle spielten. Manchmal, so schien es, war man im Norden der Irredenta nahe. Dem Gefühl der Eigenständigkeit der „Jurassen" wurde dann 1978 Genüge getan, als eine Grenzreform das Jura-Gebiet von Bern loslöste und zu einem autonomen Kanton erhob.

Der Doubs und seine Reize

Gewissermaßen als Leitmotiv der großenteils lichten und diaphanen Landschaft – heller als Schwarzwald und Vogesen – kann man den 430 km langen Wasserlauf des Doubs bezeichnen, der vom lateinischen „dubius" (= schwankend) den Namen hat. Man weiß in der Tat nie, wohin er, durch Taleinschnitte und Felsbarrieren gelenkt, gerade „hinschwankt". Er fließt durch sanfte Ebenen, verschwindet dann plötzlich in 400 Meter tiefen Klusen, bildet einen Wasserfall und einen Stausee, kann befahren werden, dann wieder nicht, bildet oder überquert die schweizerisch-französische

Ansicht von Porrentruy mit dem Wappen des Bischofs von Basel. Kupferstich (Ende 18. Jh.) auf einem Gesellenbrief

Grenze und fließt dann bei St-Ursanne fast parallel in der Richtung zurück, aus der er kam. Wo der Doubs den Jura verläßt, wird streckenweise aus Natur- Industrielandschaft, und nun gönnt man ihm auch in Besançon eine größere Stadt, bis er dann in die Saône als deren längster Nebenfluß einmündet. Trotz seiner Länge sind durch die vielen Kehrtwendungen Quelle und Mündung nur 50 km voneinander entfernt.

Von Basel aus kann man den Doubs über die neue Kantons-Hauptstadt Delémont gut erreichen. Das Erscheinungsbild der Jura-Kapitale macht dem neuen Rang Ehre. Sie ist geprägt von einem Barock alemannisch-burgundischer Synthese, sei es die klassische Basilika St-Marcel mit ihrer Pilaster-Fassade oder das Rathaus mit einem schönen Marienbrunnen davor. Präfektur und bischöfliches Schloß entsprechen dem gleichen Stil. Délémont hieß früher Delsberg; man sprach hauptsächlich deutsch.

Den Doubs erreict man bei St-Ursanne, wo der Fluß seinen schärfsten Knick macht und auf der Landkarte einer Haarnadel ähnelt. Es heißt, er sei im Tertiär geradeaus und in den Rhein geflossen, doch der Mont Terri habe ihm Halt geboten und ihn zur Umkehr gezwungen. Daß der Berg wirklich einen Riegel vorzuschieben vermag, sieht man am nackten Kalksteinfels an der Bergwand. Das schmale Stück Land zwischen der Kehre des Flusses heißt „Clos du Doubs", was soviel bedeutet wie die vom Doubs bewirkte Einfriedung. In ihr liegt eine mit Laubwald bedeckte Hügelkette, über die von St-Ursanne eine Straße schräg nach Soubey verläuft. Ein Stück flußaufwärts trifft man auf ein Kuriosum: einen Kahn mit Seil und Rollen, mit dessen Hilfe man sich selber ans andere Ufer zu ziehen vermag.

*Blick auf Saint-Ursanne und die Basilika.
Radierung (19. Jh.)*

St-Ursanne an der Spitze der Kehre ist ein reizvoller, in sich geschlossener mittelalterlicher Marktflecken. Der Doubs, der sich sehr ungebärdig benehmen kann, hat den Ort schon öfter in Gefahr gebracht. Eine Steintreppe am Ufer endet ihre Stufen ein ganzes Stück oberhalb der Wasserfläche, so daß sich der zeitweise Anstieg des Hochwassers abschätzen läßt. Von den eng aneinandergelehnten Häusern dicht am Ufer führt eine alte Steinbrücke zum Clos du Doubs hinüber, so schmal, daß man den einspurigen Verkehr durch Ampel geregelt hat. In der Mitte der Brücke steht ein sandsteinerner Nepomuk auf der Balustrade, eine gute Kopie des barocken Originals im Lapidarium neben dem Kreuzgang der Kirche.

Tritt man durch das Brückentor, eines der drei Stadttore, die nach den Aposteln Petrus, Paulus und Johannes genannt sind, so hat man in der Place du Mai einen Marktplatz vor sich, der, als sei die Zeit stehengeblieben, unverändertes Mittelalter verkörpert. Zur rechten Hand steht das Rathaus mit gewölbter offener Halle, die einst eine Markthalle war. Geradeaus fällt der Blick auf das den Platz beherrschende romanische Gotteshaus St-Ursanne.

Die Statue des Heiligen krönt eine Säule in der Platzmitte. Von seiner Lebensgeschichte weiß man, daß er, wahrscheinlich irischer Herkunft, wie viele Glaubensboten über Luxeuil in den Jura gekommen war und am Doubs 6 Jahre das Wort Gottes verkündete. Die Höhle, in der er in Gemeinschaft mit einem Bären hoch über dem Ufer des Flusses hauste, wird noch gezeigt. Die Verehrung, die Ursanne nach seinem im Jahre 620 erfolgten Tod zuteil wurde, hatte die Gründung einer Klostergemeinschaft zur Folge, die eine erste Kirche errichtete. Die Höhle des Heiligen wurde Ziel einer Wallfahrt.

Anstelle des ersten Gotteshauses entstand 1210 eine größere, eben jene, die man heute noch vor Augen hat. Der Abgelegenheit wegen hat sie ihre reine romanische Form weitgehend bewahren können. Sie wurde als „Collégiale" Mittelpunkt des geistlichen Lebens.

Die zur Basilika erhobene Église St-Ursanne mit Viereckturm und mehreckigem Chor ist dreischiffig; die romanische Apsis ist durch einen Barockaltar allerdings etwas verdeckt. Unter dem Chortrakt kann man in die noch karolingische Krypta treten, in der Ursanne sein erstes Grab gefunden hatte, ehe man ihn unter dem Hochaltar beisetzte. Der kunsthistorisch bedeutendste Teil der Stiftskirche ist das dem Marktplatz zugewandte Südportal mit reichem Figurenschmuck (12. Jahrhundert), der noch Spuren der Fassung aufweist: romanische Plastik war ursprünglich durchweg bemalt. Unter dreifacher Bogenrundung sieht man im Giebelfeld den in der Mitte dominierenden Christus, umgeben von Petrus und Paulus sowie 7 Engeln. Links kniet eine kleine Figur mit Tonsur, die man für St-Ursanne oder den Stifter hält. An den seitlichen Kapitellen sind die Evangelisten in Form der ihnen zugeordneten Tiere wiedergegeben, daneben phantastische Figurationen, etwa eine Sirene mit doppeltem Fischschwanz, die ihr Kind säugt, oder ein Wolf, der zur Schule geht und von einem Schaf abgelenkt wird. Beiderseits des Portals sieht man in Nischen den Ortsheiligen im Priestergewand und eine Marienstatue von starkem Ausdruck, die man als Höhepunkt der gesamten Architekturplastik der Stiftskirche bezeichnen kann. Ein Kreuzgang mit Drei- und Vierpaßbögen hält, sorgfältig restauriert, viel von der ursprünglichen Atmosphäre fest. An ihn gliedert sich das genannte Lapidarium mit wuchtigen, aus einem Stück gehauenen Sarkophagen, die größte zusammenhängende Sammlung dieser Art in der Schweiz.

Basel-Land und Aargau

Ein wichtiges Ereignis der Schweizer Geschichte betraf jenen Teil des Landes, in dem heute vor allem der Gedanke der Regio lebendig ist: im Jahre 1831 machten sich die Landbezirke des Kantons Basel selbständig. Basel-Stadt war über die Amputation nicht glücklich. Beide Teile, Basel-

Stadt und Basel-Land, waren nun vollwertige, selbständige Kantone, wenn auch als Halb-Kantone bezeichnet. Mißmutig sah sich die Stadt ihres ländlichen Hinterlandes entledigt, und es gab manche Auseinandersetzung. Heute ist die Frage gegenstandslos. Die wirtschaftliche Fusion beider Kantone und das streckenweise Übergreifen der Basler Industrielandschaft auf das früher vorwiegend bäuerliche Basel-Land kam auch diesem zugute, so daß ein Wort des Schriftstellers und Pfarrers Jeremias Gotthelf aus dem vorigen Jahrhundert immer noch stimmt:

„Baselstadt und Baselland
Sind zwei Finger an einer Hand."

Das Landschaftsbild von Basel-Land ist in vielen Teilen lieblich und malerisch. Der Jura macht sich in Basel-Land als Tafeljura bemerkbar, ein Gelände mit flachen Höhenzügen und weiten Talböden.

Hier begegnet man immer wieder Bildern der Regio, vor allem wenn man den Reichtum an Obstbäumen oder die wie mit dem Lineal gezogenen Reihen der Rebhänge erblickt. Doch auch die große Zahl der Burgen und Schlösser wiederholt ein Thema der elsässischen und Schwarzwälder Vorberge. Das Wasserschloß Bottmingen im Birstal, ein Vierflügelbau mit runden Ecktürmen, ist ein Abbild des ebenfalls von Wasser umgebenen Inzlinger Schlosses südlich von Lörrach; beide laden zu gastlicher Einkehr ein.

In Wälder eingebettet ist die Frohburg über Waldenburg. Als einzige feudale Wehranlage hat Burg Wildenstein unversehrt die Zeiten überstanden. Die Klosterkirche Schöntal besitzt ein romanisches Skulpturen-Portal, das man mit der Galluspforte des Basler Münsters in Verbindung bringt.

Hauptstadt des Aargaus ist die malerische Stadt Aarau, die im Mittelalter den Übergang über die Aare zu sichern hatte. Aarau hat ähnlich wie Liestal einen besonders reichen Bestand an prächtigen Bürgerhäusern (18. Jh.).

Neben Basel-Stadt ist Basel-Land, wohin sich freilich die Industrie immer mehr ausdehnt, ein Reservat der Beschaulichen. Das trifft auch auf die gefälligen Dörfer zu, deren Satteldächer mit der Traufe zur Straße, im Unterteil flach geneigt sind, aber im Oberteil nach einem energischen Knick steil zum First emporsteigen. Etwas Ländliches hat die Kantons-Hauptstadt Liestal an der Ergolz an sich, die sich vom gefälligen Ortsbild her sehen lassen kann. Wie öfter in Städten der Regio,

Aarau an der Aare. Holzschnitt aus der Schweizer Chronik von J. Stumpf

zieht sich auch hier eine historische Hauptstraße durch die Stadt, allerdings nur am einen Ende durch einen Torturm abgeschlossen. Das spätgotische Rathaus mit seinen gekoppelten Fenstern und neuzeitlichen Bilderzyklen an der Fassade ist gewissermaßen das Basler Rathaus im Kleinformat. Man hat Liestal, in dem die Musen nicht schweigen, ein „Poetennest" genannt, und in der Tat hat es einen Poeten von Rang aufzuweisen: Carl Spitteler, den Autor des „Olympischen Frühlings".

Kaiseraugst und sein Schatz

Im Norden von Basel-Land befindet sich eine archäologische Stätte von überregionalem Rang: von der Spatenwissenschaft ans Tageslicht gehobene und sachkundig restaurierte Römerstadt Augusta Raurica (Kaiseraugst). Sie liegt nicht weit von Basel/Basilia, doch bereits auf dem Boden des Kantons Aargau, der sich hier dem Hochrhein entlang nach Westen ausstreckt. Man schreitet das Ruinenfeld über Steine und Gras weiträumig ab und erfährt, daß der gleiche Munatius Plancus, den man vom Basler Rathaushof schon kennt, die Kolonialstadt 44 v. Chr. für Veteranen gegründet hat. Plancus war ein Freund Caesars und sicher auch im Gallischen Krieg dabei. Im unteritalienischen Gaeta ist er auf einem Gedenkstein als Vater Augsts und Lyons gewürdigt; ein Abguß des Steines steht im Augster Museum. Später wurde Augst ein Handelszentrum. Ein „römisches Haus" hat man auf altem Fundament original aufgestellt, mit Eßraum (man speiste im Liegen), Schlafraum und Räumen für Kalt-, Lau- und Heißwasserbäder.

175

Auch ein „Peristyl" fehlt nicht, ein kleiner Garten in einem Säulengeviert.

Wie die Zivilbevölkerung in Augst gelebt hat, verdeutlichen Funde eines Museums innerhalb des „römischen Hauses". Es enthält u.a. den wertvollen Silberschatz, der 1961/62 zu Tage gefördert worden ist und sich aus 255 Gegenständen, spätes Kaiserreich, zusammensetzt. Eindringlich ist auf einem Silberteller das Motiv des Achill unter den Weibern dargestellt. Victor von Scheffel, der Verfasser des „Ekkehard", hat sich in das römische Augst hineingedacht. Er schildert, wie der Rhein den Leichnam einer Römerin bis zum Isteiner Klotz anschwemmt. Der Mönch Hugideo trägt sie dort in seine Klause und richtet ihr ein festliches Mahl. Der Isteiner Klotz, damals unmittelbar am Strom, liegt heute ein gutes Stück davon entfernt.

Augst besitzt noch Reste des Forums, der Gerichtsbasilika, des Theaters, das wie in Ostia axial mit einem Tempel verbunden ist. Die Achse ist auf den Sonnenaufgangspunkt des 19. April ausgerichtet, und das ist der Tag der Ceres, der Früchtegöttin, die wahrscheinlich die Ortsgöttin war. Wie bei den Römern üblich, war die Spielfläche (Orchestra) halbrund. Meist bot man Burlesken nach der Art von Plautus und Terenz. Auch diente die Orchestra zu Tierhetzen (Venationes), weswegen man den Trakt der Zuschauer mit Rampen schützte. Das Forum war ursprünglich ein mit Säulenhallen umgebenes Rechteck, an dessen Stirnseite Stufen zu einem Jupitertempel hinaufführten. Man entdeckte ferner Anzeichen eines zweiten, kleineren Forums, da das erste wohl nicht ausreichte, sowie eines Amphitheaters, über das nur Orte von einer gewissen Größe verfügten. Unmittelbar an den Hochrhein angrenzend, fand man später Relikte eines von Kaiser Diokletian (204-305) in Auftrag gegebenen Militärlagers, sicher schon errichtet in Voraussicht der ersten alemannischen Heerhaufen. Um das Jahr 405 zogen die Römer ab.

Ein zweiter römischer Stützpunkt in der Schweiz war Vindonissa (heute Windisch) bei Brugg an der Aare mit einem guterhaltenen Amphitheater, um das man Pappeln angepflanzt hat. Bewegliche Funde wie der Kopf einer Hindin befinden sich im Museum von Brugg. Man weiß, daß die Besatzung zeitweise 11 000 Mann stark war, was eine großflächige Nährbasis mit Gutshöfen voraussetzte.

Burgen und Doppelstädte

In der Nähe von Brugg steht das Stammschloß der Habsburger, ein hoher, schmuckloser Bau mit einem kaum höheren Turm zur Seite, auf waldigem Hügel gelegen. Bevor die Habsburger Weltgeschichte machten, vor ihrem Aufstieg unter Rudolf, waren sie bereits vermögend und besaßen Burgen in allen Teilen der heutigen Regio, desgleichen stattliche Landgebiete, so daß der Regio-Gedanke im Mittelalter quasi dynastisch vorgeprägt erscheint.

Weltgeschichte ging auch von Rheinfelden aus, gleichfalls im Kanton Aargau, der bedeutendsten Schweizer Rheinstadt zwischen Basel und Schaffhausen. Im Süden sieht man die Jura-Kette und am jenseitigen Ufer die badische Stadt gleichen Namens, deren Stammbaum jünger ist, da sie sich erst nach dem Bau des ersten Kraftwerks am Rhein 1898 zu entwickeln begann. Beide Städte verband früher eine Holzbrücke. Das schweizerische Rheinfelden hat bau- und kunstgeschichtliches Kolorit (Martinskirche!), daneben auch eine

Rudolf von Rheinfelden. Kopf des Bronzegrabmals (nach 1080) im Merseburger Dom

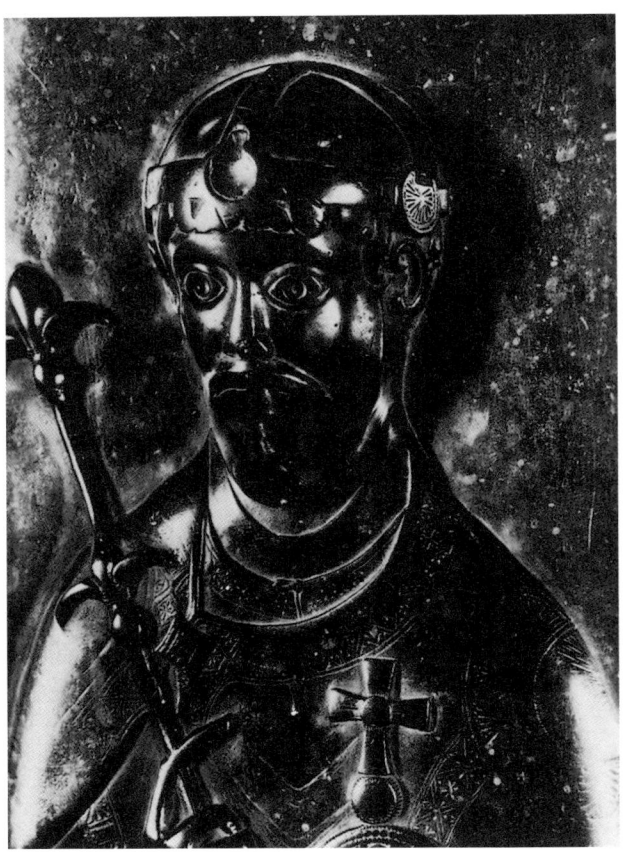

farbige, doch nicht immer glückliche Vergangenheit. Die Grafen von Rheinfelden hatten mitten im Strom eine uneinnehmbare Inselfestung erbaut. Einer der großen, Rudolf, war Gefolgsmann des mehr durch sein Unglück als durch sein Glück bekannten Kaisers Heinrich IV. Nachem er bereits zum Herzog von Schwaben arriviert war, wurde er von der päpstlichen Partei zum Gegenkönig Heinrichs gewählt. Nach dreijährigem Bürgerkrieg kam es 1080 an der Elster (im heutigen Sachsen) zur Schlacht. Der Rheinfelder Gegenkönig behauptete sich, doch seine Verwundungen brachten ihm den Tod. Ein Schwerthieb hatte seine rechte Hand abgetrennt. Lakonisch sagte der Sterbende: „Das war die Hand, mit der ich meinem Herrn Heinrich einst die Treue geschworen."

Rudolf erhielt im Dom von Merseburg ein aufwendiges Grab mit seinem ganzfigürlichen Reliefbildnis, einem bis heute erhaltenen Meisterwerk der Gußtechnik. Als Heinrich später den Ort aufsuchte, nahm einer seiner Begleiter Anstoß an der allzu stattlichen Ruhestätte des verräterischen Rheinfelders. Der Kommentar des Königs ist ein Beispiel für seine Fähigkeit zur Ironie: „Utinam omnes inimici mei tam honorifici iacerent" (Ich wollte, alle meine Feinde lägen so ehrenvoll begraben).

Schaffhausen und der Rheinfall

Das Wahrzeichen der einzigen rechtsrheinischen Stadt der Schweiz, Schaffhausen, ist das kolossale Bollwerk des „Munot", ein von Heinrich Schwarz auf einer rebenbestandenen Anhöhe 1564-1585 errichtetes Festungsrondell, in dessen Innern ein breiter, spiralenförmiger Aufgang zu einer offenen Plattform emporführt, passierbar auch für Reiter und Geschütze. An das Bollwerk lehnt sich, unmittelbar über der Rheinbrücke, ein Rundturm mit Fachwerk am Oberteil. In den Kasematten der Festungsanlage lasten schwere Gewölbe auf mächtigen Rundpfeilern. Die Zitadelle entspricht der Dürerschen Lehre von 1527, die sich mit Zirkularbefestigung befaßt. Vom Turm aus läutet jeden Abend eine Glocke aus dem Jahre 1589. Die Plattform wird bisweilen als Fest- und Tanzplatz benützt.

Trotz solch starker Armierung und zwei wehrhafter Tortürme, dem Rest von einst sechzehn, ist Schaffhausen nie eine Festungs-, sondern eine Kaufmannsstadt gewesen, deren Handelsbilanz sich in seinem Altstadtbild widerspiegelt. Die Prunkfassaden patrizischer Häuser, von denen einige Palästen ähneln, weisen 170 künstlerisch hervorragende Erker auf. Dem entsprechen auch die offiziellen Bauwerke, an erster Stelle das Rathaus (1382-1412) mit den Fassadenmalereien von Tobias Stinner. Mitten aus der Rathausfront springt ein Widder, Schaffhausens Wappentier, hervor. Auch das Zeughaus von 1617, heute Regierungssitz, huldigt mit bemalter Fassade und reicher Pforte der Renaissance. Schneckenförmige Voluten zieren die Stufengiebel. Das Paradestück der mit Fresken versehenen Häuser ist indessen das von genanntem Tobias Stinner reichbemalte Haus „Zum Ritter". Gerade die Gasthäuser in dieser lebensfrohen Stadt lieben mit dem Dekor ihrer Fassaden zu prunken. Der „Goldene Ochse" (16./17. Jahrhundert) breitet Szenen aus dem Trojanischen Krieg aus, wie überhaupt, der Zeit gemäß, antike Motive geschätzt werden. Odysseus, Cicero, Demosthenes sind als Repräsentanten von Bürgertugenden in Fresken festgehalten; auch Daphne posiert an einer Häuserwand. Aus der Ritterzeit stammen noch Wohntürme, Anklänge an das toskanische San Giminiano.

Wie in Basel tragen in Schaffhausen attraktive bunte Brunnen zum Stadtbild bei. Auf dem Fronwaagplatz, einem „Saal im Freien", steht der Metzger- und der Mohrenbrunnen; der Dargestellte, im Volk „Moorejoggeli" genannt, hält einen vergoldeten Schild mit Doppeladler. In der Tat war Schaffhausen, seit 1045 Stadt, eine Zeitlang habsburgisch, ehe es 1454 für die Eidgenossenschaft plädierte und 1501 Aufnahme fand. Wie Basel bekannte man sich zur Reformation. Die bedeutendsten Sakralbauten sind jedoch noch Zeugnisse der Katholizität. Das Münster, zur Benediktiner-Abtei Allerheiligen gehörig, war 1049 von dem elsässischen Papst Leo IX., der im Regio-Bereich mehrfach in Erscheinung tritt, geweiht worden und entspricht in seinem heutigen Aussehen noch staufischer Romanik: eine flachgedeckte Säulenbasilika mit Korbkapitellen. Idyllisch ist der weite Kreuzgang-Garten mit alten Grabsteinen unter Bäumen. – Die fünfschiffige Pfarrkirche St. Johann (14./15. Jahrhundert) fällt durch ihren festungsartigen Turm auf. Beachtenswert die im Langhaus 1733 angebrachten Stukkaturen.

In Schaffhausen dominiert die Industrie, zumal die Schwerindustrie, die aber dem Kulturbereich nicht zu nahe tritt, obwohl man von „Stahl und Gotik" spricht. Der Einstieg in das industrielle Zeitalter ist der Wasserkraft des Rheinfalls zu danken, der immer mit Schaffhausen in einem Atem genannt wird und auch von der Kantonshauptstadt stromabwärts in Kürze zu erreichen ist. Wenn er auch an Volumen mit den großen Katarakten der Welt nicht mithalten kann, so ist er doch leichter zugänglich und hat schon viele Jahrhunderte Besuchern den Atem verschlagen, wie man Berichten entnehmen kann. Auch Goethe stand auf seiner Schweizer Reise 1797 vor dem tobenden und strudelnden Wasser: „Der Rheinfall von vorn, wo er faßlich ist, bleibt noch herrlich, man kann ihn auch schön nennen. Man sieht schon mehr den stufenweisen Fall und die Mannigfaltigkeit in seiner Breite; man kann die verschiedenen Wirkungen vergleichen, vom Unbändigsten rechts bis zum Nützlichverwendeten links." Da hat sich Lavater schon mehr ergreifen lassen: „Wer, wer gibt mir den Pinsel, / wer Farbe, dich zu entwerfen. / Großer Gedanke der Schöpfung! / dich majestätischer Rheinfall!"

In nüchternen Zahlen: Das Naturphänomen ist 115 Meter breit. Der Absturz des Wassers bis zum Fallbecken beträgt 20 Meter. Der Fall stürzt nicht in einem Schub, sondern verteilt über Steinbarrieren, wo gerade die „Zähne", hemmende Felsmassen, das Wasser hinlenken. Ein besonders massiger Zahn schaut aus der Mitte des gischtenden Wassers schon seit undenklichen Zeiten heraus, wie Veduten beweisen.

Freiburg – Straßburg – Colmar – Basel – Schaffhausen – Fixpunkte der Regio in drei Ländern und in einem geschlossenen Kulturgebiet, der himmlischen Landschaft am Hoch- und Oberrhein. Ein Ereignis des Jahres 1576 möge ein Sinnbild herzhafter alemannischer Freundschaft sein. Es ist die historische Rheinfahrt einer Gruppe von Eidgenossen zum Straßburger Schützenfest, wobei sie, einer Wette nachkommend, in einem Tag einen Topf mit Hirsebrei noch dampfend an den Zielort brachten.

Der Rheinfall bei Schaffhausen. Kupferstich (1642) von M. Merian